Bildatlas Mythologie

Der Bär 187
Elefanten und Wolken 188
Der Elefant Gor 188
Der Stier 190
Das Schwein in der ägyptischen und
    griechischen Mythologie 190
Das Wildschwein 192
Der Hirsch 192
Pwyll und Rhiannon 194
Die Hunde Argos und Gelert 194
Bienen und Löwen 196
Die beiden Schwestern 196
Warum Raben schwarze Federn haben 197
Die „Pandora" der Pygmäen 197
Athenas noctuam mittere … 198
Die „Monster" in der griechischen
    Mythologie 200

Kapitel 9
Omnia vincit amor 210
Verliebte Götter und Menschen
    Die Verlobten des *Hohelieds* 210
    Die Liebe siegt über ein göttliches Gesetz 212
    Ende gut, alles gut 213
    Hypermestra und Lynkeus 213
    Gráinne und Diarmuid 214
    Svipdagr und Menglödh 216
    Eine unmögliche Liebe 218
    Leanan Sidhe, Quelle des Lebens und
        des Todes 220
    Wenn ein böser Geist sich einmischt 220
    Die Tragödie des Orpheus 222
    Layla und die Taube 222
    Der Preis des Hochmuts 224
    Hero und Leander 224
    Eine Geschichte, die in den Himmel führt …
        226
    … und eine Geschichte, die im Ozean endet 227
    Die gutgläubige Deianeira 228
    Pyramus und Thisbe 228
    Ehebruch 230

Kapitel 10
Wenn das Schicksal allmächtig ist 234
*Die Parzen und andere Vollstrecker
des göttlichen Wortes*
    Tyche, die Moiren und die Keren 234
    Die Nornen 236
    Vom Schicksal verflucht 236
    Die Götterdämmerung 238
    Die Unausweichlichkeit des göttlichen Wortes
        240
    Bara, „das Schicksal" 240
    Achill: Dem Schicksal genügt eine Ferse 242
    Ödipus 244

Namensverzeichnis 248
Bildnachweis 253

Dieses Symbol kennzeichnet Mythen, die jahrhundertelang mündlich überliefert wurden.

Einführung

Der Begriff des kollektiven Unbewussten wurde von Carl Gustav Jung zu Beginn des 20. Jahrhunderts geprägt. Hierunter verstand er eine überindividuelle psychische Struktur, die als Lagerstätte des geistigen Erbes der Menschheit fungierte. Demnach wurzeln im kollektiven Unbewussten Grundmuster, Vorstellungen und Archetypen, die sich zu allen Zeiten bei verschiedenen Völkern und Gesellschaften auffinden lassen, unabhängig davon, ob bewusste Einflüsse und Kontakte zwischen einzelnen Kulturen bestanden oder nicht.

Auf diese Lehre des Schweizer Psychoanalytikers stützen sich der Ansatz und die Vorgehensweise dieses Buches. Daher beziehen sich die einzelnen Kapitel nicht auf zeitgeschichtliche Einteilungen oder Epochen. Ebenso wenig waren hierfür geographische oder kulturelle Grenzen von Bedeutung. Vielmehr soll es darum gehen, unter möglichst allgemeinen Gesichtspunkten die wesentlichen Elemente der Mythenbildung aufzuzeigen. Ein repräsentativer Ausschnitt der Weltmythologie wurde hier in der Absicht zusammengestellt, Gemeinsamkeiten der Vorstellungswelt der verschiedenen, durch Raum und Zeit getrennten Kulturen zu verdeutlichen, ohne die jeweiligen Merkmale und Besonderheiten zu vernachlässigen.

Unter der Überschrift *Wer oder was war am Anfang?* beginnt dieses Buch mit den kosmogonischen Mythen: Erzählungen, die sich um den Ursprung des Seins, die Entstehung des Universums und der Welt drehen.

Aufs Engste hiermit verbunden sind die Erklärungsmodelle, in denen der Mensch sich selbst zum Thema macht, indem er sich die Frage nach dem Ursprung und den Anfängen seiner Gattung stellt. So beginnt das zweite Kapitel *Die Entstehung des Menschen* mit der biblischen Erzählung von Adam und Eva und stellt diesem jüdisch-christlichen Erbe Überlieferungen aus anderen Ländern und Völkern zur Seite, in denen es ebenfalls um das Erscheinen des Menschgeschlechts geht.

Im dritten und vierten Kapitel (*Bäume und Gärten* und *Licht und Finsternis*) werden Mythen wiedergegeben, die maßgeblich von der menschlichen Erfahrung der Außenwelt, der Wahrnehmung der Umwelt, des regelmäßigen Wechsels von Tag und Nacht oder der zyklischen Abfolge des Naturgeschehens geprägt wurden.

In den Götter- und Heldengestalten antiker und vergangener Kulturen manifestieren sich Urbilder des Weiblichen und des Männlichen die sich unverkennbar auch in modernen Rollenmodellen der beiden Geschlechter niederschlagen. Das fünfte und das sechste Kapitel geben dem Leser einen Einblick in die Vielfalt der archetypisierten Vorstellungen von Mann und Frau.

Oft stößt man, ungeachtet der räumlichen oder zeitlichen Kluft zwischen den verschiedenen Kulturen, auf die religiöse Konzeption einer göttlichen Zwei- oder Dreifaltigkeit: Dieses Phänomen steht im siebten Kapitel *Zwei oder drei für das Eine* im Zentrum des Interesses.

Weniger abstrakt, aber nicht minder relevant für den religiösen Kult und die Mythen eines Volkes, war die Bedeutung, die der Mensch den Tieren zuschrieb. Im achten Kapitel *Das Animalische in der Mythologie* treten mit besonderer Deutlichkeit die Eigentümlichkeiten und Charakteristika der jeweiligen Kulturen hervor; denn während die einen das Tier als „Bruder" anerkennen, erheben es andere zur Gottheit oder verschmähen es als „unrein".

Seit jeher hat der Mensch die einschneidenden Ereignisse seines Lebens mit zwei „Faktoren" in Zusammenhang gebracht - der Liebe und dem Schicksal. Dies sind die thematischen Gesichtspunkte der beiden letzten Kapitel *Omnia vincit amor* und *Wenn das Schicksal allmächtig ist*.

Wer oder was war am Anfang

Zentrale Fragen und verschiedene Antworten

„Dies frage ich dich, Herr: Antworte mir wahrhaftig. Wer ist der Erste, der Vater des Göttlichen Reiches? Wer hat den Lauf der Sonne und der Sterne festgelegt? Wer lässt den Mond zunehmen und abnehmen? Dieses, oh Weiser, möchte ich gern wissen und noch andere Dinge mehr. Dies frage ich dich, Herr: Antworte mir wahrhaftig. Wer befestigte die Erde und, darüber, den Himmel, sodass er nicht herunterfällt? Wer hat an Wind und Wolken den zweifachen Zug gebunden für ihren Lauf? … Welcher hervorragende Handwerker machte das Licht und die Finsternis? Welcher hervorragende Handwerker schuf den Schlaf und das Wachen? Wer … machte den Morgen, den Mittag, die Nacht … ?"

Dieses Zitat stammt aus dem *Yasna*, einem heiligen Text des Mazdaismus, einer persischen Religion, die in der Zeit der Achämeniden-Herrscher (550–330 v. Chr.) bis zur Eroberung durch die Araber (651 n. Chr.) weit verbreitet war. Der „Gesprächspartner" Zoroasters (Zarathustras), eine historisch-legendäre Figur des vermutlich 7. Jh. v. Chr. und zentrale Gestalt einer radikalen Reform dieser Religion, war Ahura Mazda (oder Ormuzd), die oberste Gottheit des Guten und des Lichts, dessen Botschaft selbiger Zoroaster verkündigte. Ahura Mazdas Gegenspieler ist Angra Mainyu (oder Ahriman), die Gottheit des Bösen und der Finsternis.

In der Strömung des Zervanismus ist Ahura nicht der einzige Schöpfer der Welt, sondern der Zwillingsbruder von Angra Mainyu, und beide sind Söhne von Zervan, der Zeit, von der alles abhängt.

Der Urfelsen

Es gab weder Himmel, noch Erde, noch Meer. Das höchste Wesen, Tangaloa, irrte allein im Unendlichen umher. An der Stelle, an der er haltmachte, nahm der erste Felsen der Welt Gestalt an, und auf Tangaloas Befehl, sich aufzuspalten, bildeten sich nach und nach weitere sieben Felsen. Daraufhin sprach Tangaloa zum Urfelsen und schlug ihn mit der rechten Hand, und sogleich öffnete er sich und verhalf Erde und Meer zum Leben. Dann bedeckte das Meer einen der sieben Felsen, und die anderen sprachen zu ihm:

„Du Glücklicher, der du vom Meer beherrscht wirst!" Doch jener antwortete, dass das Meer auch sie selbst bald erreicht haben werde. Nachdem auch das Süßwasser zum Vorschein gekommen war, sprach Tangaloa nochmals zum Felsen, und so bildeten sich der Himmel, der Häuptling-der-den-Himmel-trägt, die Unendlichkeit, der Raum und die Höhe. Um die Schöpfung zu vervollkommnen, sprach Tangaloa noch weitere zwei Mal zum Felsen: Beim ersten Mal stiegen die zwei Wolken und die zwei Süßwässer auf, die er der Gattung jenseits des Firmaments zuteilte; beim zweiten Mal wurden Aoa-lala, das trostlose Meer, und im Folgenden der Mensch, der Geist, das Herz, der Wille und schließlich der Gedanke geboren. Doch taten die neuen Kreaturen nichts weiter, als auf dem Meer zu treiben, und so erteilte Tangaloa dem Urfelsen genaue Anweisungen, damit sich alles zu einer festen Ordnung fügte.

Dieser Text ist einer Predigt des Propheten Sio Vivi entnommen, der in der zweiten Hälfte des 19. Jh. viele Anhänger auf den Samoa-Inseln fand.

Wer oder was war am Anfang

▲ Deckel eines im zentralasiatischen Kirgisien entdeckten Ossariums, 3.–4. Jh. v.Chr., das an ein Opfer für Ahura Mazda erinnert.

◀ Tagaloa, ein Meeresgott der Sangihe-Inseln, gelangte vermutlich erst spät in den Westen Polynesiens, wo er zum Gott der Schiffbauer wurde, während er auf den Gesellschaftsinseln noch als Schöpfergott allgemein verehrt wurde.

Dramatische Trennung von Himmel und Erde

Von der anfänglichen Trennung von Himmel (Ranginui) und Erde (Papatuanuku) berichtet in dramatischen Termini ein polynesischer Mythos, den der amerikanische Forscher Antony Alters in seinem 1966 in Boston veröffentlichten Aufsatz wiedergibt:

🗣 Der Himmel lag so dicht bei seiner Gemahlin, dass ihre Nachkommenschaft in fortwährende Dunkelheit gehüllt war. Die Kinder berieten sich darüber, was zu tun sei. Der erste Vorschlag, der von dem Kriegsgott Tumatauenga vorgebracht wurde, war der, die Eltern zu töten. Doch wurde der weniger drastische Vorschlag von Tane Mahuta, dem Gott des Waldes und aller ihn bewohnenden Geschöpfe, angenommen: „Mag sich der Himmel ruhig von uns entfernen; aber sehen wir zu, dass uns die Erde, unsere Mutter und Ernährerin, nahe bleibt."

Nach erfolglosen Versuchen seitens der vier Kinder, das Paar zu trennen, war Tane Mahuta selbst an der Reihe. Indem er sich allmählich, im wohl vertrauten Rhythmus der Waldbäume, zwischen den Eltern aufrichtete, versuchte er vergeblich, sie mit den Armen zu trennen; er musste sich für eine sehr lange Zeit gedulden, und schließlich streckte er sich aus, mit dem Rücken auf der Erde und den Füßen gegen den Himmel. Die Eltern begannen nachzugeben, und die Bande, die sie einten, dehnten sich und zerrissen. Himmel und Erde schrien vor Schmerz: Weshalb dieses Unrecht? Weshalb wollten die Kinder ihre Eltern umbringen? Doch Tane Mahuta fuhr fort zu schieben mit all seiner Kraft, die die Kraft des Wachstums war. Er drückte die Erde unter sich und den Himmel in die Höhe. Kaum war sein Werk vollendet, kam eine Vielzahl an Geschöpfen hervor, die von Himmel und Erde gezeugt worden waren und die niemals das Licht kennen gelernt hatten.

Aus der „Ursuppe"

Die älteste ägyptische Kosmologie, die im politisch-religiösen Zentrum Heliopolis entwickelt wurde, führt den Ursprung der Welt auf Nun zurück, eine Art „Ursuppe", in der die Lebenskeime schwammen:

🗣 Das erste, was aus Nun erstand und Form annahm, war ein kleiner sandiger Hügel, auf den sich, in Gestalt eines Phönix, der Sonnengott Ra niederließ, das vollendete Wesen par excellence, das mit seiner Stimme die kosmische Stille durchbrach. Um sich eine Nachkommenschaft zu sichern, obwohl er allein war, behalf sich der Gott mit Selbstbefriedigung: „Mit dem Phallus in der Hand und ejakulierend schenkte er den Zwillingen Schu und Tefnut das Leben", der Luft und dem Prinzip des Feuchten (nach einer anderen Version des Mythos entstanden die beiden Zwillinge aus Ras Niesen und Speichel). Schu und Tefnut vereinigten sich und zeugten ein weiteres göttliches Paar: Nut, den Himmel, und Geb, die Erde. Kurioserweise ist Erstere eine Frau und Zweiterer ein Mann. Die Erzählung setzt sich fort mit der Darstellung einer Leidenschaft zwischen Nut und Geb, die von solcher Intensität war, dass die beiden ihre meiste Zeit in Umarmung verbrachten. Dies stellte ein Problem dar, denn zwischen Himmel und Erde war nicht genügend Platz, um sich des Lebens zu erfreuen. Deshalb sah sich Ra gezwungen, Schu, dem Vater der beiden Verliebten, den Auftrag zu erteilen, einzugreifen. Dieser gehorchte, trat Geb mit Füßen und hob Nut auf seine Handflächen. Üblicherweise wird sie – mit Füßen und Händen auf dem Boden – zu einem Bogen gekrümmt über dem Bräutigam dargestellt, wobei ihr Körper häufig mit Himmelsgestirnen geschmückt ist.

Wer oder was war am Anfang

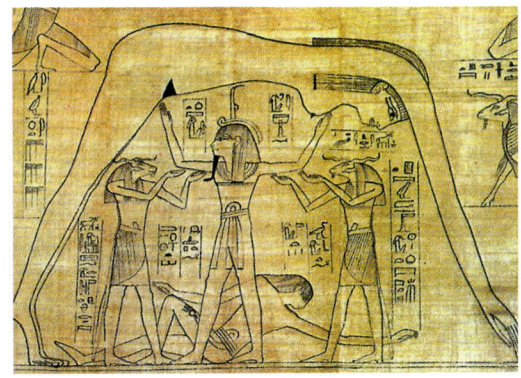

▶ *Schu, der Gott der Luft, stützt den Körper der Tochter Nut; hinter ihm liegt Geb, sein anderes mit Tefnut gezeugtes Kind.*

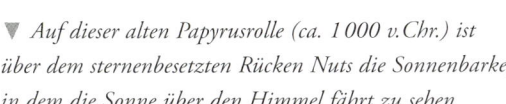

▼ *Auf dieser alten Papyrusrolle (ca. 1 000 v.Chr.) ist über dem sternenbesetzten Rücken Nuts die Sonnenbarke, in dem die Sonne über den Himmel fährt zu sehen.*

▲ *Stammbaum der ägyptischen Neungottheit*

Der Ursprung Japans

Bevor die Welt existierte, gab es nur eine Brühe aus Öl und Schlamm, die langsam gerann und dabei unzählige namenlose Gottheiten hervorbrachte. Eine Version des kosmogonischen shintoistischen Mythos zur Erklärung des Ursprungs von Japan erzählt darüber hinaus, dass Izanagi und dessen Schwester Izanami, sich auf dem wogenden Regenbogen emporrichtend, mit einer Lanze die gestaltlose Masse durchrührten. Aus den Tropfen, die sich an der Spitze der Lanze bildeten, entstanden die Hauptinseln Japans. So konnten sie von der Himmelsbrücke herabsteigen, um die Schöpfung zu vollenden. . Nachdem sie aber festgestellt hatten, dass es zwischen ihren Körpern einen Unterschied gab (obwohl sie beide weiter wuchsen, wuchs ein Teil des einen übermäßig und ein Teil der anderen zögerlich), beschlossen sie, sich zu vereinigen, um das Gleichgewicht herzustellen. So schenkten sie allen weiteren Inseln sowie den Naturgottheiten das Leben. Als Letztes wurde das Feuer erfunden, das schließlich aus Izanamis Körper hervorbrach, indem es ihren Brechreiz erregte und sie blutend zurückließ. Aus all ihren Sekreten (Erbrochenem, Blut und Urin) entsprangen neue Geschöpfe, die die Inseln bevölkerten.

Aus dem Ur-Ei

Dem chinesischen Taoismus zufolge waren Himmel und Erde zu Beginn der Zeit in einer einzigen Masse verschmolzen, die einem Ei ähnelte:

🎭 Im Innern dieses Eis nahm Pangu Gestalt an, der 18 000 Jahre brauchte, um den Himmel von der Erde zu trennen. Im Verlauf dieses Prozesses erhob sich das leichte und reine Yang und wurde zum Himmel, während das schwere und dunkle Yin herabsank und die Erde bildete. Zwischen den beiden Elementen – weiser als der Himmel und dichter als die Erde – befand sich Pangu, der jeden Tag neun Metamorphosen durchlebte. Jeden Tag erhob sich der Himmel um eine Spanne und wurde die Erde um dasselbe Maß tiefer. In den folgenden 18 000 Jahren wurde der Himmel unermesslich hoch, die Erde unermesslich tief, und Pangus Körper wuchs unwahrscheinlich. Er, der als Erster geboren wurde, verwandelte sich, als er starb, in eine Vielzahl von Dingen: Aus seinem Atem entstanden Wolken und Winde; das linke Auge wurde die Sonne und das rechte der Mond; die Arme und die Beine verwandelten sich in die vier Säulen, die die Welt tragen; der Körper teilte sich in fünf Teile, um ebenso viele Berge hervorzurufen; das Blut bildete die Flüsse, und die Venen wurden zu Straßen; die Haut und das Fleisch nahmen die Gestalt von Erde und Feldern an, Bart und Haare die der Sterne; der zarte Flaum, der den Körper überzog, verwandelte sich in Gräser und Pflanzen; Zähne und Knochen sollten Felsen und Metalle bilden; das Knochenmark verwandelte sich in Perlen und Jade; aus dem Schweiß entstand der Regen, der jedes Lebewesen ernährt; die Körperflüssigkeiten bildeten die Sümpfe, und die kleinen, vom Wind gestreichelten, Parasiten seines Körpers, brachten schließlich die Menschen hervor.

Die Volksgruppe der Miao erklärt sich die Vollendung der Schöpfung anders:

🎭 Noch zu Lebzeiten brachte er mit dem Fließen seiner Tränen den Gelben Fluss hervor, mit seinem Atem das Blasen der Winde, das Aufleuchten des Blitzes durch seinen Blick und das Donnergrollen durch seine Stimme. Wenn er fröhlich war, war das Wetter schön, es wurde aber wolkig, sobald er wütend wurde. Bei seinem Tod zerstreuten sich seine Überreste und bildeten die fünf heiligen Berge Chinas: Sein Kopf wurde zum Berg Tai im Osten, sein Rumpf zum Berg Song in der Mitte, sein rechter Arm zum Berg Heng im Norden, sein linker Arm zum Berg Heng im Süden und seine Füße zum Berg Hua im Westen. Die Augen verwandelten sich in Sonne und Mond; das geschmolzene Fett bildete die Flüsse und Meere; die Wurzeln schlagenden Haare schließlich bedeckten die Erde mit Vegetation.

Wer oder was war am Anfang

▶ *Kyoto: Shintoistische Prozession zum Frühlingsfest. Der japanische Shintoismus ist mehr eine dichte Handlung aus autochthonen Riten und Glauben als ein religiöses Bekenntnis.*

◀ *Das Tao ist das Symbol, das die beiden entgegen gesetzten Prinzipien des Yin (Aktion) und des Yang (Reaktion) der chinesischen Kulturtradition in sich trägt.*

▶ *Ein Vogelmensch hält das kosmische Ur-Ei, das die Welt beinhaltet, in der Hand. Diese Zeichnung wurde auf den Osterinseln im Südpazifik gefunden.*

Kapitel 1

Der Tanz der Eurynome

Eurynome, deren Name soviel bedeutet wie „die in weiten Räumen Umherschweifende" oder „die weithin Richtende", ist die erste auftretende Gottheit in der griechischen, vor allem im Gebiet Arkadiens verbreiteten Version des Schöpfungsmythos (pelasgischer Mythos).

Dort wird erzählt, dass sie, nackt dem Urchaos entstiegen, sofort zu tanzen begann. Im Wirbel des Tanzes trennten sich nicht nur Licht und Meer vom Himmel, sondern es erhob sich auch ein starker Wind, der sich begierig auf Eurynome stürzte. Diese ergriff ihn rasch mit den Händen, rollte ihn auf, als wäre er aus Ton, und machte daraus die Schlange Ophion. Mit dieser paarte sie sich und legte, nachdem sie sich in eine Taube verwandelt hatte, das Weltei: Als sich das Ei öffnete, kamen daraus alle Dinge hervor, von der Sonne bis zum Mond, von den Planeten bis zu den Sternen, von der Erde mit ihren Bergen, ihren Flüssen, ihren Bäumen und Gewächsen bis hin zu allen lebenden Geschöpfen. Von der Höhe des Olymp herab betrachtete Eurynome zufrieden ihre Schöpfung, doch Ophion, trotzdem er selbst daraus hervorgegangen war, beanspruchte das ganze Verdienst für sich. Wütend trat ihm die Göttin die Zähne aus und verbannte ihn in ein unterirdisches Gefängnis.

Eis und Feuer

„Am Anfang aller Zeiten, als nichts existierte." Mit diesen Worten beginnt das erste Lied der *Edda*, der ältesten schriftlichen Sammlung nordischer Mythen, die bereits über Jahrhunderte von Generation zu Generation mündlich überliefert wurden, bevor sie aufgeschrieben wurden.

In diesem „Nichts" beginnen sich zwei Polaritäten abzuzeichnen: die Region des Kalten im nördlichen Teil, und die Region des Feuers im südlichen. Als der warme Wind auf den eiskalten Raureif stieß, schmolz dieser, begann zu tropfen und brachte so das Leben hervor.

Die ersten zwei Wesen waren der Riese Ymir und die Kuh Audhumla, aus deren Brüsten vier gewaltige Milchflüsse rannen. Aus Ymirs Schweiß entstanden die Frostriesen; auch Audhumla, die der Hunger veranlasst hatte, drei Tage lang an vereisten, salzigen Steinen zu lecken, brachte ein Lebewesen hervor: Buri. Dessen Sohn Borr vereinigte sich mit Bestla und das Paar brachte drei Söhne zur Welt: Odin, Vili und Ve – die ersten Götter.

Schließlich töteten Borrs und Bestlas Söhne Ymir und ertränkten in seinem Blut die Frostriesen (außer Bergelmir, dem es gelang, mit seiner Familie auf ein Boot zu fliehen). Dann brachten Odin und seine Brüder Ymirs Leib in den grenzenlosen Abgrund zurück und bedienten sich seiner, um daraus die Welt zu schmieden: Aus dem Fleisch gewannen sie die Erde, aus dem Blut das Meer und die Flüsse, aus den Knochen die Berge, aus den Haaren die Bäume, aus dem Schädel das Himmelsgewölbe und aus dem Hirn die Wolken. Aus den Würmern, die aus dem Körper dieses ersten Riesen herauskamen, machten sie die Zwerge, die sich zwischen den Pflanzen ansiedelten, wobei vier von ihnen beauftragt wurden, an den vier Ecken der Erde, den Himmel zu tragen.

Um die Erde wurde der Ozean wie ein Ring gelegt und es wurde bestimmt, dass ein Grenzstreifen zwischen Erde und Ozean den Riesen zugeteilt werden sollte. Einige der Funken, die aus der südlichen Feuerregion kamen, wurden zu Sternen: Ein paar davon blieben fix, während anderen auferlegt wurde, sich auf einer festgelegten Route zu bewegen, um so die Errechnung der Zeit zu ermöglichen.

Schließlich wurde aus Ymirs Augenbrauen eine riesige Ringmauer in der Mitte der Welt geschaffen, um in ihrem Inneren das Menschengeschlecht aufzunehmen.

Wer oder was war am Anfang

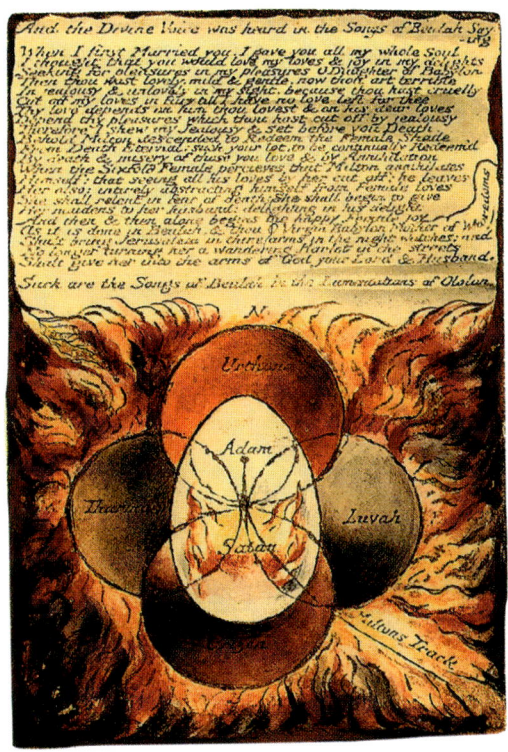

▲ *William Blake,* Die eiförmige Welt von Los, *1804–08.*

▲ Das philosophische Ei der Alchemisten, *Buchmalerei, 16. Jh. Das Ei, das hier in der Hand gehalten wird, soll zeigen wie aus den vier Elementen (Schale, Eiweiß, Häutchen, Dotter) im Zentrum die Quintessenz entsteht: ein Küken oder eben der Stein der Weisen.*

◄ Audhumla leckt Buri aus dem Eis, *aus einer isländischen Handschrift des 18. Jh. Riesen spielten eine wichtige Rolle in nordischen Mythen. Von Ymir stammt das Geschlecht der Riesen ab. Ymir wurde von der Kuh Audhumla ernährt und diese wiederum ernährte sich, indem sie Eisblöcke ableckte.*

Das Huhn mit den fünf Zehen

Im Schöpfungsmythos der gegenwärtig in Nigeria lebenden Yoruba gab es am Anfang nur Okun, den Gott des sich ins Unendliche erstreckenden Meeres, und Olorun, den Gott des Himmels. Diese waren die Herrscher der Welt.

Olorun hatte zwei Söhne. Eines Tages rief er den älteren zu sich, gab ihm etwas Erde und ein Huhn mit fünf Zehen und sagte zu ihm: „Du musst hinabsteigen und die Erde auf dem Wasser bilden." Um den väterlichen Auftrag zu befolgen, begab sich dieser auf die Reise, doch stieß er am Wegesrand auf etwas Palmenwein: Er begann, davon zu trinken, wurde unvermeidlich betrunken und fiel in einen tiefen Schlaf. Daraufhin rief Olorun den jüngeren Sohn, erzählte ihm, was vorgefallen war, und erteilte ihm denselben Befehl wie dem Bruder. Dieses Mal ging alles glatt: Odudua (so hieß Oloruns jüngerer Sohn) konnte die Erde und das Huhn mit den fünf Zehen wieder an sich bringen und erreichte das Meer. Dort legte er die Erde ab und setzte obendrauf das Huhn, das sie auseinander scharrte und das Wasser beiseite schob. All dies ereignete sich, wo zuvor Wasser gewesen, in der Stadt Ife, und Odudua wurde deren erster Herrscher. Danach verengte sich das Meer zu einer immer kleineren Öffnung, aus welcher man noch heute jede Menge Wasser schöpfen kann, ohne dass es versiegen würde.

Am Anfang war das Meer

Die Sumerer kannten in ihrem äußerst dicht besiedelten Pantheon eine ursprüngliche Muttergöttin der unbegrenzten Meere (Nammu): Auf einer kleinen Keilschrifttafel wendet man sich mit einem Ideogramm an sie, welches „Meer" bedeutet und beschwört sie als „Mutter, die den Himmel (An) und die Erde (Ki) geboren hat." Ein anderes Täfelchen unterrichtet uns darüber, dass Himmel und Erde gleichzeitig aus dem Urmeer aufgestiegen sind, und zwar in Gestalt eines Berges, dessen Gipfel männlich und dessen Fuß weiblich war. Dieses Doppelwesen gebar den Gott der Luft (oder des Sturmes) Enlil, „der die Saat der Erde keimen lässt" und „der danach trachtete, den Himmel von der Erde, die Erde vom Himmel zu trennen."

Auch für die Babylonier existierte am Anfang nur ein göttliches, „fließendes" Paar: die Drachenfrau des Salzwassers Tiamat und ihr Gefährte Apsu, der Gott des Süßwassers. Auch diese nahmen dann Enlil in ihrem Pantheon auf, sahen jedoch Marduk als den alleinigen Urheber einer Reihe von Schöpfungsakten an, welche die Gestaltung des Universums bestimmt hatten. Nachdem dieser nämlich die Drachenfrau Tiamat getötet hatte, brach er deren Gerippe wie eine Auster auseinander und errichtete, aus einer ihrer Körperhälften, den Himmel. Danach durchschritt er die Gewässer, die sich unter dem Himmel erstreckten, der Länge und Breite nach, versah sie, mittels Tiamats anderer Körperhälfte, mit einer Einfassung, um sie zusammenzuhalten und befestigte die Erdfundamente. Dann wies er Anu die Herrschaft über den Himmel zu, Enlil die über den Bereich zwischen Himmel und Erde und schließlich Ea die über die darunter fließenden Wasser. Er wies auch allen anderen Göttern einen Platz zu und schuf die Sonne, den Mond und die Sterne. Er ordnete deren Lauf und Bewegungen, wobei er auch eine Tür nach Osten öffnete, durch die die Sonne bei Tagesanbruch aufgehen konnte und eine im Westen, um sich am Abend zurückzuziehe

Wer oder was war am Anfang

▶ Fragment einer Keilschrift mit dem babylonischen Schöpfungsmythos.

◀ Rundsiegel mit Priester vor den Symbolen des babylonischen Hauptgottes Marduk und des Gottes der Weisheit Nabu, 7. oder 6. Jh. v. Chr.

▼ Beim Wiederaufbau Babylons ging es den neubabylonischen Königen vor allem um die Wiedergewinnung der zentralen Bedeutung der Stadt als Sitz des Gottes Marduk. Nabopolassar, Nebukadnezar II. und Nabonid wollten eine Analogie zum Schöpfungsakt des Gottes herstellen und so ihre Herrschaftsansprüche festigen. Rekonstruktion des Ischtar-Tores von Babylon im Berliner Pergamonmuseum.

Der Große Geist der Indianer

Trotz der Unterschiede, die auf religiöser Ebene zwischen den verschiedenen Volksgruppen der Indianer Amerikas bestehen, sind sie sich in einer Sache einig: Jede natürliche Erscheinung ist heilig, weil sie nichts anderes ist als die greifbare Gestalt, die der Große Geist angenommen und deren Existenz er als immanenter Schöpfer ermöglicht hat.

Exemplarisch seien hier der Schöpfungsmythos der Omaha, einem Volksstamm der Großen Ebenen, und der des Apachen-Stammes vorgestellt:

❧ Am Anfang waren alle Dinge im Gemüt des Großen Geistes. Alle Geschöpfe, einschließlich des Menschen, waren Geister. Sie durchschweiften den Raum zwischen der Erde und den Sternen und suchten nach einem Ort, wo sie eine körperliche Existenz annehmen konnten. Sie stiegen bis zur Sonne hinauf, aber die Sonne war kein geeigneter Ort für sie. Sie zogen weiter zum Mond, doch stellten sie fest, dass auch dieser kein passendes Haus war. Also stiegen sie zur Erde herab. Sie sahen, dass sie mit Wasser bedeckt war. Sie schwebten durch die Luft, nach Norden, nach Osten, nach Süden und nach Westen, und fanden kein trockenes Land. Und groß war ihr Schmerz.

Plötzlich tauchte mitten im Wasser ein großer Felsen auf. Dieser zerbarst mit einer Stichflamme, wobei das Meer als Wolken in der Luft zerstob. Trockene Erde kam zum Vorschein; es wuchsen Gräser und Bäume. Heerscharen von Geistern stiegen herab und wurden zu Fleisch und Blut. Sie ernährten sich von Gräsersamen und von den Früchten der Bäume, und die Erde erbebte vom Ausdruck ihrer Freude und Dankbarkeit für den Großen Geist, den Schöpfer aller Dinge.

❧ Am Anfang schuf der Der-das-Leben-spendet das Universum. Niemand weiß wie, doch er tat es, und das ist alles. Als es an der Zeit war, die Erde zu machen, trug er den vier Geistern der Macht – Schwarzes Wasser, Schwarzes Metall, Schwarzer Wind und Schwarzer Donner – auf, dies für ihn zu erledigen. Diese formten also gemeinsam die Erde, doch als sie fertig waren, war sie nackt und fror. Also gab ihr Schwarzer Donner Haare in Form von Gras und Bäumen. Sodann verlieh ihr Schwarzes Wasser mit Strömen und Flüssen das Blut, gab Schwarzes Metall ihr mit Felsen und Bergen das Gerippe und Schwarzer Wind ihr schließlich den Atem in Form der Brise. Nun war die Erde lebendig.

Die ersten Menschen lebten in der Finsternis, im tiefen Schoß der Mutter Erde, und sie kamen aus der Unterwelt hervor, um das Licht zu finden. Doch wurde das Leben erschwert durch die vielen bösartigen Wesen, die die Männer verschlangen und die Frauen entführten. Also trat Weiß-bemalte-Frau unter die Menschen und ließ etwas von dem Wasser, das aus einem Felsen sprudelte, in sich eindringen, worauf sie wunderbarerweise schwanger wurde. Das Kind, welches geboren wurde, nannte sie Sohn-des-Wassers und diesen beschützte sie mit mancherlei Listen vor den bösartigen Wesen. Als der Sohn vier Jahre alt war, beschloss er, sie allesamt herauszufordern und zu töten, und so geschah es. Die Menschen konnten deshalb unbesorgt leben und sich vermehren.

▶ *Ein Bärenschädel, der von den Cree, einem Stamm der Algonkin-Familie, bemalt wurde. Die Vorliebe für Schädel und ihr Gebrauch bei verschiedenen Ritualen stehen im Zusammenhang mit der Überzeugung, dass der Geist des toten Tieres in diesem Teil des Skeletts weiterlebt.*

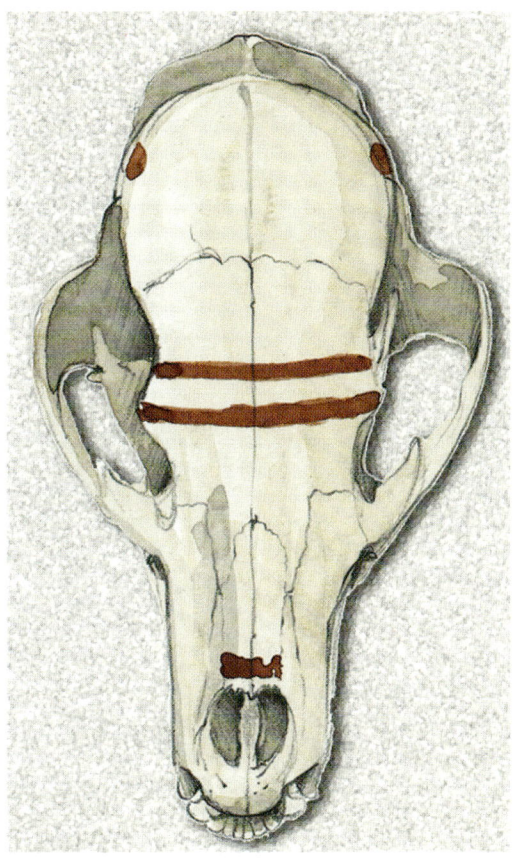

◀ *Wasser ist für alle Indianer Amerikas ein Heiligtum der Geister.*

Ursprungslegenden der Griechen

Chaos bedeutete nicht Unordnung, Durcheinander oder Gemisch, sondern meinte eher einen leeren Schlund, einen „weit aufgerissenen" Raum.

🗣 Wie ein Vogel mit ungeheuren Flügeln herrschte Nyx, die Nacht. Im befruchtenden Hauch des Windes bauschte sich ihr Schoß aus Finsternis – und also wurde in der Leere ein silbernes Ei gelegt. Golden waren indes die Flügel dessen, der – wie es seinem mit dem Wind verbundenen Wesen entsprach – alsbald aus dem Ei schlüpfte, nämlich Protogonos, der „Erstgezeugte". Man nannte ihn auch Phanes, „der, der offenbart", vielleicht weil er, indem er die Schale des Eis zerbrach, dessen Inhalt enthüllt hatte: den Himmel in der oberen Hälfte und die Erde (aber nur als das, was „anders" als der Himmel ist) in der unteren. Aus der Verbindung von Himmel und Erde gingen Okeanos, der Urstrom, und Thetys, die fruchtbare, flüssige Tiefe des mütterlichen Schoßes, hervor.

Dies ist die mythische Version von den Ursprüngen der Welt, wie sie von den Anhängern des Orphismus angenommen wird. Homer führt in der *Ilias* den Ursprung des Seienden unmittelbar auf Okeanos und Thetys zurück; Hesiod schilderte in der *Theogonie* zwar ein anfängliches Chaos, schrieb jedoch Gaia (der Erde) die Rolle der ersten Gottheit zu, die darin Gestalt angenommen hätte. Um sich mit ihm vereinigen zu können, wurde Uranos, der gestirnte Himmel, von Gaia selbst gezeugt. Dieser beugte sich sodann in einer völligen Umarmung über die Göttin und entfesselte deren schöpferische Energie: Aus sich heraus brachte Gaia Berge, Täler und Ebenen hervor sowie Pontos, das Meer, eine unermessliche, von Schaum gekräuselte Wasserwüste.

Taaora, der Allmächtige

„Wer hat die Erde geschaffen?", fragt der bedeutende Maler Paul Gauguin Tehura, die Gefährtin seines ersten Tahiti-Aufenthalts. Überlassen wir ihre Antwort J. A. Moerenhout, einem französischen, mehrfach nach Ozeanien entsandten Diplomaten und Autor eines 1837 in Paris veröffentlichten Reiseberichtes, der von Gauguin selbst in *Noa-Noa* zitiert wird:

🗣 „Er war. Taaora war sein Name. Er war im Leeren – vor der Erde, vor dem Himmel, vor den Menschen. Taaora ruft, nichts antwortet ihm, und der allein Bestehende verwandelt sich in das Weltall. Die Achse ist Taaora: So hat er sich selbst genannt. Die Felsen sind Taaora, die Sände sind Taaora. Taaora ist die Helligkeit, der Keim und der Grund: Das All ist nur Taaoras Schale. Er ist es, der alles bewegt und die Harmonie des Alls ordnet. Ihr Achsen! Ihr Felsen! Ihr Sände! Wir sind. Kommt, ihr, die ihr die Erde bilden sollt. Und er presst die Felsen und die Sände zwischen seinen Händen,
und er presst sie lange Zeit: aber diese Stoffe wollen sich nicht vereinen. Da schleudert er aus seiner rechten Hand die sieben Himmel, um aus ihnen die Grundfesten der Erde zu machen, und das Licht ist geschaffen. Alles ist sichtbar. Das All strahlt bis in seine tiefsten Tiefen, und der Gott verharrt in Begeisterung vor der Unendlichkeit. Die Unbeweglichkeit des Nichts hat aufgehört, es gibt das Leben, und alles bewegt sich."

Wer oder was war am Anfang

▶ Die Geburt des Protogonos aus dem Weltei. Das im Museum von Modena aufbewahrte Relief weist eine äußerst komplexe Symbolik auf: Um den mit Ziegenhufen versehenen Gott windet sich eine Schlange. In einer Hand hält er einen Blitz, in der anderen den Botenstab; er ist geflügelt, trägt eine Löwenmaske auf der Brust und im Inneren der Schale, aus der er hervorkommt, lodern Flammen. An seiner linken Hüfte ist ein Widderkopf zu sehen, an der rechten der Kopf eines Hirschs. Das Ei wird von einem ovalen Band mit den Tierkreiszeichen eingefasst.

◀ Aquarell aus Gauguins handschriftlichen Notizen zum Ursprung der Welt in der Kosmogonie der Maori.

Kapitel 1

Die Erde? Ein Ungeheuer!

Unter den verschiedenen kosmogonischen Mythen der Azteken, deren Heterogenität sich daraus erklärt, dass dieses Volk seine eigenen Glaubenstraditionen mit denen der Völker und Stämme vermischte, denen es während der Migration in Richtung der mexikanischen Hochebene begegnete, findet sich insbesondere einer, auf den sich die aztekische Praxis der Menschenopfer zurückführen lässt:

🙶 Die künftige, zuvor im Himmel wohnende, Göttin der Erde trug die Züge eines furchtbaren Ungeheuers: Nicht nur waren ihre Glieder mit Augen übersät, mit denen sie alles sehen konnte, sondern auch mit Mäulern, mit denen sie alles, was in ihre Reichweite kam, verschlang. Der vielleicht eher als „Gefiederte Schlange" bekannte Quetzalcoatl und der schlangengestaltige Gott Tezcatlipoca („Rauchender Spiegel") ergriffen sie und hielten sie fest: Einer umklammerte ihre rechte Hand und den linken Fuß, der andere die linke Hand und den rechten Fuß. Mit aller erdenklichen Kraft zogen sie dann an ihr und rissen sie in zwei Hälften: Die eine Hälfte wurde die Erde; die andere Hälfte wurde in den Himmel zurück gebracht. Als die anderen Götter erfuhren, was Quetzalcoatl und Tezcatlipoca getan hatten, gerieten sie in Zorn und wollten vom Himmel herabsteigen, um die Göttin der Erde zu trösten und für die erlittene Schmach zu entschädigen. Sie beschlossen daher, dass aus der zu Erde gewordenen Hälfte sämtliche für die Menschen bestimmten Speisen hervorgehen sollten. Sie verwandelten ihre langen Haare und ihre Haut in Gewächse, Bäume, Blätter, Blumen und Früchte; ihre Augen und ihre Mäuler in Höhlen jeglicher Größe, in Quellen, Brunnen und Flüsse; ihre Nasenlöcher in Täler und ihre Schultern in Berge. Des Nachts jedoch beklagte sich die Göttin oft und verlangte nach dem Blut und dem Herz der Menschen, um weiterhin Blumen und Früchte hervorbringen zu können.

Sie sagten: „Erde", – und es wurde Erde

In einem Schöpfungsmythos der Maya existierten bereits der Himmel und, darunter, das ruhige Meer, wenngleich ringsherum noch Finsternis und Stille herrschten:

🙶 Tepeu Gukumatz, Vater und Mutter, Schöpfer und Schöpferin in einem, beriet sich mit Hurakan, dem „Herzen des Himmels" sowie Einig-Dreieinigem (in ihm lebten nämlich Cakulha Hurakan, Chipi Cakulha und Raxa Cakulha zusammen), und sie beschlossen, die Welt zu schaffen, sie zu erleuchten und zu bevölkern. Sie sagten: „Erde", und es wurde Erde. Am Himmel stieg Nebel auf, das Wasser quoll und nach und nach ragten aus der blauen Oberfläche des Meeres Berge empor, die sich mit Wäldern bedeckten, und Täler, in denen Flüsse strömten. Hirsche, Jaguare, Kojoten, Schlangen, Vögel und eine Myriade anderer Tiere streiften ziellos durch die Stille. Tepeu Gukumatz und Hurakan wiesen ihnen Wohnstätten zu: „Ihr, Hirsche, werdet in den Höhlen und an den Flussufern wohnen, ihr werdet auf vier Hufen laufen, euch von Pflanzen ernähren und in den Wäldern vermehren. Ihr, Vögel, werdet in den von euch gebauten Nestern auf den Bäumen wohnen, und euch auf den Ästen und Lianen vermehren." Auch den Jaguaren, Kojoten, Schlangen und allen andern Tieren wiesen sie Wohnstätten zu. Dann sagten sie: „Ruft und zwitschert, lasst euch hören, ein jeder in der seiner Art gemäßen Sprache". Und sie fügten hinzu: „Fleht unseren Namen an und verehrt uns." Aus den Kehlen der Tiere kamen nur Gekreische, Geschrei und Gegacker hervor, nur sinnlose Laute also; deshalb verachteten die Götter ihre Geschöpfe und verurteilten sie zum Tode. Um die gewünschten Huldigungen zu erhalten, sollen sie die Menschen erfunden haben.

Wer oder was war am Anfang

▶ *Tezcatlipoca gilt als der oberste Gott im mesoamerikanischen Pantheon. Wie sein Alter ego der Jaguar kann auch er im Dunkeln sehen, aztekischer Schmuckschädel.*

▲ *Die üblichste Form des Menschenopfers bestand bei den Azteken darin, die unteren und oberen Gliedmaßen des Opfers über einem Altar zu strecken, während ein Priester ihm das Herz aus der Brust herausschnitt.*

▼ *Gefiederte Schlange, Reliefzeichnung aus Mexiko.*

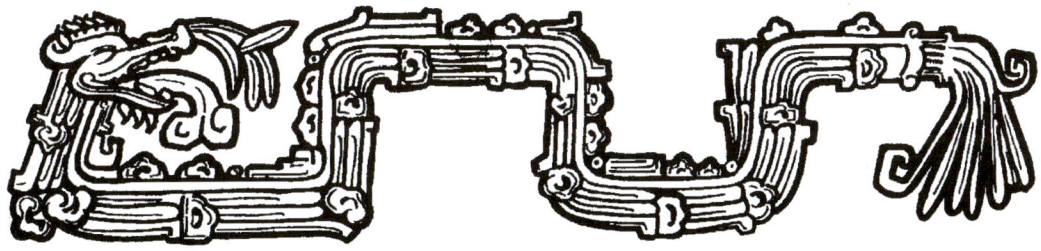

Das Unendliche als Mutter

Allenthalben ist Aditi als „Mutter-Erde" übersetzt worden, doch muss diese Göttin des hinduistischen Pantheon vielmehr als eine weibliche Inkarnation all dessen verstanden werden, was sich nicht messen lässt: Ihr Name bedeutet „Urweite" und rekurriert auf das Unendliche, das ungeteilte Ganze, den grenzenlosen Himmel, die endlose Nacht, kurzum den Inbegriff des Göttlichen.

Fast alle Quellen stimmen darin überein, ihr die Zeugung der nach ihr benannten multiplen Gottheiten zuzuschreiben, jener höchsten Prinzipien also, die als Adityas bezeichnet werden. Diese insgesamt zwölf Prinzipien beherrschen die Menschen und die Götter: Freundschaft (Mitra), Schicksal (Varuna), Ehre (Aryman), Kunst-Ritual (Daksha), Anteilnahme (Bagha), Glück (Amsha), handwerkliche Fähigkeit (Tvashtri), Magie (Savitri), Fortschritt (Pushan), Mut (Shakra), moralisches Gesetz (Vivasvat) und Wissen oder Wahrnehmung des Gesetzes (Vishnu).

Die Quelle, die sie als Gattin des Weisen Kashyapa („Vision") ausgibt, erläutert, dass Aditi den glühenden Samen des Gefährten nicht in ihrem Schoß zu tragen vermochte und dass dieser den Fötus darum in zwölf Teile teilte; jeder von ihnen nahm die Gestalt eines jener höchsten Prinzipien an, welche zusammen den zwölf Monaten des Jahres entsprechen – daran zeigt sich, dass man anfing, die Zeit zu berechnen. Einer anderen Quelle zufolge nahm Aditi selbst die Teilung vor, weil es ihr unmöglich war, die Pracht des einzigen gezeugten Sohnes zu ertragen.

Schließlich wird auch erzählt, dass Aditi nicht zwölf, sondern acht Söhne zeugte. Sieben kamen normal zur Welt, der achte jedoch als ein großes Ei, das augenblicklich zum Himmel aufstieg, um den Platz der Sonne einzunehmen.

In schöpferischer Umarmung

Ein anderer hinduistischer Schöpfungsmythos stellt das Selbst (Atman) an den Anfang:

Atman war allein und hatte Menschengestalt (Purusha). Um sich schauend sah es nichts als sich selbst. Als erstes sprach es: „Das bin ich." So wurde „Ich" sein Name. Doch empfand es nicht die geringste Freude, denn kein einzelner Mensch kennt Freude. Es begehrte die Gegenwart eines anderen. Es war so groß wie Mann und Frau zusammen in einer einzigen Person vereint. Also machte es, dass das Selbst, das es war, sich zweiteilte und daraus ein Mann und eine Frau hervorgingen. So füllte die Frau die Leere aus. Purusha schloss sie in eine Umarmung und es entstand das Menschengeschlecht. Sie sagte sich: „Wie kann er sich mit mir vereinen, nachdem er mich aus sich selbst geschaffen hat? Ich werde mich verbergen." Also wurde sie eine Kuh und der andere wurde daraufhinein Bulle, der sich mit ihr vereinigte – und so entstanden die Kühe. Sie wurde eine Stute und der andere ein Hengst, dann wurde sie eine Eselin und der andere ein Esel. Sie wurde ein Ziege und er ein Bock; sie wurde ein Schaf und er ein Widder. So wurden alle Arten gezeugt, bis hin zu den Ameisen.

Er war sich dessen bewusst: „In Wahrheit bin ich die Schöpfung, weil ich dieses ganze Universum geschaffen habe."

Wer oder was war am Anfang

▲ *Der Schöpfergott Vishnu sitzt mit der Göttin Lakshmi auf seinem Reittier Garuda. Wann immer das Gleichgewicht des Kosmos gestört ist, betritt Vishnu der Bewahrergott die Welt der Menschen, um die wahre religiöse Lehre wieder herzustellen. Mit seinen Symbolen, Lotusblüte und Muschel, segnet er die Guten.*

▼ *Im Hinduismus ist das Symbol des kosmischen Menschen (Purusha) der Phallus, während das der Naturenergie der Welt das weibliche Fortpflanzungsorgan ist. In der Abbildung befindet sich das Linga in der Yoni, jener Kraft, die es manifestiert, der Schoß der Welt, in dem sich alles Individuelle entwickelt.*

Kosmogonien in den drei monotheistischen Weltreligionen

In den heiligen Texten der drei großen monotheistischen Religionen (Judentum, Christentum und Islam) spielt die Erzählung vom Ursprung des Universums eine wesentliche Rolle. Die jeweiligen Darstellungen stammen aus der *Genesis* des Alten Testamentes, welches Juden und Christen gemeinsam ist, aus dem für die Christen heiligen *Johannes-Evangelium* sowie aus dem Koran, dem heiligen Buch der Moslems. Beginnen wir mit der *Genesis*:

„Im Anfang schuf Gott Himmel und Erde; die Erde aber war wüst und wirr, Finsternis lag über der Urflut und Gottes Geist schwebte über dem Wasser.

Und Gott sprach: Es werde Licht. Und es wurde Licht. Gott sah, dass das Licht gut war. Gott schied das Licht von der Finsternis und Gott nannte das Licht Tag und die Finsternis nannte er Nacht. Es wurde Abend und es wurde Morgen: erster Tag.

Dann sprach Gott: Ein Gewölbe entstehe mitten im Wasser und scheide Wasser von Wasser. Gott machte also das Gewölbe und schied das Wasser unterhalb des Gewölbes vom Wasser oberhalb des Gewölbes. So geschah es, und Gott nannte das Gewölbe Himmel. Es wurde Abend und es wurde Morgen: zweiter Tag.

Dann sprach Gott: Das Wasser unterhalb des Himmels sammle sich an einem Ort, damit das Trockene sichtbar werde. So geschah es. Das Trockene nannte Gott Land und das angesammelte Wasser nannte er Meer. Gott sah, dass es gut war.

Dann sprach Gott: Das Land lasse junges Grün wachsen, alle Arten von Pflanzen, die Samen tragen, und von Bäumen, die auf der Erde Früchte bringen mit ihrem Samen darin. So geschah es. Das Land brachte junges Grün hervor, alle Arten von Pflanzen, die Samen tragen, alle Arten von Bäumen, die Früchte bringen mit ihrem Samen darin. Gott sah, dass es gut war. Es wurde Abend und es wurde Morgen: dritter Tag.

Dann sprach Gott: Lichter sollen am Himmelsgewölbe sein, um Tag und Nacht zu scheiden. Sie sollen Zeichen sein und zur Bestimmung von Festzeiten, von Tagen und Jahren dienen; sie sollen Lichter am Himmelsgewölbe sein, die über die Erde hin leuchten. So geschah es. Gott machte die beiden großen Lichter, das größere, das über den Tag herrscht, das kleinere, das über die Nacht herrscht, auch die Sterne. Gott setzte die Lichter an das Himmelsgewölbe, damit sie über die Erde hin leuchten, über Tag und Nacht herrschen und das Licht von der Finsternis scheiden. Gott sah, dass es gut war. Es wurde Abend und es wurde Morgen: vierter Tag.

Dann sprach Gott: Das Wasser wimmle von lebendigen Wesen und Vögel sollen über dem Land am Himmelsgewölbe dahinfliegen. Gott schuf alle Arten von großen Seetieren und anderen Lebewesen, von denen das Wasser wimmelt, und alle Arten von gefiederten Vögeln. Gott sah, dass es gut war. Gott segnete sie und sprach: Seid fruchtbar und vermehrt euch und bevölkert das Wasser im Meer und die Vögel sollen sich auf dem Land vermehren. Es wurde Abend und es wurde Morgen: fünfter Tag.

Dann sprach Gott: Das Land bringe alle Arten von lebendigen Wesen hervor, von Vieh, von Kriechtieren und von Tieren des Feldes. So geschah es. Gott machte alle Arten von Tieren des Feldes, alle Arten von Vieh und alle Arten von Kriechtieren auf dem Erdboden. Gott sah, dass es gut war."

Eine vielzitierte Stelle aus dem *Johannes-Evangelium* lautet:

„Im Anfang war das Wort, / und das Wort war bei Gott, / und das Wort war Gott. Im Anfang war es bei Gott. Alles ist durch das Wort geworden / und ohne das Wort wurde nichts, was geworden ist. In ihm war das Leben / und das Leben war das Licht der Menschen."

Wer oder was war am Anfang

▲ William Blake, Der Ursprung der Welt, 1824.

▼ In dieser Buchmalerei des 12. Jh. aus der Bible de Sauviny, ist die Schöpfungsgeschichte dargestellt von links nach rechts, von oben nach unten. Die Erschaffung Adams und Evas stellt der Buchmaler allerdings am siebten Tag dar, dem Tag an dem Gott laut Bibeltext ruht. Im achten Feld wird der Sündenfall dargestellt, und zwar die Szene in der Eva – ermutigt von der Schlange der Versuchung – Adam die verbotene Frucht reicht.

◄ In diesem Mosaik aus dem 12. Jh. im Dom von Monraele auf Sizilien ist die Erschaffung des Menschen dargestellt. Der Körper des Menschen empfängt gerade durch den göttlichen Geist, der hier als Strahl zu sehen ist, das Leben.

Auch nach islamischer Lehre beruht die gesamte Schöpfung auf einem Willensakt des allmächtigen Gottes. Wie die Bibel spricht auch der Koran vom Vollzug der Schöpfung in sechs Tagen:

🕮 „Siehe, euer Herr ist Allah, welcher die Himmel und die Erde in sechs Tagen erschuf; alsdann setzte er sich auf den Thron. Er lässet die Nacht den Tag verhüllen – sie verfolgt ihn schnell: und (er schuf) die Sonne, den Mond und die Sterne, die seinem Befehle fronen. Ist nicht sein die Schöpfung und der Befehl? Gesegnet sei Allah, der Herr der Welten!"

Der erste Gesang des Kalevala

Zu Beginn des *Kalevala*, einer Sammlung finnischer Volksgesänge, wird erzählt, dass Luonnotar, die Tochter der Luft, ihrer langen Einsamkeit überdrüssig, aus den grenzenlosen, unbewohnten Luftregionen zur Wasseroberfläche hinab stieg.

🕮 Ein von Osten aufkommender Sturmwind ließ die Wellen anschwellen, schloss sie in seine Umarmung und schwängerte sie. Luonnotar schwebte 700 Jahre umher, ohne gebären zu können. Schließlich sah sie eine Ente auftauchen, die verzweifelt nach einem Nistplatz suchte. Die Göttin näherte sich ihr und ließ ein Knie aus dem Wasser empor tauchen: Die Ente ließ sich darauf nieder, baute ihr Nest, legte Eier und begann zu brüten. Während der langen Brutzeit erwärmte sich Luonnotars Knie so sehr, dass sie ein starkes Brennen verspürte und auffuhr. Die Eier fielen ins Meer und gingen zu Bruch. Aus ihrer unteren Hälfte bildete sich die Erde und aus der oberen das Himmelsgewölbe; das Eigelb brachte die Sonne hevor und das Eiweiß den Mond; die Bruchstücke der fleckigen Eierschalen wurden zu Sternen und die dunklen zu Wolken. Luonnotar trieb weiter durch das Meer, doch nach neun Jahren tauchte sie ihren Kopf empor und vollendete die Schöpfung. Durch die Bewegung von Händen, Füßen, Hüften und Rücken entstanden sodann Klippen, Grotten, flache und steile Küstenstreifen, Buchten, Felsen und Inseln.

Das schöpferische Wort

Ptah, eine ägyptische Gottheit, erlangte in Memphis eine zunehmend bedeutende Rolle und wurde während des Neuen Reiches gar zum Schöpfer des Universums ernannt. Tatsächlich genügte es, dass sich vor seinem Auge ein Bild formte und er dessen Namen aussprach, damit ein Ding zu existieren begann. So wird es auf dem Schabaka-Stein aus dem 8. Jh. v. Chr. berichtet:

🕮 „Groß und mächtig ist Ptah, der die Macht allen Göttern sowie ihren Geistern übertragen hat durch den Gedanken des Herzens und den Befehl seiner Zunge … Er schuf die Fülle und ihre Ausprägungen; mit seinem Wort machte er alle Speisen und alle Gaben; er machte das, was geliebt und das, was gehasst wird; er verlieh dem Friedfertigen das Leben und dem Schuldigen den Tod. Er erschuf jede Arbeit, jedes Handwerk, die Bewegung der Füße und aller Glieder – durch seinen Befehl und den Gedanken des Herzens, der von der Zunge ausgedrückt wird."

Big Bang?

Aus Hermopolis, einem wichtigen religiösen Zentrum im Alten Ägypten, stammt eine interessante Urkosmogonie.

Die ursprüngliche Unterwelt wird demnach von vier göttlichen Paaren (der „Achtheit") bewohnt, deren weibliche Teile Frosch- und deren männliche Schlangengestalt besitzen: Nun und Naunet; Heh und Hehet; Kek und Keket; Amun und Amaunet. Diese sind entweder zu einem großen Ei verschmolzen, aus dem der Schöpfergott hervorgegangen sein soll, oder sie haben das Gleichgewicht zwischen ihren Elementarkräften zerstört und eine Energieexplosion verursacht, aus der – wie es in anderen Quellen heißt – die Welt entstand.

Sollten die alten Ägypter die Theorie des Big Bang (Urknall) vor vielen tausend Jahren vorweggenommen haben?

Wer oder was war am Anfang

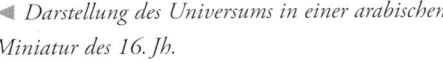
◄ Darstellung des Universums in einer arabischen Miniatur des 16. Jh.

► Auf dem Thron sitzender Ptah. Die Statue, deren Kopf im 19. Jh. rekonstruiert wurde, ist im Ägyptischen Museum in Turin ausgestellt.

▼ Diese Abbildung aus einem Totenbuch aus Hermopolis zeigt die Entstehung der Sonne aus den Urwassern der Nun, aus denen das ganze Universum hervorging.

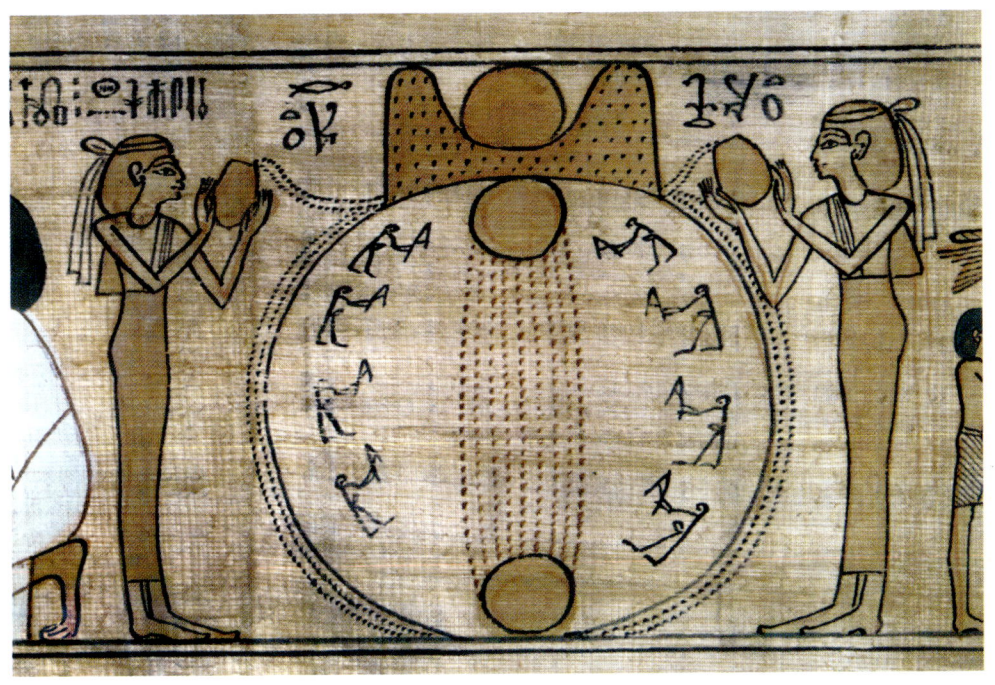

Kapitel 2

Das Erscheinen des Menschen

Die ersten Menschen in der Bibel und in den mythologischen Traditionen

„Dann sprach Gott: Lasst uns Menschen machen als unser Abbild, uns ähnlich. Sie sollen herrschen über die Fische des Meeres, über die Vögel des Himmels, über das Vieh, über die ganze Erde und über alle Kriechtiere auf dem Land. Gott schuf also den Menschen als sein Abbild; als Abbild Gottes schuf er ihn. Als Mann und Frau schuf er sie. Gott segnete sie und Gott sprach zu ihnen: Seid fruchtbar und vermehrt euch, bevölkert die Erde, unterwerft sie euch und herrscht über die Fische des Meeres, über die Vögel des Himmels und über alle Tiere, die sich auf dem Land regen. Dann sprach Gott: Hiermit übergebe ich euch alle Pflanzen auf der ganzen Erde, die Samen tragen, und alle Bäume mit samenhaltigen Früchten. Euch sollen sie zur Nahrung dienen. Allen Tieren des Feldes, allen Vögeln des Himmels und allem, was sich auf der Erde regt, was Lebensatem in sich hat, gebe ich alle grünen Pflanzen zur Nahrung. So geschah es. Gott sah alles an, was er gemacht hatte: Es war sehr gut. Es wurde Abend und es wurde Morgen: der sechste Tag."

Dieser Text ist der *Genesis* entnommen, die ihren Ursprung in der jüdischen Tradition hat. Anschließend wird berichtet, dass Gott in die Nasenlöcher des ersten, aus dem Staub der Erde geformten Menschen Adam blies, um ihm Leben zu verleihen. Dann wies er ihm den Garten Eden zu, entnahm ihm, nachdem er ihn in einen tiefen Schlaf versenkt hatte, eine Rippe und formte aus dieser die erste Frau: Eva.

Verkleinerung

In der Mythologie der von den Inka abstammenden Quechua, existierte, noch bevor es die Welt gab, ein Mann namens Viracocha. Nachdem dieser die Welt erschaffen hatte, entwarf und formte er einen Stamm von Riesen mit enormen körperlichen Ausmaßen, um zu prüfen, ob es gut war, Menschen von solcher Größe zu erschaffen. Doch weil ihm deren Statur im Vergleich zur eigenen maßlos erschien, sagte er sich: „Es ist nicht gut, dass die Menschen so groß sind; es ist besser, wenn sie meine Statur haben." Deshalb schuf er die Menschen nach seinem Abbild.

Aus einer Rhabarberpflanze

Für die Anhänger des Zoroastrismus war Gaya Maretan, das erste menschliche Geschöpf. Dieser strahlte wie die Sonne, erlag jedoch der Versuchung Angra Mainyus, dem Gott des Bösen und der Finsternis, und wurde von diesem getötet. Im Sterben stieß er den Samen aus, der von der heilsamen Regung des Sonnenlichtes geläutert wurde. Nach 40 Jahren nahm eine Rhabarberpflanze Gestalt an und, nach weiteren 15 Jahren, gingen aus den 15 Blättern dieser Pflanze Mashya und Mashyai hervor: Ihre Arme verlängerten sich hinter dem Rücken, sie waren verschlungen und vereint und ähnelten sich gänzlich. Beide wandelten sich von Pflanzen zu Menschengestalt und der Atem drang als Geist in sie ein und wurde zur Seele.

Das Erscheinen des Menschen

▶ Die Erschaffung von Mann und Frau in einem Reliefzyklus des Wiligelmo und seiner Schüler (ca. 1100).

▲ Ahura Mazda, Gott des Lichts und Gegenspieler des Angra Mainyus sprach: „Ihr seid Menschen, ihr seid die Vorfahren der Welt und seid geschaffen worden, um meine vollkommenen Getreuen zu sein; erfüllt demütig die Pflicht des Gesetzes, sprecht gute Worte, tut gute Werke und betet keinen Dämonen an." Zoroasterpriester, 2. Jh.

▶ Evas kleine Gestalt, die aus der Rippe des schlafenden Adam hervorgeht, streckt ihrem Schöpfer in einer Geste der Anbetung beide Hände entgegen. Der Name Eva hängt mit dem hebräischen Wort „hawwah" für „Leben" zusammen. Meister Bertram von Minden, Altartafel der Petrikirche in Hamburg, 1379–83.

33

Vom Himmel herabgestiegen

Nach Ansicht der Kayapó, eines Indianervolks des Amazonas-Urwaldes, sollen die Vorfahren der Menschheit vom Himmel herabgestiegen sein ... wobei manch einer dort blieb:

🗣 Vor langer Zeit wohnten die Indianer im Himmel und keiner wusste von der Existenz der Erde. Eines Tages stieß ein Jäger auf ein Gürteltier, begann es zu verfolgen und näherte sich seiner Beute immer mehr. Als er es beinahe erreicht hatte, gelang es dem Gürteltier, in seinen Bau zu schlüpfen und bis zu dessen Grund vorzudringen. Ohne den Mut zu verlieren, fing der Mann mit großer Entschlossenheit zu graben an, doch als er sich schon siegessicher wähnte, öffnete sich plötzlich der Höhlengrund und nur durch ein Wunder gelang es ihm, sich am Rand des Erdlochs, das sich unter ihm aufgetan hatte, festzuklammern. Eine Weile baumelte er dort im Freien – doch die Angst wich der Verwunderung: Unter ihm erschien ein unermesslicher und unvorstellbar schöner Regenbogen aus etlichen Grün-Schattierungen, von dem weder Anfang noch Ende zu sehen war.

Nachdem sich seine Verwunderung gelegt hatte und es ihm gelungen war, wieder herauszuklettern, holte er seine Kameraden, die ebenfalls sprachlos waren, als sie vom Rand des Erdlochs aus hinunterblickten. Der grüne Regenbogen verströmte eine Wärme, die bis zu ihnen drang und durchtränkt war von tausend neuen Farben; eine Myriade von Vögeln, die sich von allen Seiten zuzwitscherten, erfüllte die Luft mit Gesang, und die Schmetterlinge flatterten friedlich umher und ließen sich auf zahllosen Blumen nieder. Da begriffen sie, dass der Regenbogen der große Urwald sein musste. Klare Flüsse wechselten sich mit dunklen ab und wo sie sich mischten, nahm das Wasser Färbungen von unbeschreiblicher Schönheit an. Die Fische waren so zahlreich, dass sie kaum Platz im Wasser fanden, weshalb man sie hier und da herausspringen sah. Obwohl kein Windhauch ging, waren die Bäume gekrümmt, und sie begriffen, dass ihre Äste sich unter der Last des üppigen und duftenden Obstes bogen. So malten sie sich aus, dass bei derart viel Obst auch das Wild reichhaltig sein musste.

Die Indianer blickten einander ungläubig an und waren sofort darauf erpicht, den Himmel zu verlassen und auf die Erde herabzusteigen, um sich eine rosigere Zukunft zu sichern. Aber sie wussten nicht, wie sie es anstellen sollten. Deshalb trat der Ältestenrat zusammen und beschloss, dass aus allen Armreifen und Ketten der Stammesmitglieder ein langes Seil angefertigt werden sollte. So erhielten sie eine robuste Leine, die sich als ausreichend lang erwies, um damit die Erde erreichen zu können. An diese geklammert, begannen die Indianer nach und nach hinunterzusteigen. Sodann zerstreuten sie sich im Urwald, um ihn zu besiedeln. Einige jedoch, die nicht von dem überzeugt waren, was sie gesehen hatten und die ahnten, dass das Leben auf der Erde nicht so schön war, wie es schien, beschlossen im Himmel zu bleiben.

Nachdem fast alle Indianer zur Erde hinabgestiegen waren, kam ein boshafter Junge an dem Seil vorbei und schnitt es mit einem Messerchen durch. So konnte keiner mehr heruntersteigen und die Sterne, die man des Nachts sieht, sind nichts anderes, als die Feuer derer, die dort oben geblieben sind.

Das Erscheinen des Menschen

Hinaufgestiegen aus einer unterirdischen Höhle

Die Yaruro, ein Volk, das in kleinen Gruppen an den Ufern der verschiedenen Zuflüsse des Orinoco in Venezuela lebt, erklären das Erscheinen des Menschen auf der Erdoberfläche auf andere Weise.

▶ Die erste, die erschien, war Kuma. Gemeinsam mit ihr erschienen Itciai, Puana und Kiberoh. Damals gab es nichts, nichts war geschaffen worden. Kuma wurde geschwängert: Sie wollte im Daumen schwanger werden, doch Puana hieß sie zu beachten, dass dadurch die Nachkommenschaft zu groß gewesen wäre und so wurde sie auf die übliche Weise geschwängert. So wurde Hatchawa geboren, ein Nachkomme der drei, deren Aufmerksamkeit und Fürsorge er fortan genoss. Puana schuf unterdessen das Land und Itciai das Wasser der Flüsse.

Hatchawa war sehr klein, doch wuchs er rasch und erlangte eine beachtliche Statur. Kuma und Puana kümmerten sich um seine Erziehung, wenngleich letzterer sich ihrer gewissenhafter annahm, indem er ihm Pfeil und Bogen baute, ihm das Jagen und Fischen beibrachte.

Eines Tages stieß Hatchawa auf ein Loch im Boden und schaute hinein. Er sah viele Menschen. Er kehrte zu seinen Erziehern zurück und bat sie um Erlaubnis, einen davon herausziehen zu dürfen. Puana versah eine dünnes Schnur mit einem Haken und ließ sie in das Loch herab. So kamen die Menschen heraus, ebenso viele Männer wie Frauen. Doch als schließlich eine schwangere Frau herauszukommen versuchte, riss die dünne Schnur. Dies ist der Grund, warum es nur so wenige Menschen gibt.

Auch die Buschmänner der Kalahari, die seit Urzeiten im südlichen Afrika leben, stellen sich das Erscheinen des Menschengeschlechts auf der Erde als das Hinaussteigen aus einer unterirdischen Höhle vor:

▶ In einer tiefen Höhle, deren Grund niemand je gesehen hat und von der gesagt wird, sie befinde sich am Ende der Welt, lebten anfangs Tiere und Menschen gemeinsam. Doch im Folgenden wurde die Höhle zu klein für alle und aufgrund des Platzmangels stritten sie sich unentwegt, weil jeder den Nachbarn zu vertreiben versuchte. Letztlich wurden die Auseinandersetzungen derart heftig, dass die Menschen, die sehr viel schlauer als die Tiere waren, anfingen, diese zu vertreiben. Doch die Tiere wollten nicht weichen, weshalb die Menschen sie hinausschieben mussten. Je mehr sie schoben, desto mehr versuchten diese, wieder hineinzukommen. Am Ende gelang es ihnen jedoch, sich von ihnen zu befreien. An den Rändern der Erdhöhle verlief ein Fluss, in welchem Schilf wuchs, weshalb der Boden ringsherum feucht und weich war. Die Tiere, und besonders das Vieh, hinterließen darin beim Darüberlaufen viele Spuren, und dies umso mehr, weil sie, nachdem sie aus der Höhle vertrieben worden waren und aus Angst, sich davon zu weit zu entfernen, in der Nähe der Öffnung geblieben waren. Alsbald verspürten sie Hungerqualen (unten waren sie unsterblich und brauchten, ebenso wie die Menschen, keine Nahrung). Sie begannen also das Schilf des Flusses zu verzehren und, als alles aufgebraucht war, entfernten sie sich zusehends, um sich vom Gras zu ernähren. Nach langer Zeit begannen die zurückgebliebenen Menschen, weil sie zu zahlreich geworden waren, zu streiten und sich gegenseitig zu schubsen. Sie beschlossen deshalb, ebenfalls hinauszusteigen und dabei beseitigten sie die Spuren der Tiere und hinterließen stattdessen ihre eigenen.

Ein Mann und eine Frau gleichen Namens

Für die südafrikanischen Zulu hat Umvelinquangi alles Existierende entstehen lassen: Aus einer Binse, die sich auf dem Grund eines Tals rasch zu einem Schilfbett ausbreitete, ließ er das Gras, die Bäume, alle wilden Tiere, die Herden, das Wild, die Schlangen, die Vögel, das Wasser und die Berge hervorgehen. Der erste Mann und die erste Frau, die beide Unkulunkulu hießen, erhoben sich von jenem Schilfbett, das sich auf dem Talgrund gebildet hatte. Zu den nachfolgenden Menschen sprach der Mann: „Wir sind hier, weil wir dem Schilfbett entstiegen sind." Man sagt, dass alle Menschen auf Unkulunkulu zurückgehen, welcher als erster gezeugt wurde.

Aus den Tiefen der Erde an die Oberfläche

Von einem ursprünglich unterirdischen Wohnsitz der Menschen berichten die Lakota, ein zur Familie der Sioux gehörender Indianerstamm. Danach lebten an der Erdoberfläche boshafte Götter, die dorthin verbannt worden waren:

Einer von ihnen, Iktomi, war es leid, den Vögeln und Tieren böse Streiche zu spielen, weil diese, obwohl er sich über ihr Unglück amüsierte, darüber keine Scham zeigten. Er wandte sich deshalb an Anog-Ite, die „doppelgesichtige Frau", um sie nach ihrem größten Wunsch zu fragen. Anog-Ite antwortete ihm, dass sie sich wünschte, mit ihren Leuten zu leben. Sie war überzeugt, dass, wenn die Menschen es gelernt hätten, sich Tipis zu bauen und gekochtes Fleisch zu essen, sie sich dorthin begeben hätten, wo sie Nahrung und komfortable Wohnsitze finden würden. Also bat Iktomi die Wölfe um Hilfe und versprach ihnen, auf seine Streiche zu verzichten. Die Wölfe begaben sich zu Anog-Ite, die gerade dabei war, Speise, Kleidung und ein Tipi zu bereiten, um damit die Menschen zu verlocken. Einige Dinge übergab sie einem Wolf, der sie einem Mann und einer Frau bringen sollte.

Der Wolf wurde zum Eingang einer Höhle gebracht, die zur unterirdischen Welt führte, und als er – etwas abseits von den anderen – einen jungen Mann mit seiner Frau erblickte, übergab er ihnen die Geschenke und sagte, dass es auf der Erde eine große Menge solcher Dinge gäbe. Der junge Mann, welcher Tokane, „der Erste" hieß, war sehr glücklich über die empfangenen Güter und versprach dem Wolf zu versuchen, die anderen zu überzeugen, ihm zu folgen. So ließ er die anderen von den schmackhaften Speisen probieren und zeigte ihnen die schönen Kleider, woraufhin alle jene Dinge haben wollten. Ein Weiser schlug jedoch vor, dass nur drei mutige Männer Tokane begleiten sollten, und so wurde es beschlossen. Die vier folgten dem Wolf auf die Erde und als sie zu dem See kamen, an dem Anog-Ite und Iktomi ihr Tipi errichtet hatten, waren sie fasziniert von Anog-Ites Schönheit und von den Spielen, die ihnen Iktomi zeigte. Sie erblickten auch Wild, denn Iktomi hatte zuvor mit den Wölfen verabredet, dass sie es zu jenem Ort lotsen sollten. Dieser erzählte ihnen dann, dass er und seine Frau in Wirklichkeit sehr alt seien, dass sie jedoch jung und attraktiv blieben, weil sie sich von den Speisen der Erde ernährten.

Daraufhin kehrten die vier zu ihrem Stamm zurück und erzählten von den wunderlichen Dingen, die sie gesehen und gehört hatten. Doch eine weitere misstrauische Alte warnte sie, und so beschlossen nur sechs Familien, die Unterwelt zu verlassen, um sich an die Erdoberfläche zu wagen. Als sie dort ankamen, verzagten sie. Sie hatten Hunger und Durst und als Anog-Ite versuchte, sie zu trösten, erblickten sie die schreckliche Seite ihres Gesichts und waren entsetzt. Iktomi nahm wieder seine wahren Züge an und verspottete sie.

Da kamen Waziya, „der Alte", und Wakanaka, „die Hexe", die, seit sie ans Ende der Welt verbannt worden waren, um den Wert des Mitleids wussten, Tokane und seinen Gefährten zu Hilfe. Sie brachten ihnen zu Essen und zu Trinken und führten die Gruppe schließlich ins Land der Pinien, in die Welt der Seelen. Auch zeigten sie ihnen, wie man jagt und wie man Kleider und Tipis macht. So wurden Tokane und seine Gefährten die ersten Erdbewohner – und deren Nachkommen sind die Lakota.

Das Erscheinen des Menschen

◄ *Zulu-Krieger. Die Zulu gehören zur Familie der Bantu und waren einst wegen ihres kämpferischen Wesens gefürchtet. Heute leben sie in Reservaten und betreiben Viehzucht und Landwirtschaft.*

▲ *Einige Sioux bei der Bison-Jagd, Gemälde von G. Catlin, ca. 1840.*

▼ *Junge Lakota Sioux beim traditionellen Pow Wow.*

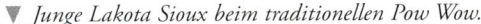

Als kleine Kinder

Den zumeist besser als Eskimos bekannten Inuit zufolge fiel die Welt samt Erdboden, Bergen und Steinen, aus der Höhe herab. Sie erzählen aber, dass die Menschen aus dem Boden kamen:

🝆 Als kleine Kinder und mit Blättern bedeckt, kamen sie zwischen den Weiden hervor. Ausgestreckt und mit geschlossenen Augen lagen sie zwischen den Zwergsträuchern, weil sie sich noch nicht bewegen konnten. Die Erde sorgte sich darum, sie zu ernähren. Die Erzählung berichtet weiter, wie sich eine Frau und ein Mann um sie kümmerten: Sie fand zwei von ihnen, bekleidete sie und nahm sie mit nach Hause; er schlug, als sie bereits viele waren und Hunde benötigten, auf die Erde und rief: „ Hoc, hoc, hoc!", und die Hunde kamen aus kleinen Hügeln heraus und schüttelten sich, weil sie voller Sand waren. So kamen die Inuit zu ihren Hunden.

Die ersten Menschen in Griechenland

In der Mythologie des Alten Griechenland gibt es keinen einhelligen Bericht über die Entstehung der Menschheit. Einigen Erzählungen zufolge könnten sie auf die gleiche Weise wie alle Früchte und alle beseelten Geschöpfe der Erde entstanden sein: „hervorgekommen" an besonderen Orten, wo die Bedingungen für Ernährung und Wachstum am günstigsten waren. Die Rede ist beispielsweise von Alalkomeneus, der in der Nähe des Kopais-Sees in Böotien dem Schoß der Erde entsprungen sein soll. Pelasgos hingegen soll in Arkadien das Licht der Welt erblickt haben. Und ferner erkannte eines der libyschen Völker in Garamant den eigenen Stammvater. Tatsächlich wussten fast alle Regionen und Inseln ähnliche Geschichten zu berichten und brachten auf diese Weise das Identitätsgefühl des eigenen Stammes und den Stolz auf die eigenen Traditionen zum Ausdruck. Doch die Darstellung der Ereignisse, in denen Prometheus als Protagonist fungiert, betreffen die Menschheit als Ganzes.

Prometheus war in väterlicher Linie der Nachkomme von Gaia und Uranos, in mütterlicher Linie von Okeanos und Thetys. Wegen seiner lebhaften Intelligenz neigte er dazu, sich zu Athene, der Göttin der Weisheit, der Wissenschaft und des kreativen Eifers, zu gesellen, zur „gebildetsten" aller Götter also. Die Göttin übertrug ihm offenbar viele ihrer Kenntnisse, von der Architektur bis zur Nautik, von der Astronomie bis zur Kunst der Metallbearbeitung. Es scheint sogar, dass sie ihn befähigt hatte, die Menschen nach dem Abbild der Götter zu formen, indem er Ton mit dem Wasser des Panopeus mischte, der in der Gegend von Phokis floss. Sie selbst soll sich darum gekümmert haben, diesen Statuen Leben zu verleihen, indem sie ihnen ihren göttlichen Atem einhauchte.

Auch Prometheus hatte große Bedeutung für die ersten Menschen. Es wird nämlich erzählt, dass, als die Götter beschlossen, die Erde mit sterblichen Wesen zu bevölkern, sie diese aus den natürlichen Grundelementen formten. Dann betrauten sie Prometheus und dessen Bruder Epimetheus mit der Aufgabe, diese zu „zivilisieren", indem sie den verschiedenen Wesen besondere Fähigkeiten und Begabungen zuteilten. Epimetheus wollte alleine und ohne den Beistand des umsichtigen Bruders die Verteilung vornehmen und gab alles, was zur Verfügung stand, verschiedenen Tieren, weshalb für die Menschen nichts mehr übrig blieb. Aus diesem Grund stahl Prometheus für sie den Göttern das Feuer.

Das Erscheinen des Menschen

◄ *Nicolas Régnier,* Pandora, *1650. Laut Hesiod wurde Pandora von Zeus zu den Menschen geschickt, um Rache für Prometheus' Raub des Feuers zu üben. Diese erste Frau, die Hephaistos aus Lehm geformt hatte, war derart verführerisch, dass Epimetheus sie sogleich zur Frau nahm, obwohl Prometheus ihn eindringlich warnte. Ein Gefäß, das Zeus ihr mitgegeben hatte, enthielt alle Übel. Als Panora es öffnete verbreiteten sie sich um die ganze Welt.*

▼ *Hermann Julius Schlösser,* Pandora vor Prometheus und Epimetheus, *1878*

Ntaum und Rae

Für die Pygmäen war die Erde ursprünglich eine große Wasserfläche, die alle Dinge bedeckte. Auf dieser trieb eine riesige Schildkröte, deren Panzer beinahe die gesamte Erdoberfläche einnahm. Aus den Eiern dieser Schildkröte entstanden die Tierarten: die Fische, die Reptilien, die Amphibien, die Vögel und die Säugetiere. Nur die Menschen fehlten.

Eines Tages sah man auf dem Wasser eine Piroge dicht am Panzer der Schildkröte vorbei treiben. Aus dieser kullerten zwei Eier in das Boot. So entstanden der erste Mann und die erste Frau, welche Ntaum und Rae genannt wurden.

Allah offenbart im Koran, wie er den Menschen erschaffen hat

„In Wahrheit haben wir den Menschen aus sehr feinem Lehm geschaffen. Aus diesem haben wir einen Tropfen Sperma gemacht, den wir in ein sicheres Versteck gelegt haben. Dann haben wir diesen Spermatropfen in einen Blutklumpen verwandelt; und den Blutklumpen haben wir in eine weiche Masse verwandelt; und die weiche Masse haben wir in Knochen verwandelt; dann haben wir die Knochen mit Fleisch überzogen."

Nü Gua als Ursprung der Menschheit

Während eine der bekanntesten mythologischen Traditionen des Alten China den Riesen Pangu als den Anfang von allem ansieht, schreibt eine andere, nicht weniger verbreitete, die Erschaffung des Menschen Nü Gua zu, die stets mit menschlichen oder phantastischen Gesichtszügen beschrieben wird (mit Schlangenkörper und Menschenkopf) und die Menschen aus Lehm formen kann:

Nü Gua war es, die die Elemente und gegensätzlichen Kräfte des Urchaos befehligte und die Welt in neun Regionen einteilte. Da es ihr gefiel, alle Arten von Dingen zu erschaffen, beschloss sie sodann, die Menschen hervorzubringen. Nachdem sie angefangen hatte, jeden einzelnen aus gelbem Lehm zu formen, merkte sie jedoch bald, dass nicht einmal ihre wunderbare Kreativität ausgereicht hätte, um auf diese Weise die neun Regionen zu bevölkern. Deshalb versenkte sie in einer Schlammpfütze ein dickes Seil, welches sie sogleich wieder herausholte und aufspannte: Die von dem Seil abfallenden Schlammtropfen wurden zu Menschen. Als ihr die Anzahl der erschaffenen Menschen ausreichend erschien, verlieh Nü Gua ihnen die Fähigkeit, sich zu vermehren: Aus denen, die aus Lehm geformt waren, entstanden die Adligen und Reichen, aus denen, die aus den Schlammtropfen hervorgegangen waren, die Bauern und Armen. Zudem verdiente sich Nü Gua die Dankbarkeit der gesamten Menschheit, als sie die Welt vor der Zerstörung rettete, indem sie einen Aufstand der Dämonen gegen die Himmelsordnung niederschlug, der die Stützpfeiler des Himmels beschädigt hatte. Die ungeheure Anstrengung wurde ihr jedoch zum Verhängnis: Als sie auf der Erde ausgestreckt lag, schlief die Göttin für immer ein und verwandelte sich in jene riesige Bergkette, die ganz China durchzieht.

Das Erscheinen des Menschen

◀ *Fu Xi, der legendäre erste chinesische Kaiser, dessen Reich auf das 3. Jt. v.Chr. datiert wird, umarmt seine Gemahlin Nü Gua, die auch seine Schwester ist. Eine Variante des Mythos setzt Nü Gua mit Mi Xi gleich, der ebenfalls legendären jüngeren Schwester von Fu Xi. Wie durch ein Wunder der Vernichtung der Welt durch den Donnergott entkommen, sollen die beiden allein in einer Welt zurückgeblieben sein, aus der alle Mitmenschen verschwunden waren, und sich dann in der Ehe vereint und Kinder gezeugt haben, um dem Menschengeschlecht die Fortdauer zu sichern, Malerei der Tang-Dynastie. Darstellungen der beiden Gottheiten tauchen ab der Han-Zeit in Gräbern auf.*

▶ *Die Schöpfergöttin Nü Gua mit einem Schlangenkörper. Sie wurde als Beschützerin der Menschen besonders verehrt. Dem Mythos nach benutzte die Göttin Nü Gua aber Schildkrötenbeine, um den Himmel zu stützen. Schildkröten werden deshalb in China als Symbol der Kraft und Langlebigkeit verehrt.*

Aus zwei Bäumen

Nachdem sie die Welt erschaffen hatten, begaben sich Odin und seine Brüder Vili und Ve zum Meeresufer, wo sie zwei Baumstücke – „ohne Schicksal und ledig der Kraft" – fanden. Die Götter lasen sie auf und verliehen ihnen Leben, Geist, Sinne und Namen: Askr, der Mann, erstand aus der Esche; Embla, die Frau, aus der Ulme. Über den Ursprung der letzteren besteht in den Quellen jedoch Uneinigkeit: Es wird zuweilen auch behauptet, dass sie ebenfalls aus der Esche hervorgegangen sei oder aber aus einem Holunder.

Sterblich wie die Blätter

Die Tlingit bewohnen bis heute einen Streifen Festland und Hunderte von Inseln entlang der Südostküste Alaskas. Sie betrachten Nas-Caki-Yel („Rabe-an-der Quelle-des-Nass") als die ursprüngliche Wesenheit, die, versorgt mit jeglichen Dingen (einschließlich der Sonne, dem Mond, den Sternen und dem Tageslicht) in einem Haus an der Quelle des Flusses Nass lebt. Nas-caki-yel gedachte die Menschen gleichzeitig aus einem Fels und einem Blatt zu erschaffen, doch der Fels war träge und das Blatt zu schnell. Da zeigte Nas-Caki-Yel den Menschen ein Blatt und sagte: „Seht ihr dieses Blatt? Ihr müsst ebenso sein. Wenn es vom Zweig abfällt, bleibt nichts mehr übrig." Darum gibt es den Tod auf der Welt. Wären die Menschen aus dem Fels entstanden, gäbe es den Tod nicht.

Den Göttern zu Diensten

Nachdem Marduk alles erschaffen hatte, versammelten sich die Götter um ihn und brachen in bittere Klagen aus. „Herr Marduk", riefen sie, „du hast uns unsere Aufträge erteilt und jedem eine Aufgabe anvertraut. Aber du hast keinen dazu berufen, uns zu unterstützen und uns zu dienen, während wir unsere Aufgaben erfüllen. Wer wird also unser Haus versorgen? Wer wird daran denken, uns die Mahlzeit zu bereiten?" Nachdem er diese Worte vernommen hatte, fiel Marduk in eine tiefe Meditation. Dann erhellte sich sein Antlitz. „Jetzt weiß ich", sagte er, „was ich tun muss. Ich werde Blut und Knochen nehmen und daraus einen kleinen Popanz machen. Sein Name soll Mensch sein. Mensch wird den Göttern dienen und ihren Bedürfnissen nachkommen, während sie ihre Aufgaben erfüllen!"

Doch als er Ea von seinem Plan in Kenntnis setzte, wusste jener kluge und listige Gott sofort einen noch besseren vorzubringen. „Warum", fragte er, „müssen es neues Blut und neue Knochen sein? Nimm sie doch von einem der Rebellen (jenen also, die sich auf die Seite von Tiamat geschlagen hatten)!" So ordnete Marduk an, dass die gefesselten Rebellen vor ihn geführt würden, befragte sie und befahl ihnen, aufrichtig kundzutun, wer von ihnen der größte Schuldige sei; den wollte er zum Tode verurteilen. Tatsächlich waren die Rebellen bloß einfache Soldaten in Tiamats Heer gewesen, und sie sahen keinen Grund, warum einer von ihnen die Verantwortung für den Krieg tragen sollte. „Der größte Schuldige", antworteten sie, „ist Kingu, unser Anführer und Kommandant. Er hat den Kriegsplan erdacht und ihn in die Tat umgesetzt!"

Also wurde Kingu aus dem Gefängnis geholt und an Ea ausgeliefert. Dieser schlug ihm den Kopf ab, öffnete ihm die Venen und formte aus Knochen und Blut einen Popanz, der den Namen Mensch erhielt und der den Göttern dienen und sie versorgen sollte.

► *Elemente, die die Esche aus botanischer Sicht charakterisieren. Dieser Baum wird nicht nur in der nordischen Mythologie mit dem Erscheinen des Menschen in Verbindung gebracht. Ein griechischer Mythos erinnert an die Entmannung Uranos' (Gestirnter Himmel) durch seinen Sohn Kronos (Zeit) auf Anregung der Mutter Gaia (Erde) hin. Aus dem Blut des Uranos, dass auf Gaia herabtropfte, sollen u.a. die Meliaden, d.h. die Baumnymphen der Esche, entstanden sein, und aus ihren Wurzeln dann die Menschheit. Es ist die Vermutung geäußert worden, dass dieser Mythos die unbestimmte Erinnerung an Rituale bewahre sowie an die magische Bedeutung der Esche als dem Baum, der mit Unwettern und mit dem Monat in Verbindung steht, in dem die Lämmer zur Welt kommen.*

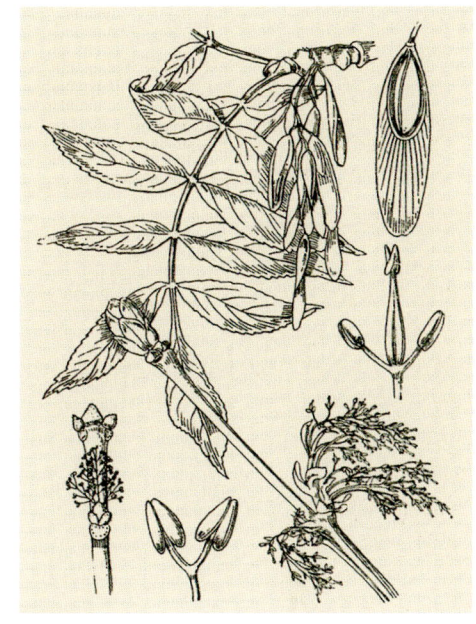

◄ *Die Weltesche Yggdrasil aus den nordischen Mythen mit dem allwissenden Adler ganz oben und der bösen Schlange Nidhögg an den Wurzeln.*

Kapitel 2

Aus der Asche

Im äquatorialen Afrika glaubten die Baia, dass Gbaso der Herrscher des Universums und Vater aller Menschen sei:

Am Anfang gab es einen sehr bösartigen Orkus, der Gbaso verschlingen wollte. Von seinem Todfeind verfolgt kletterte Gbaso schnell bis auf den Wipfel eines Baumes. Als der Orkus ihn schon beinahe eingeholt hatte, machte Gbaso einen großen Sprung und befand sich wieder auf der Erde; er war äußerst gewandt im Springen, während der große und schwere Orkus nur mit großer Mühe und langsam heruntersteigen konnte. Dies konnte Gbaso ausnutzen, um sich eine große Axt zu beschaffen und damit den Baum, auf dem sich der Orkus noch befand, zu fällen. Der Baum stürzte mit lautem Getöse um und mit ihm der Orkus, der daraufhin starb.

Wegen der großen Anstrengung, die er durchlitt, hatte Gbaso großen Durst und er wollte sich etwas zu Trinken besorgen. Kaum hatte er sich auf den Weg gemacht, stieß sein Fuß an einen Stein; verärgert wollte er ihn gerade mit einem Tritt zertrümmern, als der Stein zu sprechen begann: „Warte, ich habe dir etwas zu sagen." Gbaso hielt erstaunt inne und der Stein fuhr fort: „Wenn du Menschen haben willst, musst du es so anstellen: Kehr um, nimm den Orkus, den du getötet hast, verbrenne ihn und lass durch die übrig gebliebene Asche Wasser sickern." So kehrte Gbaso auf demselben Wege um und tat, wie ihm der Stein geraten hatte: Er äscherte den Orkus ein, füllte die Asche in einen Korb und ließ Wasser hindurch laufen. Und tatsächlich wurden aus den hindurchsickernden Tropfen Menschen und es ging eine große Menge daraus hervor. Sie sagten zu Gbaso: „Wir werden bei dir bleiben, du bist unser Vater, denn du hast uns geschaffen."

Die Tradition der Cakchiquel

In der letzten, kurzen Periode des Wiederauflebens der tausendjährigen Maya-Kultur, bevor die Conquistadores Tod und Zerstörung brachten, teilte sich dieses Volk in zwei unabhängige Reiche: das der Quiché und das der Cakchiquel.

Nach der Mythologie der Cakchiquel beschloss der Schöpfer, als er sich anschickte, den Menschen Gestalt zu verleihen und zunächst vergebens versucht hatte, dafür Holz und Blätter zu benutzen, es mit Erde zu probieren. Doch konnten die aus Erde gemachten Wesen weder sprechen noch laufen und es bildete sich weder Fleisch noch Blut. Es schien ein hoffnungsloses Unterfangen, das Werk zu vollenden, doch schließlich entdeckte der Schöpfer, was er verwenden könnte. Es gab nur zwei Tiere, die wussten, in welchem Land der Mais wuchs: der Kojote und der Rabe. Es wurde nämlich Mais in ihren Fäkalien gefunden. Also wurde der Kojote getötet und zerlegt und aus seinem Bauch der Mais herausgeholt. Dann machte man sich, mithilfe eines Kolibris, auf die Suche nach etwas, womit sich dieser mischen ließe. Und dank des Kolibris wurde dann vom Meeresgrund das Blut der Tapir-Schlange heraufgeholt und dem Mais hinzugefügt. So wurde das Fleisch der Menschen geschaffen.

Das Erscheinen des Menschen

▶ *Die Gestalt der Votivstatue (deren Kopfbedeckung auf einen Priester hinweisen könnte) hält in der rechten Hand eine Maispflanze, das Grundnahrungsmittel der präkolumbianischen Völker Mittelamerikas, und in der linken einen Spaten, das Grundwerkzeug zum Bestellen des Erdbodens.*

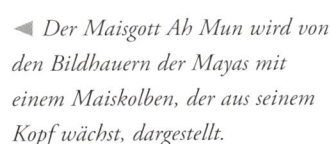

◀ *Der Maisgott Ah Mun wird von den Bildhauern der Mayas mit einem Maiskolben, der aus seinem Kopf wächst, dargestellt.*

Aus Bäumen? Nein, besser aus Lehm

Für die Iban von Borneo (der drittgrößten Insel der Welt im Indonesischen Archipel) versuchten die Götter anfangs, das Menschengeschlecht aus Bäumen zu erschaffen:

🎭 Die Schöpfungsgeister Ara und Irik machten sich also daran, mit Schneidwerkzeug viele Bäume abzuschlagen, wobei sie die, aus denen ein weißer Saft floss, als für den Zweck ungeeignet erachteten und beiseite ließen. Endlich wurde ein Baum abgeschlagen, aus dessen Kerbe ein blutroter Saft tropfte und dessen Wunde nach dem Abtupfen verheilte. Deshalb meinten die Geister, dass dieser Baum ihrem Zweck dienlich sei. Mit fürchterlichem Schreien versuchten sie, den Baum mit dem roten Saft zu beleben, doch dieser blieb stumm und gab keine Antwort. Also wandten sich die beiden der Erde zu und formten aus Lehm zwei menschliche Gestalten: einen Mann und eine Frau. Sie bedachten auch diese mit mächtigem Geschrei, und diesmal fingen die leblosen Gestalten sogleich zu leben an und erwiderten den Gruß ihrer Schöpfer.

Die beiden Vorfahren des Menschengeschlechts hießen Tanah Kumpok, was soviel bedeutet wie „geformte Erde".

Oder aus Lehm, Holz und Mais

🎭 Nachdem Tepeu Gukumatz und Hurakan die Schöpfung mit allen Tieren bevölkert und allen auferlegt hatten, sie anzurufen und zu verehren, vernahmen sie nichts als sinnlose Rufe. Deshalb sagten sie sich: „Die Zeit des Lichtes und der Aussaat ist nahe: Wir müssen jemanden hervorbringen, der unseren Namen aussprechen kann."

Mit Wasser und Lehm formten sie die Menschen, doch diese waren weich und unförmig, ihre Köpfe baumelten umher und sie hatten keine Kraft in Armen und Beinen. Sie redeten, doch wollten und konnten sie die Götter nicht anrufen. Unverzüglich lösten sie sie wieder im Meerwasser auf und suchten nach einer besseren Idee.

Sie wandten sich sodann an zwei Sonnengottheiten und erhielten von ihnen den Rat, die Menschen aus Holz zu schnitzen, welches fester und beständiger sei als der Lehm. So wurde es gemacht. Die Menschen aus Holz vermehrten sich und bevölkerten die Erde, doch konnten sie den Namen der Götter nicht aussprechen, weil sie redeten, ohne zu denken; sie hatten einen Körper, aber sie hatten weder Blut noch Herz. Hurakan ließ deshalb die Wasser ansteigen, die die Erde, auf der die Menschen lebten, überfluteten; er schickte den großen Adler, der ihnen die Augen auspickte, die Fledermaus, die ihnen die Köpfe abfraß und den Jaguar, der ihr Fleisch und ihre Knochen verschlang. Der Himmel verdunkelte sich, es regnete lange und alle Tiere und alle Gerätschaften, die der Mensch gepeinigt hatte, schrien zum Himmel. Die wenigen Überlebenden versuchten zu fliehen (mancher verwandelte sich in einen Affen), aber keiner kam davon.

Da führten der Fuchs, der Kojote, der Papagei und der Rabe die Götter in das reiche Land, wo der gelbe und der weiße Mais wuchsen. Und aus dem Mais, dem Zaubertränke beigemischt wurden, um die Kraft der Muskeln und Arme zu stärken, wurden vier Menschen gebildet. Schön und wohlgeformt, redeten und dachten sie nun; sie sahen nicht nur das, was nahe, sondern auch alles, was entfernt war auf der Erde, im Himmel und in den Wassern. So wandten sie sich an die Götter: „Lob sei den Göttern, die uns Augen gegeben haben, um alles zu sehen, Ohren, um alles zu hören und einen Mund zum Sprechen." Doch den Göttern gefiel ihr Geschwätz nicht: „Sie sehen und hören zu weit; sie kennen die Welt wie wir … Wie lässt sich das verhindern?" Hurakan blies drum Wolken herbei, die die Augen und Ohren und damit das Bewusstsein der aus Mais geformten Menschen trübten; er erlaubte ihnen jedoch, zu schlafen. Während des Schlafes schickte er ihnen vier wunderschöne Ehefrauen, über die sie erfreut waren. Die vier Paare zeugten Kinder und von diesen wurden weitere Kinder geboren.

Das Erscheinen des Menschen

▲ *Chichén Itzá, auch Pyramide des Tepeu Gukumatz genannt, Farblithographie, 1844.*

▶ *Uxmal (Yucatan, Mexiko), Steinfries mit dem gefiederten Schlangengott Tepeu Gukumatz, spätklassische Epoche 7.–10. Jh.*

Kapitel 2

Die Sintflut

Die aus Holz geschaffenen Menschen aus dem soeben vorgestellten Maya-Mythos wurden vernichtet von … einer Sintflut. Dieses Thema ist in der mythologischen Tradition der ganzen Welt alles andere als originell: Außer in der vertrauten biblischen Passage aus der *Genesis* mit Noah als ihrem Protagonisten, tritt es in etwa 70 Erzählungen in Erscheinung, die asiatischen, amerikanischen, ozeanischen, afrikanischen und europäischen Ursprungs sind, in Kulturen also, die einander völlig fremd waren und – bis zum Beweis des Gegenteils – nicht im Austausch miteinander standen. Im Folgenden werden die bedeutendsten Erzählungen aufgeführt – angefangen mit der biblischen.

„Da sprach Gott zu Noah: Das Ende allen Fleisches ist bei mir beschlossen, denn die Erde ist voller Frevel von ihnen; und siehe, ich will sie verderben mit der Erde. Mache dir einen Kasten von Tannenholz und mache Kammern darin und verpiche ihn mit Pech innen und außen … Denn siehe, ich will eine Sintflut kommen lassen auf Erden, zu verderben alles Fleisch, darin Odem des Lebens ist, unter dem Himmel. Alles, was auf Erden ist, soll untergehen. Aber mit dir will ich meinen Bund aufrichten, und du sollst in die Arche gehen mit deinen Söhnen, mit deiner Frau und mit den Frauen deiner Söhne. Und du sollst in die Arche bringen von allen Tieren, von allem Fleisch, je ein Paar, Männchen und Weibchen, dass sie leben bleiben mit dir. Und Noah tat alles, was ihm Gott gebot … In dem 600. Lebensjahr Noahs am 17. Tag des zweiten Monats, an diesem Tag brachen alle Brunnen der großen Tiefe auf und taten sich die Fenster des Himmels auf, und ein Regen kam auf Erden 40 Tage und 40 Nächte … Und die Wasser nahmen überhand und wuchsen sehr auf Erden, und die Arche fuhr auf den Wassern. Und die Wasser nahmen überhand und wuchsen so sehr auf Erden, dass alle hohen Berge unter dem ganzen Himmel bedeckt wurden … Da ging alles Fleisch unter, das sich auf Erden regte, an Vögeln, an Vieh, an wildem Getier und an allem, was da wimmelte auf Erden, und alle Menschen … Allein Noah blieb übrig und was mit ihm in der Arche war. Und die Wasser wuchsen gewaltig auf Erden 150 Tage. Da dachte Gott an Noah und an alles wilde Getier und an alles Vieh, das mit ihm in der Arche war, und ließ Wind auf Erden kommen und die Wasser fielen. Und die Brunnen der Tiefe wurden verstopft samt den Fenstern des Himmels, und dem Regen vom Himmel wurde gewehrt."

Bei den Sumerern hieß er Ziusudra und bei den Babyloniern und Assyrern Utnapischtim. Jedenfalls handelte es sich um den weisen Mann, der im Gilgamesch-Epos als derjenige erwähnt wird, der unter dem besonderen Schutz von Ea stand. Seiner eigenen Erzählung zufolge, gab diese ihm im Traum ein, wie er dem Beschluss der Götter, die Menschheit zu vernichten, entgehen konnte:

„Reiß' ab dies Haus und baue ein Schiff! Lass fahren den Besitz, das Dasein rette! Gib hin dein Gut und sichere das Leben, ins Schiff nimm aller Lebewesen Samen! Betreffs des Schiffes, das du bauen sollst: Wohl abgemessen seien seine Maße! An Breite und an Länge soll's gerecht sein, sein Dach mach gleich dem des Urozeans!" … Beim ersten Dämmerschein des Morgens schob eine schwarze Wolke sich empor am Horizont, drin Adads, des Wettergottes, Donner grollt … Der mächtige Erra (auch Nergal genannt) reißt heraus die Pfropfen, Ninurta (der Kriegsgott) kommt und lässt die Dämme wanken, die Anunnaki hoben ihre Fackeln, beleuchteten mit ihrem Glanz das Land. Furcht überkam ob Adads Grimm den Himmel, da Finsternis verdrängte alles Licht, und wie ein Tonkrug barst das weite Land … Als der siebte Tag kam, schwand die Macht des wilden Südsturms, der die Flut gebracht … Stille rings, und alle Menschheit war zu Lehm geworden, das Land lag eben wie ein flaches Dach … Vergeblich suchte ich die Erde, doch zwölf Doppelstunden fern erschien's wie Land, am Berge Nisir legte an das Schiff … Als dann der siebte Tag herangekommen, entsandt' ich eine

Das Erscheinen des Menschen

▲ *Matthäus Merian d. Ä.*, Die Sintflut, *kolorierter Kupferstich, 1632.*

◀ *Gustave Doré*, Die Arche setzt auf dem Ararat auf. *Tatsächlich heißt es in der biblischen Erzählung: „Am siebzehnten Tag des siebenten Monats ließ sich die Arche nieder auf das Gebirge Ararat." Doch trotz der Behauptung Angelo Palegos, nach zehnjähriger Suche auf die in einem Gletscher eingeschlossen Reste der Arche gestoßen zu sein und dabei genau die in der Bibel angegebenen Maße vorgefunden zu haben, handelt es sich bei dem im Alten Testament erwähnten Ararat nicht um einen Berg, sondern um jene Gebirgskette, die in assyrischen Dokumenten als Urartu bezeichnet wird und sich in Armenien befindet – und von dieser ist der Berg Ararat die höchste Erhebung.*

Taube, ließ sie frei. Die Taube flog und kehrte bald zurück; es war kein Rastplatz da, drum kam sie wieder. Drauf sandt' ich eine Schwalbe, ließ sie frei; die Schwalbe flog und kehrte bald zurück; es war kein Rastplatz da, drum kam sie wieder. Da sandt' ich einen Raben, ließ ihn frei. Der Rabe flog davon, doch als er sah, dass nun die Wasser sich verlaufen hatten, da fraß er, flatterte umher und krächzte und kehrte nicht zurück. So ließ ich denn hinaus in die vier Winde, was in der Arche war und brachte ein Opfer."

Als sie Kinder waren, kamen Fu Xi, der legendäre erste chinesische Kaiser, und seine Schwester Mi Xi, an jener Grotte vorbei, in die der Donnergott eingesperrt war und sie vernahmen sein Klagen:

🐉 „Ihr Kinder, kommt zu mir …", rief er. „Ich bitte euch … ich bin in den Tiefen der Grotte eingesperrt." Neugierig geworden traten die beiden Kinder ein. Erschrocken von dessen scheußlichem Aussehen, wollten sie schon davonlaufen, doch wurden sie von der Geschichte eines bösartigen Zauberers zurückgehalten und von dem Flehen um etwas Wasser, um einen furchtbaren Durst zu stillen. Da sie von Mitleid bewegt waren, doch nicht einen Tropfen Wasser bei sich hatten, begannen sie zu weinen und ihre Tränen in den zu Schalen gefalteten Händen zu sammeln, die sie dem Donnergott reichten. Die wenigen Schlucke reichten ihm, um all seine Kräfte wieder zu erlangen: Im Nu zerbrach er die Ketten, die ihn gefangen hielten und befreite sich, wobei er den darüberliegenden Berg erzittern ließ. Fu Xi und Mi Xi erschraken zutiefst angesichts solch einer bedrohlichen Gewalt, doch wurde ihnen beruhigend versichert: „Ihr habt mich befreit aus dem verhassten Felsenkerker, drum habt ihr nichts zu befürchten." Nachdem er dies gesagt hatte, riss sich der Donnergott einen seiner langen Eckzähne heraus und reichte ihn den beiden Kindern mit der Erklärung, sie an den drauffolgenden drei Tagen zu beschützen, wenn das Menschengeschlecht von einer entsetzlichen Plage heimgesucht würde. Dann erhob er sich im Flug und verschwand jenseits der Wolken im Himmel. Wie er vorhergesagt hatte, wurde dieser zusehends dichter und düsterer und bald brach ein fürchterliches Unwetter los. Tagelang fiel der Regen ohne Unterlass, bis die gesamte bekannte Welt überflutet war. Nie gesehene Überschwemmungen fegten Städte und Dörfer hinweg und richteten unter Reichen wie Armen ein Blutbad an, während heftigste Windböen selbst die widerstandsfähigsten Schiffe zum Sinken brachten. Nur Fu Xi und Mi Xi gelang es, dem Wüten der Elemente zu entkommen, weil der Zahn, den sie vom Donnergott bekommen hatten, sich in ein Boot verwandelt hatte, das an Ausmaßen zwar klein war, jedoch jedem Wind Widerstand leisten konnte. Nachdem sich das Unwetter gelegt hatte, trieben die beiden noch tagelang durch die völlige Ödnis, bis die Wasser sich zurückzogen und sie wieder an Land gehen konnten.

🐉 Als sich Manu, der Sohn der Sonne [im äußerst dicht gedrängten Pantheon der altindischen Mythologie], eines Tages in den Wassern eines Flusses wusch, bemerkte er, dass ihm ein winziger Fisch auf die Handfläche gesprungen war. Dass es sich dabei nicht um irgendeinen Fisch handelte, zeigte sich kurz darauf, als dieser den Jungen anflehte, ihn aus dem Flusswasser zu retten, wo er den größeren Fischen zum Opfer fallen würde. Manu erfüllte folgsam den Willen des Tieres, welches in einem Tongefäß untergebracht wurde. Nach ein paar Wochen war der Fisch jedoch zu groß geworden, um noch an jenem Ort bleiben zu können und so ließ Manu eigens für ihn einen Wassergraben anlegen. Nach einiger Zeit stellte sich das Problem erneut: Als der Fisch so groß geworden war, dass er nicht mehr in den Wassergraben hineinpasste, bat er, ins Meer geworfen zu werden, wo er in aller Ruhe leben könne. Gerade in dem Augenblick, als er den Fisch dort, wo dieser zu leben wünschte, ins Freie setzen wollte, erhielt Manu von ihm eine seltsame Mahnung. Das gesamte folgende Jahr sollte er sich dem Bau eines Schiffes widmen, um sein Leben vor der Flut zu retten, die binnen Kurzem über die Erde hereinbrechen würde. Manu hatte sich bereits davon

Das Erscheinen des Menschen

▼ In der biblischen Erzählung wird die Taube drei Mal zur Erkundung ausgeschickt: Beim ersten Mal kehrt sie einfach zur Arche zurück, beim zweiten Mal trägt sie bei der Rückkehr einen Ölzweig im Schnabel und gibt Noah zu verstehen, „dass die Wasser sich verlaufen hätten auf Erden"; beim dritten Mal erscheint sie nicht mehr, und da Noah dies als Zeichen für den Rückgang des Wassers deutet, hebt er die Abdeckung von der Arche. Sowohl die Schwalbe als auch die Taube treten auch in anderen Mythen unterschiedlichster kultureller Abstammung in Erscheinung, die eine Sintflut oder Überschwemmungen zum Thema haben.

▲ Die Entsendung der Taube und des Raben durch Noah und die Rückkehr der Taube mit dem Ölzweig, englische Buchmalerei aus der Holkham-Bilderbibel, ca. 1330.

◄ Jüdische Buchmalerei, Ende 13. Jh.

► China und der Rest der Welt auf einer alten Landkarte.

überzeugt, dass der Fisch ein außergewöhnliches Geschöpf sei und so befolgte er dessen Rat. Mit Mühe widmete er sich jeden Tag dem Bau des Bootes und stets wurde das Ende der Tätigkeit mit Gebeten und mit Versöhnungsriten zu Ehren des Gottes und seines Rettungsversprechens beschlossen.

Wie vorausgesagt fing es mit Ablauf des Jahres an in Strömen zu regnen und in dem Boot, in dem Manu Zuflucht gefunden hatte, wohnte er der Katastrophe bei. Die Wasser des Ozeans, die bereits alle Teile der Erdoberfläche überschwemmt hatten, wurden vom Sturm aufgewühlt, sie beruhigten sich jedoch, als der Fisch auftauchte. Er hatte sich in ein Geschöpf mit ungewöhnlichem Aussehen verwandelt, mit riesigen Ausmaßen und goldenen Schuppen. Er forderte Manu auf, ein Seil auszuwerfen, mit dem er sein Schiff bis zum Berg Hemawat zog, dem einzigen Gipfel, der noch aus den Wassern ragte. Dort verabschiedete er sich von dem Jungen und offenbarte ihm seine wahre Identität: Es war der Gott Vishnu und er hatte sich in Fischgestalt gezeigt, um Manu zu retten, welcher von den Göttern ausersehen war, als einziger Überlebender der Flut die Sippe der Lebenden nach dem Verebben der Wasser neu zu gründen.

Im *Popol Vuh* (wörtlich „Sammlung beschrifteter Blätter"), dem Epos der Quiché-Maya, wird detailliert beschrieben, wie die Sintflut die von Tepeu Gukumatz und Hurakan geschaffenen „Holzmenschen" fortreißt:

🗣 Nachdem die Katastrophe ihren Anfang genommen hatte, „vernahmen die Menschen über ihren Köpfen ein lautes Getöse, wie von Feuer. Und die Menschen rannten und stießen einander um, sie wollten in ihrer Verzweiflung auf die Dächer ihrer Häuser klettern, und die erschütterten Häuser schleuderten sie hinfort; sie wollten sich in die Höhlen flüchten, und die Höhlen verschlossen sich, bevor sie sie erreichen konnten. Wasser und Feuer brachten allgemeines Verderben zur Zeit der letzten großen Umwälzung, die der vierten (gegenwärtigen) Schöpfung vorausging."

Aus Gauguins Aufzeichnungen zu den Maori Ozeaniens stammt folgende Beschreibung der Sintflut:

🗣 „Rana Hatou, eine Art tahitischer Neptun, schlief an diesem Ort auf dem Meeresgrund. Ein Fischer war so unvorsichtig, hier zu fischen, und da sich sein Haken in den Haaren des Gottes verfing, erwachte dieser. Zornig stieg er zur Oberfläche auf, um zu sehen, wer die Kühnheit besessen hatte, so seine Ruhe zu stören, und als er sah, dass der Schuldige ein Mensch war, entschied er, dass die ganze menschliche Rasse zugrunde gehen sollte, um diese Beleidigung zu sühnen. Von der Strafe wurde jedoch, geheimnisvolle Nachsicht, gerade der einzig Schuldige ausgenommen. Der Gott befahl ihm, mit seiner Familie auf den Toa Marama zu gehen, der, wie die einen sagen, eine Insel oder ein Berg ist, oder, nach den anderen, eine Piroge, eine ‚Arche' (da Toa Marama soviel bedeutet wie ‚Krieger des Mondes', gemahnt dies daran, dass jede Arche und das Eintreten einer Naturkatastrophe in irgendeiner Beziehung zum Mond stehen). Als der Fischer und seine Familie sich an den genannten Ort begeben hatten, begannen die Wasser des Meeres zu steigen. Sie bedeckten nach und nach selbst die höchsten Berge und ließen alle Lebenden zugrunde gehen, mit Ausnahme derer, die sich auf (oder in) den Toa Marama gerettet hatten und die später die Inseln wieder bevölkerten."

Für die zur großen Familie der Niloto-Hamiten gehörenden Massai ist Ngai die höchste Gottheit.

🗣 Ngai wollte die ungehorsame Menschheit bestrafen, doch wurde er vom weisen und frommen Verhalten des Patriarchen Tumbainot und dessen Familie zurückgehalten. Letztlich entschied er: Nur diese sollten von der Naturkatastrophe verschont bleiben.

Ngai ließ einen Wolkenbruch auf die Erde niedergehen, sodass alle fortgerissen wurden und ertranken. Nur das Haus von Tumbainot wurde verschont vom Wüten der Fluten, auf denen es dahintrieb wie eine Arche.

Das Erscheinen des Menschen

◂ Ein Maya versucht mit verzweifeltem Paddeln, den tosenden Wellen zu entkommen, während ein Gefährte in den Fluten ertrinkt, in denen auch ein Fisch zu sehen ist. Im Hintergrund ist ein imposanter Vulkanausbruch samt Rauch und Lavaströmen dargestellt; auf der linken Seite der verheerende Einsturz einer Pyramide, von der die einstürzende Freitreppe, der Haupttempel und ein Teil der rechten seitlichen Stufenreihe zu erkennen sind.

▴ Gott Vishnu in Fischgestalt.

◂ Seite mit dem Aquarell, das Gauguins handschriftliche Aufzeichnungen zur Sintflut in der Mythologie der Maori abschließt.

Doch mit der Zeit begann die Nahrung knapp zu werden und der Patriarch machte sich Sorgen. Er gedachte deshalb, sich ein Bild von der Höhe des erreichten Wasserstandes zu machen und so schickte er eine Taube hinaus. Sehr ermüdet kehrte der Vogel am Abend zurück und Tumbainot folgerte, dass seine Müdigkeit von der langen Zeit herrühre, die er hatte fliegen müssen, ohne einen trockenen Platz zum Ausruhen zu finden. Beim zweiten Versuch schickte er einen Geier aus, dem er einen Pfeil am Gefieder befestigte: Er glaubte nämlich, dass der Pfeil im Erdboden stecken bleiben würde, sofern dieser trocken wäre und der Vogel sich darauf niedergelassen hätte. So geschah es und der Patriarch und seine Familie deuteten die Rückkehr des Geiers ohne den Pfeil als ein positives Zeichen. Einige Tage später öffneten sie vorsichtig die Tür der Hütte und fanden sich inmitten einer trostlosen Steppe wieder – doch das Leben konnte wieder beginnen. Am Himmel waren vier leuchtende Regenbogen erschienen, einer in jeder Himmelsrichtung.

In der griechischen Mythologie ist Prometheus u.a. in die Geschichte einer Flut verwickelt:

♟ Als Zeus, das Oberhaupt der olympischen Götter, sich eigens davon überzeugen musste, dass die Menschen zu unerträglicher Niedertracht und Grausamkeit gelangt waren, beschloss er, sie allesamt mit einer Flut zu bestrafen. Prometheus erfuhr von diesem Vorhaben und er setzte darum seinen Sohn Deukalion von der ernsthaften Gefahr in Kenntnis. Dieser baute daraufhin eine Arche, stattete sie mit dem notwendigen Proviant aus, und bestieg sie zusammen mit Pyrrha, seiner Frau, die als Tochter von Epimetheus und Pandora gleichfalls seine Kusine war. Auf diese Weise entkamen die beiden der Katastrophe. Als nach neun Tagen der strömende Regen aufhörte, setzte die Arche auf einem Berg auf (je nach Version der Ätna, der Athos oder der Otri). Dankbar, dass sie verschont geblieben waren, brachten Deukalion und Pyrrha der Göttin der Gerechtigkeit Themis ein Opfer und baten darum, dass die Menschheit erneut aufleben möge. Die Götter ließen sich erweichen: Themis selbst befahl Deukalion und Pyrrha, mit gesenktem Kopf zu laufen und die Knochen ihrer Mutter hinter sich zu werfen. Da die gemeinsame Mutter der beiden nur die Erde sein könne, lasen sie deren „Knochen" – nämlich einige Steine – auf und taten, wie ihnen gesagt worden war: Sobald die Steine auf den Boden fielen, wurden sie nach und nach zu Menschen: Männer oder Frauen, je nachdem, wer von den beiden Überlebenden der Flut den Stein geworfen hatte.

In den verschiedenen mythologischen Traditionen gehörte Atlas als Sohn von Uranos und Gaia den Titanen an, oder er war der Bruder des Prometheus.

Sein Reich Atlantis erstreckte sich jenseits der sogenannten Säulen des Herkules, isoliert vom Rest der Welt.

♟ Anfangs verlief das Leben auf Atlantis glücklich, dank dem fruchtbaren Land, den Bequemlichkeiten, die eine fortschrittliche Technologie mit sich brachte und dem Vorkommen von Gold und Silber. Dann jedoch verfielen die Sitten derart, dass Zeus den Athenern nicht nur gestattete, jenem Volk eine schwere Niederlage zuzufügen, sondern es seinerseits mit einer Flut heimsuchte, die binnen eines einzigen Tages und einer einzigen Nacht ganz Atlantis im Schlamm versinken ließ und jede Spur davon auslöschte. In dem darauf folgenden langen und äußerst grausamen Zusammenstoß mit den olympischen Göttern schlug sich Atlas auf die Seite der Titanen. Zur Strafe musste er die Last der Welt auf seinen Schultern tragen.

Homer zufolge befanden sich die Säulen des Himmels, die Atlas auf seinen Schultern tragen musste, inmitten des nach ihm benannten Ozeans am westlichen Ende der Welt.

Auch Platon erinnert in seinen zwei Dialogen *Timaios* und *Kritias* an den geheimnisvollen Mythos von Atlantis.

Das Erscheinen des Menschen

▲ Das wundersame Erlebnis von Deukalion und Pyrrha in einer Darstellung von R. Tommasi Ferroni.

► Der Meister der abgebildeten Keramik, die auf das 5. Jh. v.Chr. zurückgeht, griff wahrscheinlich die Überlieferung auf, nach der Atlas der Bruder des Prometheus ist. Beide sind hier abgebildet Der eine, dazu verdammt, den Himmel auf den Schultern zu tragen, weil er nach dem Untergang seines Reiches Partei für die Titanen ergriffen hatte; der andere, weil er den Göttern des Olymp das Feuer geraubt hatte.

Das Androgyne

In seinem *Symposion (Das Gastmahl)* lässt Platon den berühmten griechischen Komödiendichter Aristophanes Folgendes erzählen:

🙶 „Anfangs gab es bei den Menschen drei Geschlechter, nicht wie jetzt zwei, männlich und weiblich, sondern es gab dazu ein drittes, welches diese beiden vereinte … Sein Name ist noch übrig, es selbst ist verschwunden. Mannweiblich war damals das Eine, Gestalt und Name aus beidem: Männlich und Weiblich zusammengesetzt – jetzt aber ist der Name ins Schimpfliche gewendet. Damals war die ganze Gestalt jedes Menschen rund, sodass Rücken und Flanken im Kreis standen, er hatte vier Hände und ebenso viele Beine und zwei Gesichter auf kreisrundem Nacken, ganz gleiche. Und zu den zwei gegenübergestellten Gesichtern nur einen Kopf und vier Ohren und zwei Schamteile und alles andere, wie man es sich hiernach vorstellen kann. Er ging auch aufrecht wie jetzt, wohin er wollte. Wenn er aber schnell laufen wollte, so bewegte er sich, so wie die Radschlagenden die Beine nach oben herumwerfend einen Kreis beschreiben, von seinen acht Gliedmassen getragen schnell im Kreise davon. Die Zahl und Beschaffenheit dieser drei Geschlechter kam daher, dass das Männliche ursprünglich von der Sonne stammte, das Weibliche von der Erde, das Gemischte vom Mond, weil ja der Mond an beiden teilhat. Rund waren sie selbst und ihr Lauf, weil sie ihren Eltern ähnlich waren. Sie waren nun gewaltig an Kraft und Stärke und waren großen Sinnes, ja, sie legten Hand an die Götter …, dass sie es unternahmen, den Himmel zu ersteigen, um die Götter anzugreifen.

Da ratschlagten Zeus und die anderen Götter, was sie tun sollten, und waren in Verlegenheit. Denn es war nicht möglich, sie zu töten und wie die Giganten mit dem Donner zu erschlagen und ihr Geschlecht zu vertilgen – dann wären ihnen ja auch die Ehren und Heiligtümer bei den Menschen vertilgt worden – aber sie konnten auch nicht den Frevel hingehen lassen. Endlich hatte Zeus etwas ersonnen, und er sagte: Ich glaube ein Mittel zu haben, wie die Menschen bestehn und doch von ihrem Übermut ablassen, indem sie schwächer werden. Jetzt durchschneide ich sie nämlich, jeden in zwei Teile, und so wie sie schwächer werden, werden sie uns auch nützlicher sein, weil sie ja an Zahl mehr geworden sind, und sie mögen aufrecht auf zwei Beinen gehen. Wenn sie sich aber weiter erfrechen und nicht Ruhe halten, werde ich sie, sprach er, noch einmal entzweischneiden, sodass sie sich auf einem Bein fortbewegen wie beim Sackhüpfen. Dies gesagt, zerschnitt er die Menschen in zwei Hälften, wie man Birnen zerschneidet, um sie einzumachen, oder wie man Eier mit einem Haare zerschneidet. Und immer wenn er einen zerschnitten hatte, hieß er den Apollon, ihm das Gesicht und den halben Hals nach der Schnittfläche herumdrehen, damit der Mensch, seine Zerschneidung betrachtend, bescheidener würde, und hieß ihn, das übrige zu verheilen. Jener drehte das Gesicht herum, zog von allen Seiten die Haut über das, was jetzt Bauch heißt, zusammen wie einen geschnürten Geldbeutel und band es zu einer Mündung mitten auf dem Bauche ab, die man jetzt Nabel nennt."

Das Erscheinen des Menschen

▲ Genau genommen gibt es in der Bibel zwei Erzählungen von der Erschaffung des Menschen. In der ersten (Genesis 1,27) sind Mann und Frau zwei unabhängig von einander geschaffene Wesen und das den beiden Menschen eingegebene Bild Gottes entspricht der Einheit von Geist und Materie. In der zweiten Erzählung (Genesis 2,21–22) wird Eva aus der Rippe des schlafenden Adam entnommen. Dies regte zu Darstellungen an, in denen Adam-Eva zu einem androgynen Wesen wurde, das dem von Aristophanes in Platons Symposion beschriebenen Urwesen sehr nahe kommt. Die Abbildung zeigt das Detail eines Freskos aus dem 14. Jh.

◀ Das Androgyne, *Miniatur, ca. 1425.*

Kapitel 3

Bäume und Gärten

Der Baum des Lebens und Variationen des Themas

„Und er (der Engel) zeigte mir einen Strom, das Wasser des Lebens, klar wie Kristall; er geht vom Thron Gottes und des Lammes aus. Zwischen der Straße der Stadt und dem Strom, hüben und drüben, stehen Bäume des Lebens. Zwölfmal tragen sie Früchte, jeden Monat einmal; und die Blätter der Bäume dienen zur Heilung der Völker …"

„Dann aber stand ich auf dem höchsten von all diesen Bergen und ringsum unter mir in der Tiefe lag der ganze Erdkreis. Und während ich dort stand, sah ich mehr, als ich sagen kann, und ich verstand mehr, als ich sah; denn ich schaute auf heilige Weise die Gestalten aller Dinge im Geiste, und die Gestalt aller Gestalten, wie sie zusammen leben müssen, gleich wie ein Wesen. Da sah ich, dass der heilige Ring meines Volkes einer von vielen Ringen war, die einen Kreis bildeten, weit wie Tageslicht und wie Sternenlicht. In der Mitte aber wuchs ein üppig blühender Baum zum Schutze all der Kinder einer Mutter und eines Vaters. Und ich erkannte all dies als heilig."

Die beiden Zitate stammen aus dem *Johannes-Evangelium* sowie aus der Autobiographie des „Schwarzen Hirschen" (Black Elk), eines Mystikers des zur großen Familie der Sioux gehörenden Ogalalla-Stammes. Die kulturelle Distanz zwischen den beiden Texten ist unendlich, doch sollte man sich über deren inhaltliche Nähe nicht wundern: Die mythologische Idee vom kosmischen Baum oder vom Baum des Lebens ist uralt und hat zu zahlreichen „Themenvariationen", wie etwa der des Heiligen Gartens, Anlass gegeben.

Der Yggdrasil

Die Esche ist bedeutendste Pfalnze in den nordischen Mythen, angefangen bei der *Edda*, dem ältesten Bericht:

🌳 Eine Esche, und zwar die schönste und imposanteste unter ihnen, erhebt sich im Zentrum der drei Ebenen des Kosmos.

Ihre drei großen Wurzeln reichen bis in die Unterwelt hinab, die dreigeteilt ist: in die Welt der Toten (Hel); in das Reich der Frostriesen, die dort hausen, seit sie von den Söhnen von Borr und Bestla in Ymirs Blut ertränkt wurden und in das unterirdische Reich der Götter (Aesir), die sich täglich an der heiligen Quelle des Schicksals (Urdbrunnen) versammeln, Urteile fällen und schlichten. Der Stamm durchdringt die mittlere Ebene (Midgard), die Welt der Sterblichen. Die Äste schließlich reichen bis in die himmlische Welt der Götter (Asgard) hinauf. Am Fuß des Baumes befindet sich die Quelle der Erinnerung (Mimir), für ein Schluck von deren Weisheit Odin eines seiner Augen opferte.

Die Nornen, die Schicksalsgöttinnen, tränken Tag und Nacht die Wurzeln des großen Baumes und verabreichen ihm gleichzeitig etwas Lehm, um zu verhindern, dass er austrocknet oder verkümmert, während eine riesige Schlange (Nidhöggr) beständig an ihm nagt. Der Wipfel des Yggdrasil ist auch der Thron Odins, der von oben die „neun von dem Baum überragten Welten" betrachtet. Etliche Tiere leben in oder von dem Baum: der Adler in der Höhe, der zwischen den Augen einen Falken trägt und der ewig mit Nidhöggr in Streit liegt, das Eichhörnchen Ratatöskr, das den Stamm hinauf- und hinabläuft, Hirsche und Ziegen, die dessen Zweige, Blätter und Triebe verzehren und schließlich ein Hahn.

Bäume und Gärten

▶ *Vision des Schwarzen Hirschen aus Dakota: Unten rechts sieht man, wie eine der ihm erschienenen Gestalten (Vorfahren auf den „Pferden der vier Himmelsrichtungen") ihm einen Zweig vom Baum des Lebens reicht.*

◀ *Hirsch, der vom Weltenbaum frisst, Relief aus Norwegen.*

Der Baum der Fruchtbarkeit

Im Schöpfungsmythos des sibirischen Jakutenstammes erblickt der Weiße Jüngling im Zentrum der Erde einen großen Hügel, auf dem sich ein riesiger Baum erhebt:

🌳 Sein Harz ist transparent und verströmt einen süßen Duft; seine Rinde trocknet nicht aus, noch bricht sie auf; die Blätter verwelken nicht, und in den Zweigen fließt flüssiges Licht. Die Baumkrone ist der Pfahl, an den Ai Tojon, die höchste Gottheit, angebunden ist; seine Wurzeln dringen bis in die Unterwelt, wo sie die Pfeiler zweier merkwürdiger Entitäten bilden. Während der Weiße Jüngling in diese Vision versunken ist, beginnen die Blätter des Baumes zu rascheln, wobei sie einen weißen Regen fallen lassen und sich eine milde Brise erhebt. Der Baum beginnt, sich stöhnend und ächzend zusammenzuziehen, und aus dem Inneren kommt eine weißhaarige Göttin hervor, in den Farben eines Rebhuhns und mit Brüsten, die so groß sind wie Lederbeutel. An sie wendet sich der Weiße Jüngling: „Verehrteste Frau, Geist des Baumes, Ihr wisst wohl gut, dass alles, was lebt, einen Gefährten oder eine Gefährtin hat, um sich zu vereinigen und Nachkommen zu zeugen. Ich hingegen bin allein. Ich will mich auf den Weg machen, um eine mir würdige Partnerin zu finden. Ich möchte andere Männer treffen und mit ihnen meine Kräfte messen. Ich möchte leben, wie es sich für einen Mann gebührt. Verweigere mir nicht Deinen Segen! Ich bitte Dich darum demütig, auf Knien und mit geneigtem Haupt."

Da eröffnet ihm die Baumgöttin, dass seine Mutter Kubai Khotum, die Mutter aller Dinge, sei und sein Vater der himmlische Gott Ai Tojon selbst; die Eltern hätten ihn aus dem Himmel auf die Erde herabgeschickt, damit er der Stammvater der Menschheit werde. Dann schöpft sie Wasser unter den Wurzeln des Baumes, gießt es in einen Schlauch und reicht sie ihm mit folgender Empfehlung: „Binde sie dir unter den linken Arm; sie wird dich in extremen Situationen retten." Zuletzt segnet ihn die Göttin und schenkt ihm Milch aus ihren großen Brüsten. Als er sich entfernt, bemerkt der Weiße Jüngling, dass sich neben dem großen Milchbaum ein regelrechter See befindet mit geronnenen Lachen an den Ufern.

Bald darauf sollte ihm der Schlauch, den er unter dem linken Arm trug, tatsächlich gelegen kommen: Im Verlauf eines Gefechts mit einem Drachen wird er tödlich am Herzen verwundet, doch beim Zerplatzen des Schlauchs verheilt die Wunde augenblicklich.

Ein unzertrennliches Paar

Eine Version des ägyptischen Mythos von Isis und Osiris, die auf den griechischen, zwischen dem 1. und 2. Jh. lebenden Schriftsteller Plutarch zurückgeht, skizziert zu Beginn deren glückliches Zusammenleben als Herrscher Ägyptens, die, obschon Geschwister, von gegenseitiger Leidenschaft entbrannt waren:

🌳 Ein weiterer Bruder, Seth, der neidisch auf so viel Glück und auf das Privileg der Herrschaft war, fasste, um Osiris zu beseitigen und dessen Platz einzunehmen, den Entschluss, seinem Bruder eine Falle zu stellen. Während der Feierlichkeiten anlässlich Osiris' Rückkehr von einer seiner Reisen, stellte er eine Kiste von bewundernswerter Anfertigung zur Schau, die demjenigen gehören sollte, der beweisen könne, darin genau Platz zu finden: Mithilfe eines Dieners hatte er sich die exakten Maße des Bruders verschafft. Als dieser, nach den gescheiterten Versuchen verschiedener Höflinge, in die Kiste gestiegen war und sie perfekt einnahm, traten, auf ein vereinbartes Zeichen hin, versiegelten die mit Seth verbündeten Verschwörer, die Kiste mit geschmolzenem Blei, vernagelten sie gründlich und warfen sie, mit dem bereits toten Osiris darin, in den Nil.

Die Kiste wurde von den Fluten an die Ufer von Byblos an der Ostküste des Mittelmeeres gespült. Dort wuchs eine kräftige Erika-Pflanze, die sie gänzlich in ihrem Stamm aufnahm. Der König

▲ Die sibirische Kosmologie begreift die Welt im Allgemeinen als sich um eine Achse, den Weltenbaum, drehend. Jamal Halbinsel, Nenet-Schamanismus: Ein Rentier wird an einem heiligen Baum geopfert.

◀ Osiris, der Gott der Vegetation, sicherte Ägypten das Wiederkehren der Jahreszeiten und den regelmäßigen Rhythmus der Nil-Hochwassers. Sein Tod wurde demnach vor allem als eine Bedrohung des Wohlstands empfunden (aus dem Grabmahl des Sennedjem in Deir el-Medina).

jener Stadt machte, aus Bewunderung für den außerordentlichen Baum, einen Pfeiler für seinen Palast daraus. Doch Isis, deren Trauer um den Verlust des Verlobten sich in einer unaufhörlichen Suche nach seinem Leib ausdrückte, kam ebenfalls nach Byblos und begriff sofort, was der Palastpfeiler enthielt. Sie bat deshalb den dortigen Herrscher um Osiris' Leib und nahm die Kiste mit sich, wobei sie den Pfeiler an seinem Platz ließ. Als jedoch Seth während einer Treibjagd auf die Kiste stieß, gelang es ihm, die zeitweilige Abwesenheit der Göttin zu nutzen, um den Leib des Bruders in Stücke zu zerteilen und in ganz Ägypten zu zerstreuen. Isis suchte sie eines um andere zusammen und fand alle bis auf den Phallus, der in die Tiefen der Erde gedrungen, in den Abgründen des Meeres untergegangen und dort von einem Fisch verschlungen worden war. Sodann machte sie daraus ein Standbild und setzte, nachdem sie andere Teilen hinzugefügt hatte, den Körper des Verlobten wieder zusammen. Sie verlieh ihm ewiges Leben in der Welt des Jenseits und übertrug ihm die Aufgabe, die Herzen der Verstorbenen zu wiegen, um zu entscheiden, ob sie die Belohnung der Unsterblichkeit verdienten.

Die große Mutter Kybele, Agdistis und Attis

Kybele, die große weibliche Gottheit phrygischen Ursprungs, hatte auch in der Mythologie der Griechen und Römer einen Platz:

🖤 Als die gereifte Kybele sich eines Tages etwas Ruhe gönnen wollte, nahm sie die Gestalt des Felsen Agdos in der Nähe der galatischen Stadt Pessinunt in Kleinasien an und schlief ein. Der olympische Gott Zeus bestieg diesen Felsen voll jugendlicher Energie, um Kybele zu besitzen. Dabei wurde er so sehr erregt, dass er auf die Erde ejakulierte. Kybele aber war immer noch fruchtbar und so empfing sie einen Sohn, den Hermaphroditen Agdistis, der, wie alle Geschöpfe, die ohne Liebe empfangen werden, alles andere als liebenswert war: Er hielt sich an keine Regel und gab sich jeder Art von Gewalt hin, um seinen niederträchtigen Drang nach Bestätigung zu befriedigen. Der Gott des Weines Dionysos, der als letzter seinen Platz in der olympischen Versammlung eingenommen hatte, übernahm die Aufgabe, solch große Arroganz unschädlich zu machen, indem er das Quellwasser, an dem Agdistis seinen Durst stillte, in Wein verwandelte und ihn so in eine tiefe Benommenheit fallen ließ. Dies ermöglichte ihm, das Glied des Hermaphroditen an einen Baum zu binden, sodass er, durch den Ruck des jähen Erwachens, sich selbst entmannte. Aus dem zu Boden geronnenen Blut spross ein wunderschöner Mandelbaum (in anderen Versionen des Mythos ein Granatapfelbaum).

Sehr bald brachte der Baum eine Frucht hervor, die derart verlockend war, dass die Nymphe Nana sie pflückte und Gefallen daran fand, damit ihre Haut zu berühren. Auch Nana empfing einen Sohn. Doch ihr Vater, der sich entehrt fühlte, sperrte sie ein und war entschlossen, sie verhungern zu lassen. Dies geschah indes nicht, denn Kybele selbst eilte ihr zu Hilfe und nährte sie mit Früchten und göttlichen Speisen. Als ein wunderhübsches Kind namens Attis geboren wurde, ließ Nanas Vater es aussetzen. Das Kind wurde von einem Ziegenbock aufgezogen. An dieser Stelle ist der Fortgang der Geschichte in den überlieferten Berichten nicht eindeutig. Einigen zufolge soll der wunderschöne Attis die Leidenschaft des Agdistis geweckt haben und die beiden sollen so lange ein unzertrennliches Paar gewesen sein, bis Attis ein Mädchen heiratete, wobei er sich noch am Hochzeitstag selbst entmannte, weil er die Qual nicht ertrug, den entmannten Liebhaber verraten zu haben. Anderen Berichten zufolge habe Attis die Leidenschaft von Kybele selbst geweckt, die ihn, als er sich in eine andere Frau verliebte, derart in den Wahnsinn trieb, dass er sich – um die Ursache seiner Qualen zu beseitigen – in der Nähe einer Pinie kastrierte und verblutete. Auch wurde überliefert, dass Kybele ihn veranlasste, sich selbst zu entmannen, damit er niemandem außer ihr gehöre und dass sich sein Geist in einer Pinie in der Nähe des Ortes niederließ, wo sich das Drama ereignet hatte.

Bäume und Gärten

▶ *Römisches Bronzevoti mit Kybele (Rhea), Nike und Eros, 2.–4. Jh.*

◀ *Peter Paul Rubens,* Die Verbindung des Wassers mit der Erde (Neptun und Kybele), *1618.*

Ischtar-Aphrodite und Tammuz-Adonis

Im Verlauf der leidenschaftlichen Liebesgeschichte zwischen der mesopotamischen Göttin Ischtar und dem Jüngling Tammuz hatte ihr dieser viele Geschenke gemacht: Ein Diadem, kostbare Kleider und anderen Schmuck … Nachdem Tammuz Ischtar betrogen hatte und mit dem Tod bestraft wurde, stieg die Göttin, die ihn weiterhin begehrte, in die Unterwelt hinab, um ihn wiederzufinden. Aber die Höllenkönigin verlangte, dass diese alle Geschenke ablegen möge, die Tammuz ihr gemacht hatte. Denn auch eine göttliche Besucherin hatte nackt im Jenseits zu erscheinen. Wie der Mond, so verfinsterte sie sich zunehmend und, nachdem ihr die Gnade gewährt worden war, Tammuz auf die Erde zurückzubringen, erhielt sie wie der Mond, der zyklisch sein Licht wieder erlangt all ihren Schmuck zurück.

Um das 7. Jh. v. Chr. ging diese Erzählung mit umbenannten Protagonisten in die griechische Mythologie ein: Ischtar wurde zu Aphrodite, in klassischer Zeit die Göttin der Liebe, und Tammuz wurde Adonis; doch sowohl Tammuz als auch Adonis trugen die Züge von Vegetationsgöttern. Interessanter als die Entwicklung der dramatischen Geschichte, die im Vergleich zum babylonischen Mythos um einige Details im Kontext dieses Abschnitts bereichert wurde, ist die Herkunft des Adonis: Seine Mutter Smyrna (oder Myrrha), empfing ihn während einer heiligen Orgie von ihrem eigenen Vater, ohne dass sie ihn erkannt hätte. Voller Reue floh sie aus dem väterlichen Reich und verwandelte sich in einen Myrrhenbaum. Aus dem Stamm dieses Baumes, der sich nach zehn Monaten Schwangerschaft auf wundersame Weise öffnete, wurde Adonis geboren, den ein früher Tod vorherbestimmt war, allerdings erhielt er das Privileg, alljährlich aus der Unterwelt an die Erdoberfläche aufsteigen zu dürfen.

Aus dem Fruchtbaren-Unfruchtbaren

Im Maya-Epos *Popol Vuh* wird von einem sonderbaren Baum erzählt.

❦ Nachdem die Brüder Hun Hunahpu und Vucub-Hunahpu betrogen und von den Gottheiten des Todes in das Dunkle Haus gelockt worden waren, sollten sie die Nacht dort verbringen und einem jeden von ihnen wurde eine Zigarre und der Splitter einer Harzkiefer oder die geschliffene Spitze eines Kieselsteins anvertraut, um damit die Finsternis zu erhellen. Die offensichtlich unmöglich zu lösende Aufgabe bestand darin, diese zu gebrauchen, ohne sie abzunutzen. Da sie sie nicht erfüllen konnten, wurden sie am nächsten Morgen geopfert. Es wurde angeordnet, dass Hun Hunahpu der Kopf abgeschlagen und in die Zweige eines Baumes gehängt werde, der an einer zum Dunklen Haus führenden Straße stand. Augenblicklich war der Baum, der zuvor nie getragen hatte, mit rundlichen, kürbisähnlichen Früchten behangen, aus deren harter Schale die Maya bis heute noch Gefäße herstellen. Als sie sahen, was geschehen war, meinten die Gottheiten des Todes, dass das Wesen des Baumes wundersam sei und erließen folgenden Befehl: „Niemand pflücke diese Früchte! Niemand setze sich unter diesen Baum!"

Die Kunde vom Wunderbaum verbreitete sich im ganzen Reich der Unterwelt und kam auch Ixquic, der Tochter von Cuchumaquic zu Ohren, welche, neugierig geworden, ihn aus der Nähe sehen wollte. Als sie unter dem Baum stand, sagte sie bei sich: „Was für merkwürdige Früchte dieser Baum doch hervorbringt! Ist es nicht wunderbar anzusehen, wie voll mit Früchten er behangen ist? Werde ich sterben oder zugrundegehen, wenn ich einen pflücke?" Da begann der Schädel, der zwischen den Zweigen des Baumes hing, zu sprechen: „Was willst du? Diese runden Gegenstände, mit denen die Zweige des Baumes voll hängen, sind nichts anderes als Schädel … Begehrst du sie wirklich?" Auf die bejahende Antwort des Mädchens hin, forderte die Stimme es auf, die rechte Hand zu

Bäume und Gärten

▶ *Auf dieser Stele ist Ischtar (Inanna) als Göttin des Krieges zu sehen. Sie reitet auf einem Löwen, trägt auf jeder Schulter einen Köcher und ein Schwert an ihrer linken Hüfte. Sie versinnbildlicht die zyklische Wiederkehr der Fruchtbarkeit.*

◀ *Adonis' Geburt aus dem Stamm des Myrrhenbaumes, Teller aus dem 16. Jh.*

erheben. Ohne Furcht streckte Ixquic den Arm in die Richtung, aus der die Stimme kam und ein Speichelstrahl traf mitten auf ihre Handfläche. Abermals verschaffte sich die Stimme Gehör: „Mit meinem Speichel und meinem Schleim habe ich dir meine Nachkommenschaft übertragen. Nun gibt es nichts mehr auf meinem Kopf, er ist nichts weiter als ein vom Fleisch entledigter Schädel. So sind sie, die Köpfe der großen Fürsten: Nur das Fleisch verleiht ihnen ein schönes Aussehen. Und wenn sie sterben, erschrecken die Menschen beim Anblick ihrer Knochen. So ist denn auch das Wesen der Kinder nichts als Speichel und Schleim, seien sie nun die Kinder eines Fürsten, eines Weisen oder eines Funktionärs. Wenn sie hinfort gehen, verliert sich ihre Beschaffenheit nicht, sondern vererbt sich weiter; weder stirbt noch verschwindet das Bild des Fürsten, des Weisen oder des Funktionärs, denn sie hinterlassen es den Töchtern und Söhnen, die sie zeugen. Eben dies habe ich mit dir getan. Drum steige zur Erdoberfläche hinauf, denn du wirst nicht sterben. Hab Vertrauen in meine Worte und so wird es geschehen."

Nachdem sie diese Hinweise erhalten hatte, kehrte Ixquic sogleich nach Hause zurück – und war mit Zwillingen schwanger. Als sechs Monate vergangen waren, wurde der Vater ihres Zustands gewahr und befragte sie nach dem Verantwortlichen. Obwohl das Mädchen behauptete, von keinem Mann zu wissen, glaubte ihr Cuchumaquic nicht und lieferte sie an die Boteneulen aus, um sie von diesen in den Wald bringen und opfern zu lassen. Als Beweis für den ausgeführten Befehl, sollten sie ihr noch am selben Tag das Herz der Tochter in einem Kürbis überbringen.

Als sie den Wald erreicht hatten, wandte sich das Mädchen mit schmeichelnden Worten an die Eulen: „Ihr Boten, es ist unrecht, dass ihr mich tötet! Was ich im Leib trage ist keine Schande, sondern die Frucht einer Zeugung, die sich ereignete, als ich hinging, um den Baum, in dessen Zweigen der Kopf von Hun Hunahpu gelegt worden war, von Nahem zu sehen. Opfert mich nicht!" „Und was werden wir statt deines Herzens in den Kürbis legen, den wir noch heute deinem Vater überbringen sollen, als Beweis für ihn und die anderen Götter, dass das Opfer vollstreckt worden ist? Wir wollen nicht, dass du stirbst, aber …" Statt einer Antwort zeigte ihnen die schlaue Ixquic einen Baum, dessen Stamm einen roten Saft absonderte: „Lasst diesen Pflanzensaft in den Kürbis rinnen und bringt ihn den Göttern, sodass niemand im Reich der Unterwelt erfahre, dass ich verschont geblieben bin. Was euch betrifft, so wisset, dass ihr auf Erden geliebt und belohnt sein werdet."

Die Boteneulen befreiten Ixquic und zeigten ihr den Weg, um auf die Erde hinaufzusteigen; dann begaben sie sich mit dem Kürbis, in dem der rote Saft fast vollständig geronnen und deshalb einem Herz gänzlich ähnlich war, zu den Göttern. „Hier ist der Kürbis mit dem Herzen Ixquics", sagten sie, als sie vor die Götter traten. Einer von ihnen hob das Beweisstück mit den Fingern an, wobei die Haut, die sich gebildet hatte, einriss und etwas von der roten Flüssigkeit heraustropfte, als wäre es Blut. „Entfacht das Feuer ordentlich, um es zu verbrennen", befahl der Gott. Kaum hatte man das falsche Herz ins Feuer geworfen, als sich ein süßlicher Duft verbreitete und von jenem Tag an wurde der Baum mit dem roten Pflanzensaft „Blutbaum" genannt.

Bäume und Gärten

▶ *Auf diesem Platz im Inneren der Palaststadt Becan in Campeche (Mexiko) wurde das heilige Ballspiel Tlachtli veranstaltet. Hun Hunahpu und Vucub-Hunahpu, die beiden Heldenzwillinge, deren Abenteuer im heiligen Buch der Quiché-Maya festgehalten wurden – dem* Popol Vuh *– vergnügten sich jeden Tag mit diesem Spiel. Sie waren in der Lage, jeweils allein die Rollen der beiden gegnerischen Mannschaften zu übernehmen. Die mit dem überall zu hörenden Lärm des Wettkampfes einhergehende Störung war der Grund für den Zorn der Gottheiten des Todes. Mit einiger List gelang es ihnen aber selbst die Götter zu täuschen, die sie zuerst auf deren Wunsch hin zerstückelten und dann nicht mehr zusammensetzten. Die Heldenzwillinge hingegen wurden als Mond und Sonne wiedergeboren.*

▼ *Auf dem Ostplatz einer Tempelanlage befindet sich in der Mitte eine kreisförmige Plattform, vermutlich ein Opferaltar.*

Der Baum des Gerichts

Zu den Engelsgeschöpfen des Islam gehört Israfil, der Engel des Gerichts und des Todes, das einzige dieser Geschöpfe, das Allahs Vorgabe gerecht wurde, all das, was man benötigte, um die Welt zu bevölkern, in der Himmelsstadt ausfindig zu machen.

🌳 Der Kopf Israfils reicht bis an den Thron Allahs und seine überlangen und gespreizten Beine schaffen die Verbindung zwischen dem Paradies und der Hölle. An seiner Seite wächst ein Baum, der seinen Ausmaßen entspricht und der voller Blätter hängt, von denen ein jedes mit dem Namen eines lebenden Menschen beschrieben ist. Derselbe Name ist in leuchtenden Lettern in eine Tafel eingeschnitten, die neben dem Thron aufgestellt ist. Wenn jemand stirbt, verlieren die Buchstaben ihren Glanz und verdunkeln sich; gleichzeitig löst sich das entsprechende Blatt vom Baum und fällt herab. Bereits in dem Augenblick, wenn das Blatt, noch bevor es herabfällt, zu vergilben beginnt, erhält der Engel des Todes den Befehl, in Aktion zu treten. Sodann schwingt er, assistiert von seinen tüchtigen Helfern, die zwei Lanzen: die der Gnade und die der Verdammnis. Mit der ersten weist er die Seelen der Würdigen aus, die die glückseligen Gefilde bevölkern werden, mit der zweiten stürzt er die Niederträchtigen ins Innere der Erde.

Der Baum des Mondes

In der chinesischen Mythologie, welche auf die Himmelskörper und insbesondere auf den Mond Bezug nimmt, wird berichtet, dass sich auf letzterem ein Baum mit gewundenen Ästen und außergewöhnlichen Ausmaßen befinde:

🌳 Zu Füßen dieses Baumes ist der Holzfäller Wu Gang seit Ewigkeiten damit beschäftigt, mit seiner Axt auf dessen massiven Stamm einzuschlagen. Doch nach jedem Schlag bildet sich der Stamm neu und ist fester als zuvor, wodurch die Anstrengungen des armen Wu Gang vereitelt werden. Dieser hatte, als er auf der Erde war, in Kihe gelebt. Dort hatte er gelernt, unsterblich zu werden, bei einer Übung jedoch einen schwerwiegenden Fehler begangen. Zur Strafe verbannten ihn die Götter auf den Mond und verurteilten ihn auf ewig, vergeblich zu versuchen, den Baum zu fällen, der dort mit jedem Schlag kräftiger als zuvor emporwächst.

Der Baum der Erleuchtung

Der Glaube der Buddhisten, der viertgrößten Religionsgemeinschaft nach den Christen, Moslems und Hinduisten, geht auf die historische Gestalt des Prinzen Siddharta Gautama zurück, der zwischen dem 6. und 5. Jh. v. Chr. gelebt hat.

Es wird erzählt, dass, nachdem er eine privilegierte und behütete Jugend innerhalb der höfischen Mauern verbracht hatte (obwohl die Mutter Maya nur sieben Tage nach seiner Geburt starb), er sich Gedanken über die Vergänglichkeit des eigenen Lebens machte und dann bei einem Spaziergang außerhalb des väterlichen Palastes eine entscheidende Erfahrung mit der Gegenwart des Bösen in der Welt machte (er stieß nämlich auf einen leidenden Alten, einen Kranken und schließlich auf einen Leichnam). So beschloss er, all seine geistigen Energien in die Entsagung und Abkehr von der Welt zu investieren. Nachdem er sich, ohne sein Ziel zu erreichen, einer äußerst strengen Askese unterzogen hatte, kam er als mittlerweile Fünfunddreißigjähriger nach Uruvela, wo er sich unter einem Pappelfeigenbaum (Pipal) am Ufer eines Baches niederließ. Im Zustand der Meditation gelang es ihm, die vier Phasen der Erleuchtung – die sogenannten Bodhi – zu erproben (Konzentration, Leichtigkeit der Seele, Verzicht, Gleichmut). Der Pappelfeigenbaum, unter den er sich im „Lotussitz" gesetzt hatte, sollte fortan als der „Baum der Erleuchtung" bezeichnet werden.

Um den von Buddha (dem „Erleuchteten") erlangten Zustand zu konkretisieren, legt die Tradition das Überwinden von Versuchungen seitens Kama-Mara, dem dämonischen Herren des kosmischen Prozesses, dar. Zunächst in Gestalt des Kama

Bäume und Gärten

▶ *Auf Mohammeds Geheiß fällt Ali, der Vetter und Schwager des Propheten einen von den Bewohnern Mekkas angebeteten Baum.*

▲ *Der Baum der Erleuchtung im Buddhismus.*

▶ *Eine Darstellung des islamischen Paradieses, aus einer persischen Zeichnung, Mitte 16. Jh.*

(„Begierde") erscheinend, zeigte er ihm seine drei wunderhübschen Töchter, die vor ihm tanzend und singend all ihr Können aufboten, um die Leidenschaft seiner Sinne zu wecken. Nachdem dieser Versuch gescheitert war, präsentierte sich der kosmische Dämon in Begleitung seiner höllischen Heerscharen dem Buddha als Mara („Tod"). Unter Regen- und Sturmunwettern samt vulkanischen Eruptionen von glühender Lava, stürzten sie sich als ungeheure Wesen auf ihn, mit Steinen und entwurzelten Bäumen, während die Erde in allen vier Richtungen erbebte. Sobald sie aber in Buddhas Nähe gelangten, erlangte die Erde stets ihr Gleichgewicht wieder und die höllischen Geschosse verwandelten sich in Blumen: Im Einklang mit der Achse des Universums war Buddha unverrückbar im Zentrum geblieben; er war auf den kosmischen Baum gestiegen und konnte, von einer höheren Daseinsebene aus, gleichmütig die Absonderlichkeiten Kama-Maras betrachten, die nichts waren als die Manifestationen einer konditionierten Existenz. Deshalb wird in den ältesten buddhistischen Texten nicht Buddha, sondern der Bodhi-Baum als der „Große Erwecker" bezeichnet.

Das Kind im Wald von Libombo

In einem Mythos der afrikanischen Bantu wird erzählt, wie eine Frau an einem Regentag in den Wald von Libombo geriet.

♟ Als sie in die Nähe eines Baumes kam, sah sie, dass darauf ein Junge geklettert war, der sich anschickte, dessen Beeren zu pflücken und zu essen. Die Frau fragte, ob sie ein paar haben könnte, doch da der Junge ihr nicht antwortete, machte auch sie sich daran, welche zu pflücken und sie sammelte einen ganzen Korb voll.

Verwundert darüber, dass ein Kind bei Regen Stunden alleine im Wald verbrachte, fragte die Frau es, bevor sie ging, wer seine Mutter sei. Als sie abermals keine Antwort erhielt, lud sie den Jungen zu sich nach Hause ein. Daraufhin stieg er vom Baum und, nachdem ihn die Frau in ein Tuch gewickelt hatte, nahm sie ihn auf die Schultern und setzte sich den Korb mit den Beeren auf den Kopf.

Zuhause angekommen wollte sich die Frau von der Last befreien, doch gelang es ihr trotz größter Kraftanstrengung nicht, den Jungen von ihren Schultern zu lösen. Ihre Angehörigen erkundigten sich, wo sie ihn gefunden hätte und als sie erfuhren, dass sie im Wald von Libombo gewesen sei, gerieten sie in Verzweiflung, weil sie begriffen, dass es sich hier nicht um ein Kind, sondern um einen Gott handelte. Daraufhin riefen sie einen Hexenmeister, der ihren Verdacht bestätigte: Es blieb nichts übrig, als in den Wald von Libombo zurückzukehren und das Kind zusammen mit dem Beerenkorb am Fuß jenes Baumes abzusetzen, von dem es aufgefordert worden war, herunterzusteigen. Die Frau begab sich also, in Begleitung des Hexenmeisters, erneut auf den Weg in den mysteriösen Wald, doch kaum war sie dort angelangt, traf sie auf dessen Wächter. „Du wusstest also nicht, dass es verboten war, Früchte aus dem Wald von Libombo zu sammeln?", fragte er sie in aggressivem und böswilligem Ton. „Unser ganzes Unglück beruht auf eurer Schuld; hört also auf, diesen Ort zu entweihen!" Der Hexenmeister, der eine Henne mitgebracht hatte, brachte dem Wächter ein Opfer und nahm die Frau in Schutz: Sie sei über die Heiligkeit des Ortes nicht unterrichtet gewesen und habe den Gott in dem Glauben mit zu sich genommen, dass es sich dabei um ein richtiges Kind handele. Sodann löste sich der Kind-Gott von den Schultern der Sammlerin und kletterte wieder auf den Baum. Die erstarrte Frau, begann zu zittern und kurz darauf starb sie.

Bäume und Gärten

▶▼ *Die Geburt Buddhas, Gandharakunst. Die Gandharakunst erlebte ihre Blütezeit zwischen dem 1. und 5. Jh. in Afghanistan und Nordindien unter der schiitisch-iranischen Herrschaft der Kushana. Diese Kunst lieferte der buddhistischen Religion erste Darstellungen von Siddharta Gautama, der bis dahin stets nur durch abstrakte Symbole dargestalt war.*

▲ *Ein Markt der Bantu in Ruanda, einem Stamm von Eingeborenen, die bis heute die Gewohnheit haben, die Lasten auf dem Kopf zu tragen. Auf diese Weise wird der Korb mit Beeren transportiert, den die Frau verhängnisvollerweise im Wald von Libombo sammelte.*

Goldene Äpfel und Goldenes Vlies

Herakles und Jason, zwei Helden der griechischen Mythologie, mussten sich Ungeheuern stellen, welche die von ihnen gesuchten Schätze bewachten.

Im Falle der elften „Arbeit" von Herakles waren dies die goldenen Äpfel, welche im Garten der Hesperiden, im äußersten Westen an den Grenzen der Nacht, wuchsen. Gaia, die Erde, hatte diesen Garten Hera, der Gemahlin von Zeus, zum Geschenk gemacht und den Hesperiden war dessen Bewachung anvertraut worden. Zur größeren Sicherheit, und damit auch die Hesperiden selbst nicht die Wunderäpfel pflückten, hatte Hera der hundertköpfigen Schlange Ladon befohlen, den Baum zu bewachen, weshalb sie beständig um dessen Stamm gewickelt blieb. Herakles aber, dem es gelungen war, bis dorthin zu kommen, wo seine „Säulen" das Ende der bewohnten Welt markierten, tötete das Ungeheuer, indem er einen Pfeil über die Gartenmauer schoss.

Auch das Goldene Vlies (das Fell jenes Widders, der aus dem Beischlaf Poseidons mit Teophane, der Tochter von Sonne und Erde, hervorging) war, versteckt in der Krone einer Eiche, in einem heiligen Wäldchen aufbewahrt. Dieses wurde von einem riesigen unsterblichen Drachen bewacht. Jason konnte sich des kostbaren Fells nur dank der Hilfe der Zauberin Medea bemächtigen, die dem Drachen einige einschläfernde Tropfen von frisch geernteten Wacholderzweigen in die Augen spritzte und ihn dadurch betäubte.

Der Garten Eden, der Baum der Erkenntnis und der Baum des Lebens

In der *Genesis* wird das Bild von einem mythischen Garten mit dem Bild vom Baum des Lebens und dem vom Baumes der Erkenntnis verknüpft.

🍎 „Dann legte Gott, der Herr, in Eden, im Osten, einen Garten an und setzte dorthin den Menschen, den er geformt hatte. Gott, der Herr, ließ aus dem Ackerboden allerlei Bäume wachsen, verlockend anzusehen und mit köstlichen Früchten, in der Mitte des Gartens aber den Baum des Lebens und den Baum der Erkenntnis von Gut und Böse … Gott, der Herr, nahm also den Menschen (Adam) und setzte ihn in den Garten von Eden, damit er ihn bebaue und hüte. Dann gebot Gott, der Herr, dem Menschen: Von allen Bäumen des Gartens darfst du essen, doch vom Baum der Erkenntnis von Gut und Böse darfst du nicht essen; denn sobald du davon isst, wirst du sterben."

Dann erschuf Gott Eva aus der Rippe Adams und gab ihm somit eine Gefährtin: „Darum verlässt der Mann Vater und Mutter und bindet sich an seine Frau und sie werden ein Fleisch. Beide, Adam und seine Frau, waren nackt, aber sie schämten sich nicht voreinander."

Hier kommt nun die Schlange ins Spiel, die „schlauer war als alle Tiere des Feldes, die Gott, der Herr, gemacht hatte. Sie sagte zu der Frau: Hat Gott wirklich gesagt: Ihr dürft von keinem Baum des Gartens essen? Die Frau entgegnete der Schlange: Von den Früchten der Bäume im Garten dürfen wir essen; nur von den Früchten des Baumes, der in der Mitte des Gartens steht, hat Gott gesagt: Davon dürft ihr nicht essen und daran dürft ihr nicht rühren, sonst werdet ihr sterben. Darauf sagte die Schlange zur Frau: Nein, ihr werdet nicht sterben. Gott weiß vielmehr: Sobald ihr davon esst, gehen euch die Augen auf; ihr werdet wie Gott und erkennt Gut und Böse. Da sah die Frau, dass es köstlich wäre, von dem Baum zu essen, dass der Baum eine Augenweide war und dazu verlockte, klug zu werden. Sie nahm von seinen Früchten und

Bäume und Gärten

▶ *Athene rettet Jason aus dem Maul des Drachen, der das Goldene Vlies bewacht. Das Vlies hängt an einem Baum im Hintergrund; Ausschnitt einer Darstellung auf einer antiken Vase.*

◀ *Eva empfängt den Apfel direkt von der Schlange: Diese Interpretation des Mythos stammt vom Maler Henri Rousseau (1844–1910). In der Tradition der afrikanischen Massai stellt sich der mythologische Bericht über das irdische Paradies bis auf einige Varianten durchaus ähnlich dar: Der Garten entstand, weil die Erde vom Blut des von Gott herausgeforderten und besiegten Drachen Nenaunir befruchtet worden war; das erste Paar bilden der Mann Maitumbé und die Frau Naiterogob; die verführerische Schlange hat drei Köpfe und wird von Gott dazu verurteilt, auf ewig in dunklen Erdspalten zu hausen.*

aß; sie gab auch ihrem Mann, der bei ihr war, und auch er aß. Da gingen beiden die Augen auf und sie erkannten, dass sie nackt waren. Sie hefteten Feigenblätter zusammen und machten sich einen Schurz. Als sie Gott, den Herrn, im Garten gegen den Tagwind einherschreiten hörten, versteckten sich Adam und seine Frau vor Gott, dem Herrn, unter den Bäumen des Gartens."

Die Erzählung fährt fort mit Gottes Vernehmung von Adam und Eva, mit der Verwünschung der Schlange, der Vorhersage an Eva über eine schmerzvolle Geburt und über die Unterordnung dem Mann gegenüber. Was Adam betrifft, so verheißt ihm Gott eine Zukunft, die gewiss nicht tröstlich ist: „Weil du auf deine Frau gehört und von dem Baum gegessen hast, von dem zu essen ich dir verboten hatte: So ist verflucht der Ackerboden deinetwegen. Unter Mühsal wirst du von ihm essen alle Tage deines Lebens. Dornen und Disteln lässt er dir wachsen und die Pflanzen des Feldes musst du essen. Im Schweiße deines Angesichts sollst du dein Brot essen, bis du zurückkehrst zum Ackerboden; von ihm bist du ja genommen. Denn Staub bist du, zum Staub musst du zurück."

Nachdem er Adam und seine Frau mit Fellröcken bekleidet hat, trifft Gott eine definitive Entscheidung: „Seht, der Mensch ist geworden wie wir; er erkennt Gut und Böse. Dass er jetzt nicht die Hand ausstreckt, auch vom Baum des Lebens nimmt, davon isst und ewig lebt! Gott, der Herr, schickte ihn aus dem Garten von Eden weg, damit er den Ackerboden bestellte, von dem er genommen war. Er vertrieb den Menschen und stellte östlich des Gartens von Eden einen Kerubim mit loderndem Flammenschwert auf, damit dieser den Weg zum Baum des Lebens bewachte."

Der Garten im Gilgamesch-Epos

Gilgamesch hat ein ruheloses Herz, weshalb es ihm schwer fällt, sich auf die Beschränkungen und die Endlichkeit des Lebens einzustellen, auch wenn er das Vorrecht genießt, den Thron von Uruk zu besetzen. Die Grenzen des Menschenmöglichen stellen für ihn eine unwiderstehliche Verlockung dar, und davon berichtet das babylonische Epos:

♣ Auf einem seiner Abenteuer, als er auf der Suche nach dem Weisen Utnapischtim ist, der mit seiner Frau auf der Insel der Glückseligen wohnt, gerät er in einen wundervollen Garten, den Aufenthaltsort der Nymphe Siduri (oder Sidesi), die niemand anderes war als die Göttin Ischtar. Siduri versucht mit allen Mitteln, ihn in ihrem Garten zu halten: „Du, Gilgamesch", sagt sie zu ihm, „kannst dir den Bauch füllen und dich Tag und Nacht vergnügen. Bediene dich dieses wundersamen Gartens: Als die Götter die Menschen erschufen, behielten sie die Unsterblichkeit für sich und teilten jenen ein sterbliches Los zu." Doch Gilgamesch erliegt den Verlockungen dieses Gartens nicht, sodass die Nymphe ihn zu einem Fährmann schickt, der ihn über die Wasser des Todes bis zur Insel der Glückseligen bringt. Der Held wundert sich über dieses „Paradies", das sich, besonders was die vielen Quellen und Obstbäume anbelangt, nur wenig von seiner Alltagswelt unterscheidet. Er beschließt dennoch, dort zu bleiben und die Prüfung auf sich zu nehmen, sechs Tage und Nächte schlaflos zu verbringen, um die Unsterblichkeit zu erlangen. Aber Gilgamesch schläft ein und nutzlos bleibt das Eingreifen von Utnapischtims Gattin, die, von Mitleid bewegt, ihren Ehemann beschworen hatte, ihm die nötigen Hinweise zu geben, um wenigstens das Kraut zu finden, das ihm neue Jugend verliehen hätte. Auf dem Rückweg treibt Gilgamesch das Zauberkraut tatsächlich auf dem Meeresgrund auf, doch während er in einem Bach badet, taucht eine Schlange auf, die es verschlingt, sich schnell häutet und spurlos verschwindet.

Bäume und Gärten

◀▲ *Sündenfall und Vertreibung in Gemälden von Hieronymus Bosch (links) und Massaccio (rechts).*

▶ *Gilgamesch und dessen Freund, der Stiermensch Enkidu, kämpfen mit dem heiligen Stier. Bevor er zum Protagonisten des nach ihm benannten Epos wurde, war der Held den Kulturen, die sich in Mesopotamien behaupteten, bereits in Gestalt des „zentralen Baums" vertraut, welcher auch auf dem hier abgebildeten assyrischen Siegel erscheint (2. Jt. v.Chr.). Dieses Symbol wurde später durch Vermittlung der Araber, Perser und Byzantiner auch von anderen Kulturen übernommen.*

Das islamische Paradies

Wenn der gewissenhaft den Koran befolgende Moslem seine Kraft aus dem Glauben schöpft, dass ihn nach dem irdischen Tod die Belohnung des Paradieses erwarte, so stellt er sich dieses in der Art vor, wie es im Koran und in der islamischen Literatur beschrieben wird.

Dort wird erzählt, dass am 27. des Monats Ragab im Jahre 620, Mohammed vom Erzengel Gabriel entführt und auf dem Schimmel Burak von Mekka nach Jerusalem gebracht wurde. Während dieser wundersamen Reise konnte er zu den sieben Himmeln aufsteigen, von denen ein jeder einem Garten entspricht, in denen er jeweils auf Adam, Johannes und Jesus, Josef, Idris (ein arabischer Prophet), Aaron, Moses und Abraham traf, die ihn als Bruder und letzten der Propheten empfingen. Ebenso traf er auf die „Gesegneten": In Seidengewänder gehüllt lagen sie auf Diwanen unter Bäumen aus purem Gold, Korallen und Perlmutt, deren Zweige voll kostbarer Steine hingen, und wurden von Engelsmädchen mit dunklen Augen sowie von göttlichen Jünglingen bedient. In der Mitte dieser wunderbaren Gärten erhob sich der Himmelsbaum (Tuba oder Sidra), von dem vier Flüsse – aus klarem Wasser, Milch, Honig und Wein – ausgingen. An ihren Grenzen erhob sich der geheimnisvolle Baum Lote, jenseits dessen der Zutritt verboten war.

Bäume und Gärten

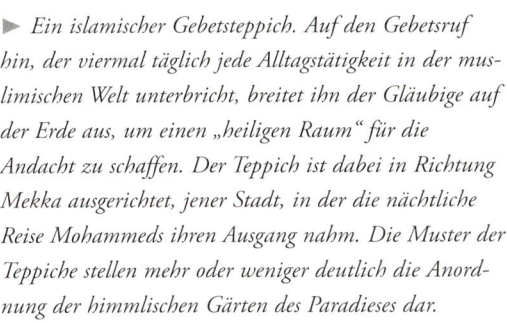

▲ Die Kaaba in der heiligen Stadt Mekka während der Großen Wallfahrt im Jubiläumsjahr 1920.

► Ein islamischer Gebetsteppich. Auf den Gebetsruf hin, der viermal täglich jede Alltagstätigkeit in der muslimischen Welt unterbricht, breitet ihn der Gläubige auf der Erde aus, um einen „heiligen Raum" für die Andacht zu schaffen. Der Teppich ist dabei in Richtung Mekka ausgerichtet, jener Stadt, in der die nächtliche Reise Mohammeds ihren Ausgang nahm. Die Muster der Teppiche stellen mehr oder weniger deutlich die Anordnung der himmlischen Gärten des Paradieses dar.

Kapitel 4

Licht und Finsternis

Die mythische Deutung der Himmelskörper

„Wenden wir unseren Geist nun dem Himmel zu. Der Schöpfer hat die Sonne des Tages gegeben. Sie wird unser großer Bruder sein und auf uns schauen, mindere Schwestern und Brüder. Sie wird das Licht erstrahlen lassen, auf dass wir sehen können, während wir über diese Mutter Erde laufen, auf dass wir einander sehen können, sodass wir die Gemeinschaft sehen werden. Unter ihrer Wärme wird die Erde nicht gefrieren; unter ihrer Wärme und Kraft werden die Dinge wachsen …

Richten wir den Gedanken nun auf unsere Großmutter Mond, die der Schöpfer in den Himmel versetzt hat und die das weibliche Leben in seinem monatlichen Kreislauf lenkt. Der Schöpfer hat in ihre Hände die Pflicht gelegt, darüber zu wachen, dass die Familien fortbestehen. Wenn unsere Kinder geboren werden und wir sie zum ersten Mal weinen hören, bedeutet dies, dass Großmutter Mond noch stark ist und ihre Kraft noch mit uns teilt. Die Gezeiten des Meeres steigen und fallen, die Gärten der Erde bringen Nahrung hervor: Dies sind die Taten von Großmutter Mond. Und auf diese Weise vermögen wir zu leben."

Die Passage stammt aus der Eröffnungsrede zu den heiligen Zeremonien der Irokesen, einer autochthonen ethnischen Gruppe, die heute in vier US-amerikanischen und zwei kanadischen Reservaten ansässig ist. Die Sonne und der Mond werden von den Irokesen als „nahe Verwandte" erfahren (bzw. als ein umsichtiger „großer Bruder" und als „Großmutter"), in einer Dimension, bei der andererseits die ganze Natur einen heiligen Charakter besitzt.

Eos

In der griechischen Mythologie wird Eos, die Göttin der Morgenröte, mit „rosigen Fingern und einem strahlenden, safranfarbenen Kleid" beschrieben. Wenn sie sich in einen bedeutenden Vertreter des anderen Geschlechts verliebte, so handelte sie kurzentschlossen: Sie entführte ihn, wobei sie sich bisweilen des geflügelten Pferdes Pegasus bediente.

Dies widerfuhr beispielsweise Thitonos. Eos war so entbrannt für ihn, dass sie Zeus darum bat, ihn unsterblich zu machen, was leider nicht bedeutete, dass er auch ewig jung blieb. So alterte Thitonos unaufhaltsam und Eos, deren Leidenschaft verschwand, pflegte ihn wie ein Kind.

In einem anderen Mythos fungieren neben Eos noch Kephalos und dessen Gattin Prokris als Protagonisten. Die beiden liebten sich, doch wurde Kephalos von Eos, die nur ihre eigene Begierde befriedigen wollte, in einen Fremden auf der Durchreise verwandelt, um Prokris mit dem Versprechen auf eine goldene Krone zu ködern. Die Frau erlag der Versuchung und so fühlte sich auch Kephalos frei, die verführerischen Liebeslockungen der Morgenröte anzunehmen. Von ihrem Gatten verlassen, floh Prokris von der attischen Halbinsel nach Kreta, wo sie die Geliebte von Minos wurde. Dieser eroberte sie, indem er ihr einen Jagdhund schenkte, der seine Beute nie verfehlte und einen Pfeils, der sein Ziel ebenso sicher traf und den er seinerseits von Artemis geschenkt bekommen hatte. Als Jüngling verkleidet in die Heimat zurückgekehrt, traf Prokris bei einer Treibjagd ihren Gatten wieder und willigte ein, ihm den kostbaren Hund samt Wurfpfeil zu überlassen, diesmal jedoch nicht im Tausch gegen materielle Güter, sondern für eine Liebesnacht.

Nachdem sie sich ausgesöhnt hatten, vergnügten sich die beiden mit gemeinsamer Jagd, doch die Jungfrau Artemis, die sich gekränkt fühlte von der Leichtfertigkeit, mit der andere ihre Geschenke gegen sexuelle Freuden eintauschten, erweckte in Prokris den Argwohn, dass die Geschichte zwischen Eos und Kephalos noch nicht beendet sei: Um

Licht und Finsternis

▲ *Pierre Narcisse Guérin*, Aurora und Kephalus, *1810. Auf dem Gemälde
hilft Amor gerade eifrig mit Kephalus für die Morgenröte Aurora zu begeistern.*

Kephalos zu bespitzeln folgte ihm die Frau, in Schwarz gehüllt, bei Einbruch der Dunkelheit. Dieser schoss von einem leisen Geräusch im Gebüsch aufgeschreckt, prompt den verhängnisvollen Pfeil ab, welcher sein Ziel unfehlbar traf. Trotz nachfolgender Abenteuer, gelang es Kephalos nie, sich von der Erinnerung an die Gattin und der Reue darüber, sie getötet zu haben, zu befreien, sodass er letztlich beschloss, sich das Leben zu nehmen und sich vom Leukadischen Felsen ins Meer stürzte.

Zu Eos' Geliebten zählt auch der ähnlich charakterisierte Jäger Orion. Um sich einander ungezwungener hingeben zu können, suchten die beiden die dem Apollon geweihte Insel Delos auf. Dieser sah Eos' und Orions Unternehmung als Frevel an und handelte entsprechend. Nach dramatischen Ereignissen, von denen nur erwähnt sei, dass sie einen ähnlich tragischen Ausgang wie die Geschichte von Kephalos und Prokris nahmen, musste sich Eos damit abfinden, die Gestalt Orions im gleichnamigen Sternbild verewigt zu wissen.

Eine fleißige und beschützende Mutter

Für die Römer war die Morgenröte nicht jenes unbedachte Mädchen, das nur im Sinn hatte, die eigene Lust zu befriedigen, wie dies von vielen anderen Völkern ersonnen wurde. Vielmehr war sie eine fleißige und beschützende Mutter (Mater Matuta), die ihren von der Dunkelheit verschreckten Kindern jeden Tag die Gewissheit des Lichtes schenkte, und den schwangeren Frauen im schwierigen Augenblick der Geburt beistand, wenn ein neues Geschöpf nach neun Monaten das Licht der Welt erblickte. Mit einer ergreifenden Zeremonie wurde sie 11. Juni gefeiert: Auf einem Umzug trugen die römischen Frauen ihre Kinder im Arm und baten die Göttin, sie unter ihren Schutz nehmen. Während dieser Feste (Matralia) ließen die Frauen aus dem ihr geweihten Tempel auf dem Forum Boarium eine Sklavin heraustreten, die die Nacht symbolisierte.

Das Mädchen, das die Finsternis vertreibt

🗣 „Glücklich kamst du zum Vorschein, weithin sichtbar leuchtest du; dein Licht, deine Strahlen, flogen zum Himmel empor. Du enthüllst die Brust und machst dich hübsch, oh Göttin Morgenröte, erglänzend in deiner Pracht.

Rot leuchtende Stiere tragen die Glückliche, die sich zunehmend ausbreitet. Sie verjagt die Finsternis, wie ein heldenhafter Bogenschütze seine Feinde, wie ein wendiges Zugpferd drängt sie das Dunkel zurück.

Gut begehbare, unbeschwerliche Wege, breiten sich für dich über die Berge; ohne Wind überquerst du die Wasser, oh du aus-dir-selbst-Erstrahlende. Die du so bist, oh Tochter des Himmels, bring von deiner langen Reise uns Reichtum mit, um uns zu nähren."

Das Zitat stammt aus dem *Rig-Veda*, einer wertvollen Quelle zur frühen indischen Mythologie. Die Morgenröte (Ushas) tritt dort als ein Mädchen in Erscheinung, das seine Brüste enthüllt, um bewundert zu werden; stets jung kommt sie auf einem glänzenden Wagen daher, verjagt die Finsternis und weckt alle Lebewesen. Sie ist die Schwester der Nacht und die Geliebte der Sonne.

Die Göttin mit dem Froschkopf

Vielleicht durch seinen spezifisch amphibischen Charakter (Übergang zwischen den Elementen Erde und Wasser) und der damit einhergehenden Beziehung zur natürlichen Fruchtbarkeit, wird der Frosch im Mythos gewöhnlich mit dem Mond in Verbindung gebracht. Eine Ausnahme bildet hier teilweise Heket, die ägyptische Göttin der Morgenröte mit Froschkopf. Von ihr wurde gesagt, dass sie während der Geburt der Sonne als Hebamme gewirkt habe und deren Erscheinen am Himmel aufs Neue jeden Tag verkündete. Sie war es auch, die nicht nur den Ägyptern, sondern allen Völkern der Erde das Leben schenkte, weil sie während der Urschöpfung die noch unbeseelten Menschen mit dem Ankh berührte und ihnen damit den Atem und die Möglichkeit, sich zu bewegen, verlieh.

Atanua und Hine-Titama

Im polynesischen Archipel der Marquesas-Inseln hieß die Göttin der Morgenröte Atanua und war die Tochter der Gottheit Atea, die in vielen Quellen als von männlichem Geschlecht beschrieben, zumindest aber mit dem Himmel oder dem Raum in Zusammenhang gebracht wird. Keine Zweifel bestehen jedoch über Atanuas Geschlecht: Sie soll u. a. das Meer erschaffen haben, indem sie abtrieb und die Erdhöhlen mit empfänglichem Fruchtwasser auffüllte.

In einem weiteren polynesischen Mythos wird die Morgenröte als Hine-Titama bezeichnet und verweist damit auf die Göttin Hina, die sie hervorgebracht hat.

Kurioserweise wurde von Hine-Titama mehr ihre Beziehung zum Tod als die zum Leben hervorgehoben. Nachdem sie nämlich von ihrem eigenen Vater, dessen Identität sie nicht kannte, verführt worden war, floh sie, als sie die Wahrheit entdeckte, wütend und voller Scham in die Unterwelt Po und veranlasste damit den erstmaligen Tod der Schöpfung. Ihre Wut war derart groß, dass sie verkündete, alle künftig von ihrem Vater gezeugten Kinder zu vernichten. Da sie ihre schaurige Ankündigung wahr machte, war das Fortbestehen des Todes in der Welt gesichert.

Utu oder Shamash

Trotz der häufigen Übereinstimmungen in der Mythologie der mesopotamischen Kulturen, sind die Namen der verschiedenen Gottheiten oftmals unterschiedlich. So hieß der Sonnengott bei den Sumerern Utu, bei den Akkadiern, den Assyrern und den Babyloniern hingegen Shamash.

Da er in der Lage war, die Finsternis zu besiegen, wurde Utu die Funktion des Richters und des Gottes der Gerechtigkeit zugesprochen. Sein Tempel wurden meist als Ebabbar („leuchtendes Haus") bezeichnet. Seinen Segen erbat man mit Hymnen dieser Art: „Oh Du, Herr des Landes der Sumerer, / Vater der Menschen! / Wenn Du Dich zur Ruhe legst, / ruht die Welt mit Dir. / Und wenn Du, junger Utu, aufstehst, / erwacht mit Dir die Welt aus ihrem Schlaf. / Wenn Du nicht da bist, / sucht kein Vogel sein Korn, / und läuft kein Mensch aufrecht. / Dem Menschen, der alleine wandelt, / stehe brüderlich zur Seite!"

Zehn Sonnen und zwölf Monde

Vor Urzeiten, als in China Yao, der Nachfolger des „Gelben Kaisers" Huáng Dì, regierte, gab es statt nur einer zehn Sonnen. Aus diesem Grunde besteht die traditionelle chinesische „Woche" aus zehn Tagen.

Die zehn Sonnen waren die Kinder des Himmlischen Kaisers Tian Di und der Göttin Xi He. Jeden Tag wurden sie von Letzterer zu den Ufern eines heiligen Sees auf dem Grund des Tals des Lichts im Fernen Osten Chinas begleitet. Hier wusch die Göttin sie liebevoll und hängte sie dann zum Trocknen in die Zweige eines riesigen Maulbeerbaums namens Fu Shang.

An jedem Tag der Woche löste sich eine der zehn Sonnen vom Maulbeerbaum Fu Shang, durchquerte das gesamte Himmelsgewölbe und erreichte das entgegengesetzte Ende der Welt. Hier kam sie an den Hängen des Berges Yen Tzou zur Ruhe, wo Xi He sie in ihre Arme aufnahm und zurück ins Tal des Lichts führte.

Die zehn Sonnen waren miteinander in großer Zuneigung verbunden und mochten aus diesem Grunde nicht den ganzen Tag in Einsamkeit reisen und ihre Geschwister erst bei Nacht wiedersehen. So beschlossen sie eines Tages, sich den Anordnungen des Vaters und den Bitten der Mutter zu widersetzen und alle gemeinsam zum Himmel aufzusteigen. Dies hatte verheerende Auswirkungen: Am Himmel und auf der Erde machte sich die Hitze in einer Intensität bemerkbar, die zehnmal stärker als gewöhnlich war. Die Bäume und Felder begannen zu verdorren; die Menschen und Tiere fielen, vor Hitze nach Luft ringend, zur Erde; die Wälder und Berge wurden von fürchterlichen Bränden verwüstet, während die Flüsse, Seen und Meere austrockneten. Durch die Hitze gezwungen, aus ihren Höhlen zu fliehen, strömten die wilden Tiere in die Städte und Dörfer und richteten unter Menschen und Vieh ein Massaker an. Die wenigen Überlebenden flüchteten in die Grotten, Tempel und Klöster, von wo aus sie die Götter anflehten.

Auch der Kaiser Yao wandte sich im Gebet an den Himmlischen Kaiser und bat ihn mit ergriffener Stimme, die Menschen vor seinen unglückseligen Söhnen zu retten. Von jenen Worten gerührt, richtete sich Tian Di in gütigem Ton an die eigenen Söhne und versuchte sie zu überzeugen, nach alter Gewohnheit, wieder einer nach dem anderen den Himmel zu überqueren. Doch waren diese zu glücklich, vereint und gemeinsam das Himmelsgewölbe zu durchstreifen, als dass sie dem Gesuch des Vaters nachzukommen gedachten. Deshalb beschloss der Himmlische Kaiser den Prinzen und göttlichen Bogenschützen Hou Yi zu entsenden, um ihnen eine Lektion zu erteilen.

Bewaffnet mit dem leuchtendroten Bogen und den schneeweißen Pfeilen, die ihm Tian Di gegeben hatte, stieg Hou Yi in Begleitung seiner wunderschönen Gattin Chang'e zur Erde herab. Als sie ihn sahen, verneigten sich die Menschen ehrerbietig, segneten und baten ihn, sie von jener unerträglichen Hitze zu befreien. Anfangs war es der Plan des Prinzen gewesen, die zehn Sonnen mit einigen seiner Pfeile zu erschrecken, um sie auf diese Weise

Licht und Finsternis

▼ *Tuschezeichnung aus der Yuan-Dynastie, 1279–1368. Die göttliche Gunst gegenüber dem Himmlischen Kaiser wird hier durch die schweren Rispen symbolisiert.*

▲ *Der Himmelstempel in Peking, symbolischer Wohnsitz des Himmlischen Kaisers.*

▼ *Der Sonnengott Shamash, während er dem babylonischen König Hammurabi (1792–1750 v.Chr.) die Gesetze diktiert, auf der weltberühmten Stele, die heute im Louvre verwahrt wird.*

zu bewegen, die Befehle und Ratschläge des Himmlischen Kaisers zu befolgen. Als er jedoch bemerkte, in welch bedauernswerten Zustand jene Kopflosen die Erde versetzt hatten, und er nachträglich feststellen musste, wie groß ihre Arroganz war, geriet Hou Yi in Zorn. Nachdem er einen Pfeil auf seinen gewaltigen Bogen gespannt hatte, richtete er ihn gen Himmel und brachte mit einem einzigen Schuss den ersten der zehn Brüder zu Fall. Sodann folgten der zweite, der dritte, der vierte und so fort bis hin zum neunten.

Hou Yi spannte gerade den zehnten Pfeil auf, als der Kaiser Yao dazwischentrat und ihn bat, wenigstens den letzten der zehn Söhne des Himmlischen Kaisers zu verschonen. Wie er erklärte, sei nämlich das Leben der Menschen auf einer Erde ohne Sonne noch jämmerlicher als das, zu dem sie durch die geballte Hitze der zehn Söhne Tian Dis verurteilt gewesen waren. Eingedenk dieser weisen Worte, verschone der göttliche Bogenschütze die letzte Sonne, welches diejenige ist, die noch heute über China und dem Rest der Welt erstrahlt.

Zu Zeiten der zehn Sonnen gab es auch zwölf Monde, einen für jeden Monat des Jahres. Wie die Sonnen wurden auch die zwölf Monde zu Beginn jedes Monats zu den Ufern eines heiligen Sees am östlichen Ende der Welt geleitet, um gewaschen zu werden. Von dort stiegen sie einer nach dem anderen auf einem Zauberwagen empor, um das ganze Himmelsgewölbe bis hin zur entgegengesetzten Seite des Universums zu durchqueren. Man weiß zwar nicht auf welche Weise, doch verschwanden, nachdem Hou Yi neun der zehn Sonnen gestürzt hatte, auch elf der Monde und übrig blieb nur der eine, den wir immer noch sehen.

Der Horizont der Sonne

Aton, ursprünglich die Gestalt des Gottes der Sonne am Abend, wurde in Gestalt einer Sonnenscheibe unter Echnatons und Nofretetes Regierung zur Personifizierung des Reichsgottes und zur Quelle allen Lebens.

Fast genau zwischen Memphis im Norden und Theben im Süden glaubte Echnaton an den Bergen in einer der Felsformationen das Hieroglyphenzeichen für „Horizont" (Achet) zu erkennen, als er mit einem Streitwagen aus Gold und Silber einige Zeit lang flussabwärts gezogen war. Er beschloss daher im fünften Jahr seiner Herrschaft, an diesem Ort seine neue Hauptstadt Achet-Aton (der Horizont des Aton) in der Nähe des heutigen el-Amarna zu gründen.

Das Reich der Sonne

Reich der Sonne: Hinsichtlich der aztekischen Kultur gibt es wohl keine passendere Definition, obschon dies allen Völkern gemeinsam ist, die die Bewohner der „Alten Welt" erst kennenlernten, als sie die „Neue Welt" entdeckt und dann nach und nach erobert hatten. Die Sonne spielt nämlich in der Mythologie der Azteken eine zentrale und vorrangige Rolle, angefangen beim Mythos, welcher von ihrem Ursprung erzählt:

🗣 Als es auf der Erde noch kein Licht gab, versammelten sich die Götter, um zu beschließen, wer sich dieses Problems annehmen sollte. Schließlich kamen sie überein, dass zwei der Götter ins Feuer springen sollten, um daraus, als zwei leuchtende Kugeln wieder hervorzugehen.

Tecciztecatl, der Gott der Muscheln, bot sich als Erster an; als Zweiter wurde, weil niemand anderes die Aufgabe übernehmen wollte, der etwas kränkliche Gott Nanahuatzin ausgewählt.

Zur Vorbereitung darauf, die Sonne und den Mond hervorzubringen, fasteten die beiden vier Tage, brachten Opfer dar und entzündeten ein Feuer. Tecciztecatl schmückte sich mit einem

Licht und Finsternis

▶ *Fund aus dem Grab des Tutanchamun mit der Sonnenscheibe des Aton. Tutanchamun war vermutlich ein Sohn Echnatons von dessen Nebenfrau Kija.*

▼ *Ausgrabungen bei el-Amarna, die die Fundamente der Stadtgründung Echnatons Achet-Aton freilegen.*

Wams aus weißem Stoff und einen Kopfschmuck aus Reiherfedern; Nanahuatzin setzte eine Papierkrone auf und legte sich einen ebenfalls Lendenschurz aus Papier an.

Nachdem die vier Tage verstrichen waren, versammelten sich alle Götter in zwei Reihen um das Feuer. Sie spornten Tecciztecatl an, ins Feuer zu springen, doch der erschreckte Gott wich zurück. Sie ermunterten ihn drei weitere Male, doch blieb es dabei. Daraufhin wandten sie sich an Nanahuatzin und eine einzige Aufforderung genügte, damit sich der kranke Gott sogleich hineinwarf. Um nicht ängstlich zu erscheinen, folgte auch Tecciztecatl unversehens dessen Beispiel.

Schon waren die beiden vom Feuer verzehrt und die Götter warteten erwartungsvoll, dass der, der zuerst hineingesprungen war, als Sonne erstehe. Sie schauten um sich, weil sie nicht wussten, von wo sie kommen würde. Quetzalcoatl und Tezcatlipoca meinten, dass er von Osten her käme und so geschah es auch. Sodann erschien Nanahuatzin als eine rote und brennende Sonne, doch gleich darauf erschien auch Tecciztecatl, der Mond, der ganz ähnlich aussah. Die Götter wussten jedoch, dass der Erste mutiger gewesen war und wollten ihn vor aller Augen vom Zweiten unterscheiden. Einer von ihnen nahm deshalb ein Kaninchen und schleuderte es auf den Mond: Seinen Abdruck können die Menschen noch heute sehen.

Die Sonne und der Mond verharrten allerdings unbeweglich am Himmel und so beschlossen die Götter, dass der Gott des Windes einschreiten und sie in Bewegung bringen sollte. Dieser blies stark und langanhaltend. Zuerst bewegte sich die Sonne und zwar zurecht, denn Nanahuatzin hatte mehr Mut bewiesen; dann bewegte sich der Mond, denn Tecciztecatl war nach ihm ins Feuer gesprungen.

Um die Erde zu erleuchten, musste sich die Sonne jedoch ernähren, und ihre Lieblingsspeise waren das Herz und das Blut der Menschen. So beschlossen die Götter, den Krieg zu schaffen. Also gebar die Göttin des Wassers „Wolkenschlangen" – gut 400 beim ersten Mal und weitere fünf beim zweiten. Als die 400 Wolkenschlangen herangewachsen waren, befahl ihnen der Sonnengott, ihn mit Essen und Trinken zu versorgen und stattete sie mit Pfeilen aus, um ausgewählte Opfer erlegen zu können. Diese jedoch kümmerten sich nicht darum, und lebten, stets betrunken, zum eigenen Vergnügen, wobei sie sich mit den Federn der erlegten Vögel schmückten und mit den Frauen ihrer Opfer schliefen. Der Sonnengott wandte sich daraufhin an die zweitgeborenen Wolkenschlangen, versah auch diese mit Pfeilen und Schilden und trug ihnen auf, die 400 Brüder zu töten. Diese hatten zwar von dem Befehl des Sonnengottes erfahren, doch wurde die Schlacht von den Fünfen mit List geführt bis hin zum letzten Angriff, bei dem sie vereint agierten: Die Erde erbebte, die Berge stürzten ein und die Wasser traten über die Ufer. Auf diese Weise wurden die 400 Wolkenschlangen vernichtet und der Sonnengott hatte Herzen und Blut, um sich ernähren zu können.

Die Azteken glaubten außerdem, dass es fünf aufeinanderfolgende Zeitalter gegeben habe, ein jedes mit einer eigenen Sonne, und sie erzählen diese Geschichte in vielfältigen Varianten.

Im ersten wurde die Welt von der Erdsonne beherrscht. Die wenigen Menschen dieses Zeitalters wurden von wilden Tieren in Angst und Schrecken versetzt, die sie angriffen und auffraßen. Die Wenigen, die die wilden Tiere und eine Reihe furchtbarer Erdbeben überlebten, verwandelten sich in Affen.

Im zweiten Zeitalter herrschte die Feuersonne, die es vermochte, Felsen zu schmelzen und Wälder zu zerstören. Dieses endete mit einem Lavaregen; die wenigen Überlebenden verwandelten sich in Vögel.

Es folgten dann das Zeitalter der Luftsonne, das mit einem fürchterlichen Wirbelsturm endete, und das der Wassersonne, dessen abschließender Sintflut bloß zwei Menschen entkamen.

Das fünfte Zeitalter schließlich ist das der Rollenden Sonne: Die Sonne bewegt sich nämlich wie eine Ball über den Himmel. Die alten Weisen behaupteten, dass dieses Zeitalter, wie die anderen, böse geendet hätte …

▶ Detail der Piedra del Sol („Sonnenstein"), deren zentral angeordnetes Gesicht die Sonne darstellen soll. Er hält die Schöpfungsmythen der Azteken fest, in deren Zentrum der Sonnengott Tonatiuh steht.

◀ Stelen mit mexikanischen Sonnen- und Monddarstellungen. Links der Sonnengott Huitzilpochtli, rechts die Mondgöttin Coyolxauhqui.

Surya

Surya, die Sonne, wird in den antiken heiligen Texten Indiens vielfach erwähnt und trägt mehr oder weniger naturalistische Züge.

Im Allgemeinen wird sie unter zwei Aspekten betrachtet: Als Sphäre der Existenz ist sie eine der acht Vasus (neben der Erde, dem Feuer, dem Raum, dem Wind, dem Himmel, den Sternbildern und dem Mond) und die himmlische Form des Feuers (Agni); als Quelle des Lichts, der Wärme, der Intelligenz, der Sonnenenergie ist sie der Ursprung allen Lebens. Doch bereits diese Darstellung wird dem westlichen Leser zäh erscheinen, denn er ist es gewohnt, „den Mythos" als der logischen Überlegung entgegengesetzt und als Ergebnis einer unmittelbaren Kreativität zu verstehen, welche sich in populären Bildern ausdrückt.

Dem besagten Leser mag eine „physische" Beschreibung Suryas wie die folgende vertrauter klingen: „Das goldene Wesen, das in der Sonne wohnt, hat einen Bart und Haare aus Gold. An ihm erstrahlt alles, bis hin zur Spitze der Fingernägel", wie es eine der Upanishaden überliefert. In anderen Texten heißt es, dass sein Bild kupferfarben, rot und bronzen sei, oder dass es Züge eines Zwergs trage mit Körper und Augen in denselben Farben, oder auch, dass sein Hals dem Panzer einer Schildkröte gleiche und dass es Armreifen und ein Diadem trage, deren Funkeln jeden Teil des Himmels erleuchten; schließlich besitze es zwei sehr lange oder vier kurze Arme.

Der Sonnengott kommt auf einem goldenen Wagen daher, der von vier Pferden gezogen wird (oder auch von sieben, oder einem einzigen mit sieben Köpfen, die jeweils von einem Strahlennimbus umgeben sind) und der mit nur einem Rad ausgestattet ist. Auf einem Thron sitzend, der ebenfalls aus Gold ist, vertraut er die Richtung des Wagens einem Kutscher (Aruna, „der Rote") an, der für seine Weisheit bekannt ist. Aruna, der vor der Sonne aufrecht auf dem Wagen steht, schützt mit seinem mächtigen Körper die Welt vor der Kraft des Gestirns.

Freilich gibt es von dieser Beschreibung der Sonne unendlich viele Varianten, wie dies im Übrigen auch für ihren Stammbaum und die verwandtschaftlichen Beziehungen zu den anderen Göttern gilt. Einer scharfsinnigen Beobachtung von A. Daniélou, einem der bedeutendsten Orientalisten des letzten Jahrhunderts, glauben wir jedoch beipflichten zu können: Die Sonne als Grenze, als Punkt, wo bekannte und unbekannte Welten sich verbinden, als Quelle des Lichts, und zwar des sowohl physischen, wie auch geistigen und spirituellen, „ist das dem Göttlichen ähnlichste Bild, das sich vorstellen lässt."

Inzest von Sonne und Mond

Das Volk der Inuit (mittlerweile auf weniger als 20 000 in der Arktis lebende Individuen reduziert) bewahrt noch eine sehr lebhafte Erinnerung an die eigenen Urmythen.

Was die für die irdischen Lebewesen bedeutendsten Gestirne – die Sonne und den Mond – angeht, so behaupten sie beispielsweise, dass diese, bevor sie am Himmel erstrahlten, zum gemeinen Volk gehörten, wobei die Sonne eine junge Frau namens Akycha (oder Seqinek) und der Mond deren Bruder war.

❧ In dem kleinen Inuit-Dorf, dessen Bewohner sich allabendlich zum Tanzen in der Tanzhütte versammelten, lebte Akycha alleine. Eines Nachts, während alle anderen beim Tanzen waren, drang ein Mann in ihr Haus ein und vergewaltigte sie, doch gelang es dem Mädchen nicht, den Angreifer in der Dunkelheit zu erkennen. Nachdem sich das Geschehen mehrmals wiederholte, gelang es Akycha schließlich, dessen Identität zu enthüllen: In Reichweite hielt sie den Ruß ihrer Lampe bereit und als der Mann gerade gehen wollte, tauchte sie zwei Finger dort hinein und strich ihm damit übers Gesicht. Dann folgte sie ihm unauffällig bis zur Tanzhütte, wo sie voller Entsetzen feststellen musste, dass der Vergewaltiger kein anderer war als ihr Bruder. Daraufhin zückte Akycha ein Messer,

Licht und Finsternis

▲ *Der Gott der Sonne Surya auf seinem Wagen.*

▲ *Agni, der Gott des Feuers.*

◀ *Inuit-Maske, das Gesicht in der Mitte symbolisiert den „Geist des Mondes", die Umrandung den „Geist der Luft", die äußeren Ringe den Kosmos und die Federn die Sterne.*

schnitt sich den linken Arm ab und warf ihm diesen mit folgenden Worten entgegen: „Wenn du mich so sehr begehrst, dann verzehre mich!" Dann nahm sie einen brennenden Holzscheit und ergriff die Flucht. Erregt vom Anblick des Blutes folgte der Bruder ihr, wobei auch er einen Ast ergriff, der jedoch, als er stolperte, im Schnee verlosch. Sie liefen immer weiter, bis sie in den Himmel getragen wurden, wo die Verfolgung endlos andauert.

Dieser Mythos der Inuit ist beinahe identisch mit der Geschichte, die von den Cherokee überliefert wurde, welche zur Familie der Irokesen gehören.

Auch für die Cherokee war die Sonne eine junge, attraktive Frau (Unelanuhi) und der Mond ihr Liebhaber und Bruder; auch bei diesen wollte der Liebhaber, der der Frau einmal im Monat einen Besuch abstattete, die eigene Identität nicht offenbaren; und schließlich wendet Unelanuhi auch bei diesen den Trick mit dem Ruß an, um ihn zu entdecken. Einige Details des Inuit-Mythos sind jedoch hinzugefügt oder modifiziert: Unelanuhis Geburt war ungewöhnlich (zuletzt hatte die Spinnenfrau eingegriffen und diese in ihr Netz gelockt, nachdem das Opossum, um der Welt die Sonne zu verschaffen, seinen Schwanz in Brand gesteckt hatte und der Geier,
der es auf seinen Kopf nehmen wollte, sich dabei bloß die Federn versengte); der Mond-Bruder war es gewohnt, die Wohnung der Sonnen-Schwester täglich aufzusuchen und mit ihr zusammen zu speisen; der Ruß, der es ihr erlaubte, den mysteriösen, allmonatlichen Liebhaber zu identifizieren, ist noch immer im Antlitz des Vollmondes zu sehen; schließlich soll als erster der Mond-Bruder aus Scham die Flucht ergriffen haben, auch wenn er im Folgenden das Verlangen nicht unterdrücken konnte, die Schwester in der allmonatlichen Finsternis der Neumondnacht aufzusuchen.

Ehe und endgültige Trennung

Die Ogalalla, ein indigenes Volk Nordamerikas, zeigten eine große Wertschätzung für Wi, den Sonnengott, von dem sie sagten, dass er ursprünglich mit seiner Gattin, der Mondgöttin Hanwi, zusammen lebte.

🗣 Hanwi ließ sich durch eine Täuschung dazu verleiten, ihren Platz an der Seite von Wi zu verlassen. Dieser hatte unterdessen Gelegenheit gehabt, die außerordentliche Schönheit von Ite zu bewundern, welche an der Täuschung teilgehabt hatte. Ohne zu zögern lud Wi sie ein, nebst ihm an einem Festmahl der Götter teilzunehmen, worauf das Mädchen offenbar bereitwillig einging und sogar frühzeitig dort eintraf. Mit Verspätung traf indes Hanwi ein, und als sie Ite an der Seite des Sonnengottes sah, verbarg sie ihr Gesicht vor Demütigung und Scham. Im Rahmen des Götterrates, der infolge dieser peinlichen Situation einberufen wurde, verkündete der Himmelsgott Skan ein sehr strenges Urteil: Wegen seiner Schuld, einer anderen Frau den Platz der Mondgöttin angeboten zu haben, musste der Sonnengott endgültig auf das Zusammenleben mit der Gemahlin verzichten. Was Hanwi betraf, so wurde ihr, um sie für die endgültige Trennung von Wi zu entschädigen, die Aufsicht über die Morgen- und Abenddämmerung übertragen: Seitdem verbirgt sie jedoch ihr Gesicht, sobald die Sonne auf- oder untergeht.

Licht und Finsternis

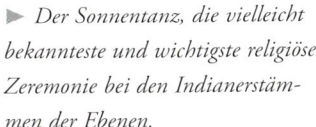

▲ Sonnentanz der Lakota (Sioux), Zeichnung auf Büffelhaut, ca. 1885. Das Kreuz in der Bildmitte verweist auf eine christliche Umdeutung des Rituals zur Welterneuerung und Fruchtbarkeit. Die meisten Lakota sind heute Christen.

▶ Der Sonnentanz, die vielleicht bekannteste und wichtigste religiöse Zeremonie bei den Indianerstämmen der Ebenen.

Zwei Generationen für eine einzige Geschichte

🗣 Als die Zwillinge Hunahpu und Ixbalanque, welche Ixquic dank des Speichels Hun Hunahpus auf wundersame Weise empfangen hatte, erwachsen geworden waren, gewannen sie den Ball für das Tlachtli-Spiel zurück. Hun Hunahpu hatte den Ball dereinst seiner Mutter überlassen und diese hielt ihn, in Erinnerung an die Tragödie, durch die sie ihrer beiden Söhne beraubt wurde, unter dem Dach versteckt. Natürlich wollten die Zwillinge sogleich dem Vater und dessen Bruder im Tlachtli-Spiel nacheifern und binnen kurzem waren sie darin so geschickt wie diese. Als die Herren der Unterwelt sie hörten, trauten sie ihren Ohren nicht: „Wer sind diejenigen, die abermals über unseren Köpfen spielen und uns mit ihrem Krach stören? Es werden doch nicht gar die Toten Hun Hunahpu und Vucub-Hunahpu sein, diejenigen, die sich gegen uns erheben wollten?" Also befahlen sie ihren Boten, sie rufen und ihnen ausrichten zu lassen, sich gleichfalls an einem Ballspiel zu beteiligen: Sie sollten sich unbedingt innerhalb von sieben Tagen stellen.

Den Einberufungsbefehl nahm die Großmutter in Empfang, die ihn, betrübt, weil sie bereits eine derartige Erfahrung gemacht hatte, sogleich ihren Enkeln zukommen ließ. Diese beschlossen, folgsam zu sein, wobei sie ihrer Großmutter und Mutter einen Hinweis auf ihr Schicksal hinterließen. Sie pflanzten nämlich ein jeder ein Schilfgras inmitten ihres Hauses: Sofern die Pflänzchen vertrocknen würden, bedeutete dies, dass sie gestorben wären – andernfalls würden sie austreiben.

Diesmal verliefen die Dinge anders als beim Mal davor. Sie bestanden nämlich eine Reihe entsetzlicher Prüfungen – Tod und Wiedergeburt eingeschlossen – und gewannen schließlich die Oberhand über die Gottheiten des Reiches der Finsternis. Nachdem die Zwillinge diese vernichtet hatten, begegneten sie Hun Hunahpu und Vucub-Hunahpu, denen sie Worte großen Trostes zusprachen: „Ihr werdet angerufen werden; ihr werdet die ersten sein, die sich erheben und werdet zuerst von den bedeutenden Söhnen angebetet werden … Wir sind die Rächer eures Todes, eurer Qualen und der Schmerzen, die euch bereitet wurden."

In der Textpassage, die den zweiten Teil des *Popol Vuh* abschließt, heißt es zudem: „Sodann nahmen sie Abschied … Daraufhin stiegen sie hinauf in das Licht und im Nu in den Himmel empor. Den einen berührte die Sonne und den anderen der Mond. Da erhellten sich das Himmelsgewölbe und das Antlitz der Erde. Und sie ließen sich im Himmel nieder."

Die Astralkulte der Inka

Auch in der Mythologie der Inka-Kultur stehen Sonne und Mond im Zentrum: Es genügt zu sagen, dass zwei Inseln des Titicacasees, nach diesen Gestirnen benannt sind.

In Bezug auf die Sonneninsel erzählte man, dass die Götter, empört angesichts des grausamen und hochmütigen Auftretens eines Volkes, dessen Verderben anordneten.

🗣 Dieses Volk, welches sich auf einer großen Hochebene Südamerikas niedergelassen hatte, meinte nämlich, dass ihm vonseiten aller Nachbarn bedingungsloser Gehorsam zu zollen sei. Vergeblich trat eine Gruppe zerlumpter Wahrsager mit Todesprophezeiungen vor das Volk. Nur einige Priester beschlossen indes, einen Tempel aufzusuchen, der weitabgelegen war und ohne jeglichen Kontakt zu den stolzen Würdenträgern des Volkes, die ihre Entscheidung folgendermaßen kommentierten und verlachten: „Die armseligen Dummköpfe! Sie sind in den Bergtempel gezogen, auf den die Blitze und Gewitter als erstes herniedergehen werden!" Doch eines Tages, als alles still schien, erblickte ein Mann in der Ferne eine winzige rote Wolke, die nach und nach größer wurde; neben dieser erschienen weitere rote Wolken, die sich alsbald miteinander vermischten und den Himmel gänzlich bedeckten. An jenem Tag brach die Nacht nicht herein, weil die roten Wolken über der Stadt einen unheilvollen Schein verbreiteten. Mit einem entsetzlichen Grollen kündigte sich ein Erdbeben an, das die

Licht und Finsternis

▶ *Statue, die einen Spieler beim Tlachtli-Spiel darstellt. Die Polsterung von Armen, Unterleib und Hüften lässt die Heftigkeit des Spiels erahnen.*

▼ *Fischer auf dem Titicacasee: Auf einer Höhe von 3812 m gelegen, ist er das höchst gelegene schiffbare Gewässer der Welt.*

Gebäude erschütterte und die weniger befestigten einstürzen ließ. Aus den Wolken kam ein Feuerregen hernieder und das Erdbeben wurde stärker. Diesmal stürzten auch die stärksten Gebäude aus Stein über den mühevoll errichteten Aquädukten und Kanälen zusammen und zerstörten sie allesamt. Die Sturzbäche aus den Bergen ergossen sich ins Tal und überfluteten die Stadt vollständig. So bildete sich schließlich der Titicacasee, aus dem sich die Sonneninsel erhebt, jener Hügel, auf den die Priester geflüchtet waren, die den zerlumpten Wahrsagern Gehör geschenkt hatten.

In Bezug auf Name und Geschlecht der der Sonne und dem Mond entsprechenden Gottheiten gibt es keine völlige Einheitlichkeit in der Mythologie der Inka. Die höchste Gottheit ihres Pantheon war anfangs Inti, der Sonnengott und Bruder-Gatte von Mama Quilla, dem Mond. Diese soll, obwohl ursprünglich noch strahlender und mächtiger als der Gatte, ihre Überlegenheit verloren haben, weil dieser ihr verräterischerweise Asche auf das Haupt warf; jedenfalls wurde sie mit Riten zu bestimmten Anlässen geehrt, vor allem während der Finsternisse, wenn – so sagte man – ein übernatürlicher Jaguar sie zu verschlingen versuchte. Im Folgenden setzte sich Viracocha als Schöpfer u. a. der Sonne und des Mondes durch. In der Küstenregion Perus war zudem Pachacamac („Schöpfer der Welt") der höchste Gott, welcher mit dem Mond gleichgesetzt wird.

Die Sonne Griechenlands

Die älteste Sonnengottheit war für die Griechen Helios, was noch heute neugriechisch „Sonne" bedeutet. Im Wesentlichen dem Vater Hyperion gleichgestellt als „der, der oben ist" (in der *Ilias* trägt er den Doppelnamen Helios Hyperion), war er das „unermüdliche Auge", welches alles sieht und enthüllt, der unparteiische „Zeuge" dessen, was sich im Himmel und auf Erden ereignet.

Was seine Gattinnen angeht, so werden in der *Odyssee* die zwei Namen Perse oder Neaira genannt. Helios und Neaira hatten zwei Töchter, die auf der Insel Thrinakia, dem heutigen Sizilien, mit der Bewachung der 350 Rinder des Vaters – ebensoviele wie die Tage des Mondjahres – betraut worden waren. Der listige Odysseus hatte seinen Gefährten empfohlen, jenen heiligen Tieren nichts anzutun, doch gehorchten ihm einige nicht. Das Leiden der unsterblichen Rinder war schrecklich: Die leeren Häute irrten allein umher und das auf die Spieße gesteckte Fleisch brüllte über dem Feuer. Und Helios rächte sich, indem er vom Göttervater Zeus erwirkte, dass die Frevler allesamt auf See umkommen sollten.

Abgesehen von den homerischen Epen wird Helios mit zahlreichen Frauennamen – sei es von Geliebten oder Töchtern in Verbindung gebracht. Jedenfalls waren seine Nachkommen an ihren ungewöhnlich strahlenden Augen erkennbar, einer Eigenschaft, die ihnen allen nebst ihrem mehr oder weniger gütigen Wesen gemeinsam war. Diese Eigenart galt beispielsweise auch für Phaeton, welchen Helios zusammen mit Klymene zeugte. Unerfahren und leichtsinnig wie alle Jugendlichen, wollte er sich eines Tages im Lenken des väterlichen Wagens versuchen, doch geriet ihm dieser schon bald außer Kontrolle: Er stürzte in den Fluss Eridanos, der von den Mythographen als der norditalienische Po identifiziert wird. Aus dem fürchterlichen Aufprall entwickelte sich ein Brand, der nur durch eine Sintflut gelöscht werden konnte.

Zuletzt noch ein Hinweis auf Klytia, die eine Liebschaft mit Helios hatte, von diesem jedoch abgelehnt wurde, als er sich in deren Schwester Leukothea verliebte: Klytia wollte sich rächen, indem sie ihrem Vater die Einzelheiten der heimlichen Beziehung eröffnete und im Glauben die Familienehre zu retten warf dieser Leukothea in eine Grube. Doch ging Klytias Wiedereroberungstraum durch diese heimtückische Unternehmung nicht in Erfüllung: Helios verließ sie für immer und verwandelte sie in eine Sonnenblume, die dazu verdammt war, in ewiger Verehrung dessen Bewegungen am Himmel zu verfolgen.

Licht und Finsternis

◀ *Laut Ovid, der Apollon in seinen* Metamorphosen *ganz mit der Sonne Helios gleichsetzte, mochte Apollon nicht mehr die Sonne über den Himmel ziehen, nachdem sein Sohn Phaeton den Sonnenwagen zuschanden gefahren hatte und dabei gestorben war. Die Götter stimmten ihn jedoch um, und die Sonnenfinsternis hatte ein Ende.*

▼ *Helios auf dem Sonnenwagen (Detail eines antiken Bodenmosaiks).*

▲ *Sonnentor in der Stadt Tiwanuku am Südufer des Titicaca-Sees. Die antropomorphe Gestalt mit „weinenden Augen" trägt einen Kopfschmuck aus Sonnenstrahlen. Tiwanuku hatte für die Schöpfungsmythen der Inka große Bedeutung. Die Figur ist vermutlich eine frühe Darstellung des Schöpfergottes Viracocha.*

Mondfantasien

Cicero (106–43 v. Chr.) war sich der Kraft des Mondes grundsätzlich bewusst: „Jeden Monat legt der Mond dieselbe Strecke zurück wie die Sonne in einem Jahr … Mit seiner Wirkung trägt er zu einem guten Teil zur Reifung der Pflanzen und zum Wachstum der Tiere bei." Doch das Bewusstsein, das der bedeutende Redner in seinen „wissenschaftlichen" Termini zum Ausdruck bringt (etwa zum Verhältnis von Mond und Gezeiten oder gar die Verbindung zum weiblichen Zyklus) geht auf sehr viel frühere Zeiten zurück und stammt aus Regionen, die von Rom sowie von der Sprache und Form des klassischen Mythos weit entfernt waren.

Die indigenen Völker der Insel Ceram, die zum indonesischen Archipel der Molukken gehört, meinen, dass die Herkunft der essbaren Pflanzen, dank derer die Menschheit überleben kann, auf den „Opfertod" eines jungen Mädchens zurückgeht: Hainuwele.

❦ Ameta (die Nacht), die mit ihrem Hund auf der Jagd war, verfolgte ein Wildschwein und trieb es an einen Teich, wo das Tier ertrank. Ameta war sehr überrascht als sie es, um sich von dessen Fleisch zu nähren, aus dem Schlamm ziehen wollte und ihr dabei eine Kokosnuss in die Hände fiel, die auf einem der Hauer des Wildschweins steckte. Ameta pflanzte die Kokosnuss sodann ein, und diese erblühte wundersamerweise nach einer Woche. Mit etwas von Ametas Blut gedüngt und nach nur neun Tagen Trächtigkeit ging aus einem der Blätter die besagte Hainuwele hervor. Nach weniger als einer Woche konnte sie bereits die Tänze ihres Volksstammes anführen. Während sie tanzte, begann sie jedoch im Boden zu versinken. Unterdessen tanzten die Menschen um sie herum weiter, bis auch sie vollends versunken waren.

In diesem Zusammenhang ist es nicht so sehr relevant, dass an der Stelle, wo Hainuwele versank, wunderbare, essbare und nie zuvor gesehene Pflanzen hervorsprossen, sondern vielmehr, dass das Mädchen nach drei Tagen in Gestalt des Mondes am Himmel erschien.

Zu den wenigen verbleibenden Spuren der Selene, jener „ursprünglichen" Mondgöttin in der klassischen Mythologie, gehört ein ihr gewidmeter Hymnus Homers, in welchem, wie es der Gräzist Ettore Romagnoli (1871–1938) bemerkt, sonderbarerweise „die Phantasie des Dichters mehr von der physischen Erscheinung, als von der Personifikation des Planeten dominiert wird. Dies ist ebenso modern wie es wenig klassisch ist. Und in seinem modernen, ja fast möchte man sagen romantischen, Ausdruck, zeigt er die Färbung des Mondglanzes, der sich vom Himmel ergießt, um die Erde zu tränken." Die Kürze des Hymnus erlaubt es, ihn hier zwecks Überprüfung des maßgeblichen Urteils zu zitieren:

❦ „Himmelerhellender Glanz ergießt sich von ihr auf die Erde, / Von dem unsterblichen Haupt; da strahlt unermessliche Schönheit / Aus dem fließenden Licht, es glühen die dunstigen Lüfte / Rings um den goldenen Kranz, und Strahlenbündel entflammen, / Wenn die hehre Selene die herrlichen Glieder sich badet / Und dann am Urstrom, gehüllt in weithin leuchtende Kleider, / Ihre glänzenden Fohlen mit hochgeworfenen Nacken / Anschirrt und kräftig vorantreibt, die Rosse mit herrlichen Mähnen, / Nachts in der Mitte des Monats; die große Bahn wird vollendet, / Wenn ihre wachsende Scheibe sich füllt: Dann schießen die hellsten / Strahlen vom Himmel hernieder, den Menschen ein Maß und ein Zeichen. / Einst verband sich Kronion mit ihr in Liebe und Lager: / Sie ward schwanger von ihm und gebar die Jungfrau Pandeia, / Deren schöne Gestalt aus unsterblichen Göttern hervorstrahlt."

Abgesehen von ihrem Beischlaf mit Zeus, woraus, wie es im Hymnus heißt, Pandeia hervorgeht („ganz strahlend" oder „ganz hell", so wie der Vollmond), betreffen die uns überlieferten Erzählungen über Selene vor allem die Liebschaften. Eine Erzählung beispielsweise stellt sie als Geliebte des Gottes

Licht und Finsternis

Göttergeschlecht der Titanen

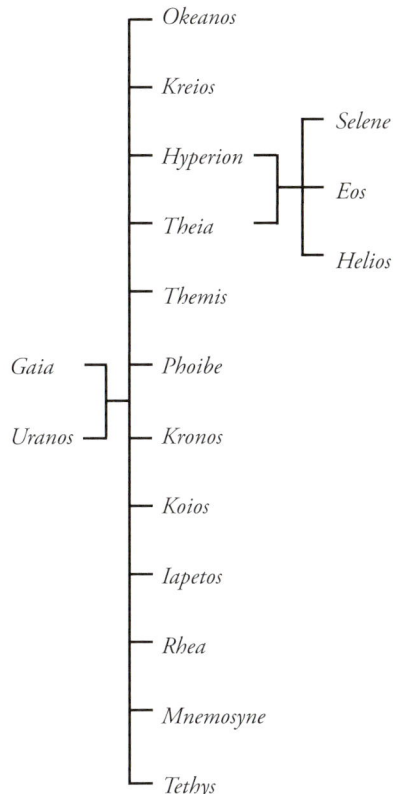

▲ *Meister der Schule von Fontainebleau,* Diana als Jägerin, ca. 1550. Die Mondsichel auf dem Haupt ist eines der Symbole der Artemis-Diana.

◀ *In einer Grotte findet Selene den schlafenden Endymion und verliebt sich in ihn. R. Tommasi Ferroni, 1976.*

Pan dar, der, um sie zu verführen, in ein schneeweißes Schafsfell schlüpfen musste. Die detailreichste Erzählung betrifft jedoch Selenes Liebe zu Endymion. Nachdem sie diesen in einer Grotte schlafend gefunden hatte, verliebte sie sich sofort leidenschaftlich in ihn, legte sich an seine Seite und küsste ihm die Augenlider. Von jenem Moment an erwachte Endymion nicht mehr, erfreute sich aber zugleich ewiger Jugend, damit Selene weiterhin Gefallen an seinem Körper finden konnte.

Die Eigenschaften des Mondes wurden mit der Zeit Artemis zugeschrieben, die später noch ausführlicher behandelt werden wird. Hier sei lediglich – an den Gegensatz zu Selene – an ihre Eigenschaft als „Jungfrau" erinnert, die im Zuge der Begebenheit mit dem jungen Jäger Aktaion deutlich wird. Dieser hatte, als er im Wald einem Wasserlauf bis zur Quelle gefolgt war, die Göttin Artemis entdeckt, die dort splitternackt badete. Als die Göttin bemerkte, dass sie mit Begierde betrachtet wurde, verwandelte sie Aktaion in einen Hirschen, der, von seinen eigenen Hunden nicht wiedererkannt, verfolgt und in Stücke gerissen wurde.

Eine Geschichte, die der von Artemis und Aktaion sehr ähnelt, findet sich auch den Sumerern und betrifft die Götter Ninlil und Enlil:

♠ Erzürnt über die Untat, die Enlil begangen hatte, beschlossen die anderen Götter, ihn zu strafen und verbannten ihn unverzüglich in die Unterwelt. Aufgrund der Vergewaltigung war Ninlil schwanger geworden und so folgte sie Enlil in das Totenreich, um ihm angesichts ihres durch die Schwangerschaft sich verändernden Körpers die Folgen seiner Tat vor Augen zu führen. Dies verärgerte die Götter umso mehr, als sie wussten, dass das Kind, welches sie empfangen würden, der Mondgott war (Nanna für die Sumerer, Sin für die anderen mesopotamischen Kulturen). Sollte dieser in der Unterwelt zur Welt kommen, hätte er dort auf ewig bleiben müssen: Nicht einmal seine göttliche Herkunft hätte es ihm gestattet, sich den unbeugsamen Gesetzen des Königs und der Königin der Toten zu entziehen. Doch als der Moment gekommen war, erwirkte Ninlil einen Zauber: Sie erschuf drei Neugeborenen-Schatten, die jeweils ihren eigenen Platz sowie den von Enlil (mit dem sie sich unterdessen ausgesöhnt hatte und den ihres Sohnes einnehmen und auf ewig als Geiseln in Händen der höllischen Gottheiten bleiben sollten. Dann stieg sie, noch immer schwanger, zusammen mit Enlil aus der Unterwelt herauf und gebar den Mondgott am Rande des Horizontes, von wo aus er zum Himmel aufsteigen konnte.

In Indien regiert der Mond die Sternenwelten, ist Symbol der Unsterblichkeit und Wohnsitz der Vorfahren.

Die Mondschale beinhaltet sieben Schlucke eines Tranks und jeden Tag trinken die Götter einen davon. Während der Zeit der Sonnenfinsternis erhält die Sonne den letzten Schluck: In diesem Augenblick, um wenigstens die letzten Tropfen des Unsterblichkeitselixiers zu erhalten, versucht der Dämon Rahu die Sonne zu verschlingen. „Während sich die Götter den Unsterblichkeitstrank teilten, erkannte der Mond den als Gottheit verkleideten Anti-Gott Rahu, der zu trinken sich anschickte. Wegen des Mondes wurde Rahu zum Tode verurteilt, doch, obwohl vom Körper getrennt, wird sein Kopf niemals zu leben aufhören, da seine Lippen den Unsterblichkeitstrank berührt haben. Dieser Kopf lebt folglich weiter und jedesmal, wenn der Mond voll ist, versucht ihn Rahu aus Rache zu verschlingen."

Licht und Finsternis

▶ *König in Anbetung vor dem Mondgott Nanna (Detail der Stele von Urnammu).*

▲ *Der Dämon Rahu verschlingt die Sonne.*

◀ *Babylonischer Grenzstein aus Susa. König Melischipak weiht seine Tochter, die eine Harfe trägt, dem Gott Nanna, der durch den zunehmenden Mond symbolisiert wird. Sonne und Stern stehen für die Gottheiten Shamash und Ischtar.*

Amaterasu

Dies ist die wörtliche Bedeutung von Amaterasu, der zentralen Gottheit des japanischen Shintoismus, deren Symbol, die aufgehende Sonne, bis heute auf der Fahne Japans prangt. Unter den mythologischen Erzählungen, in denen sie als Protagonistin fungiert, offenbart besonders eine den geduldigen, umsichtigen und zugleich entschlossenen Charakter der Göttin: Erzählt wird ihr Streit mit dem Sturmgott Susanoo, der den Einzug des Winters auf der Welt verursachte:

🗣 Susanoo war demnach der Bruder von Amaterasu, die ihm aufgrund seiner Unmäßigkeit und Angewohnheit zu brüllen, misstraute. Als er ihr im Himmel einen Besuch abstatten wollte, versprach er, niemandem Leid zuzufügen und war bereit, sich einer rituellen Prüfung zu unterziehen (er wollte drei Söhne zeugen, die zum Beweis seiner friedlichen Absichten allesamt männlich sein sollten), wurde Amaterasu in Sorge versetzt. So ergriff sie Susanoos Schwert und zerbrach es mit den Zähnen: Aus den drei Teilen, die zu Boden fielen, gingen drei weibliche Gottheiten hervor. Hier offenbarte sich zum ersten Mal die Unberechenbarkeit Susanoos, weitere Beispiele folgten: So bat er nämlich Amaterasu um Juwelen und, nachdem er fünf bekommen hatte, zerbrach er sie und ließ daraus Götter entspringen; durch seine Schöpferkraft hochmütig geworden, begann er die Welt zu durchstreifen und dabei alles zu zerstören, was er antraf; er ging soweit, eine riesige Menge Fäkalien zu Füßen von Amaterasus Thron anzuhäufen. Noch immer unbefriedigt, plünderte er die Wohnungen der Schwester und ließ den Leichnam eines gehäuteten Pferdes von der Decke der Webstube herab, womit er einer ihrer Mägde einen solchen Schrecken einjagte, dass sie sich stach und starb.

Dies war zuviel für die Sonnengöttin und so schloss sie sich in eine Höhle ein. Der Sonne beraubt senkte sich endlose Finsternis über die ganze Welt. Verzweifelt über das fehlende Licht ihrer Königin versammelten sich die acht Millionen Götter und Göttinnen, um deren Rückkehr zu erflehen – doch Amaterasu blieb unerschütterlich. Die Göttin der Ausgelassenheit beschloss, die Sache in die Hand zu nehmen. Nachdem sie einen Bottich ergriffen und umgestürzt hatte, stieg sie darauf und begann tanzend Obszönitäten zu singen. Im Folgenden artete der Tanz derart aus, dass die acht Millionen Götter und Göttinnen sich dem Trubel anschlossen und von der Euphorie ergriffen lauthals zu johlen anfingen.

Der Widerhall des ganzen Radaus drang auch bis hin zur Höhle, in die sich Amaterasu zurückgezogen hatte und diese bat um eine Erklärung dafür. Als ihr mitgeteilt wurde, dass man eine bessere Göttin als die Sonne gefunden hätte, öffnete diese, von Neugier getrieben, einen Spalt breit die Tür ihres Verstecks, vor dem die Götter und Göttinnen vorsorglich einen Spiegel aufgestellt hatten. Amaterasu, die sich zuvor nie im Spiegel gesehen hatte, war geblendet. Ihre Verblüffung nutzten die anderen Gottheiten, um die Tür gänzlich zu öffnen. So fuhr die Sonne fort, der Erde Wärme zu spenden.

Die Königin des Himmels

Auch die Hethiter stellten sich die Sonne als eine weibliche Gottheit vor. Aus der Steppe Südrusslands stammend, begannen diese im 3. Jt. v. Chr. nach Anatolien (Kleinasien) vorzudringen und konnten sich zunehmend durchsetzen, bis sie von den sogenannten Meeresvölkern besiegt wurden (ca. 1200 v. Chr.). Hierbei übernahmen sie die Gottheiten der verwandten und unterworfenen Völker. So wird verständlich, warum die hurritische Göttin Hebat, welche als „Königin des Himmels" bezeichnet wird, schließlich mit der Sonnenkönigin Wurusemu verschmelzen konnte, die ihrerseits von den Hethitern als höchste Gottheit und Beschützerin ihres Reiches verehrt wurde.

Licht und Finsternis

▶ *Amaterasu zeigt sich an der Schwelle der Höhle, in die sie sich eingeschlossen hatte (Detail einer größeren Darstellung der Schlussszene des Mythos, an dessen Beginn der Streit mit dem Bruder Susanoo steht).*

◀ *Reste des Tempels (erbaut im 13. Jh. v.Chr.) von Teschub (Wettergott) und Wurusemu (Sonnengöttin) in Hattusas, unweit des heutigen Ankara.*

Grian, Aine und Etain

Wie gering die Spuren der Astralkulte in der Mythologie der Kelten auch sein mögen, so lassen sich doch einige in Zusammenhang mit den irischen Göttinnen Grian, Aine und Etain als antike Sonnengottheiten finden.

Grian und Aine waren Zwillingsschwestern und sollen jeweils die schwache Wintersonne und die kräftigere Sommersonne verkörpert haben. Die Erzählungen zu Aine sind reicher, auch wenn die Göttin ihre ursprünglichen Eigenheiten weitgehend verloren und später die Züge der Feenkönigin des südlichen Munster angenommen hat. Von ihr wurde u. a. gesagt, dass sie, als Tochter der ersten irischen Könige, sich in den Halbgott Finn verliebte. Aufgrund eines heiligen Gelübdes *(geasa)* hätte sie sich niemals mit einem grauhaarigen Mann verbinden dürfen. Dieses Gelübde wurde durch ihre Leidenschaft für Finn nicht auf Spiel gesetzt, da er jung und in seinem dichten Haar kein einziges silbernes zu finden war. Doch kam Miluchrach, eine Schwester von Aine, dazwischen, die sich ebenfalls für den Helden interessierte. Nachdem sie einen Zauber angewandt hatte, überredete sie ihn, in einen See zu tauchen; als er wieder herausstieg, hatte Finn zwar seinen jugendlichen und kräftigen Körper bewahrt, doch waren seine Haare grau geworden. Um ihrem *geasa* treu zu bleiben war Aine von nun an gezwungen, ihn abzuweisen.

Was Etain („die Flinke") betrifft, so wurde sie üblicherweise als eine göttliche Stute dargestellt, die sich von keinem anderen sterblichen Ross überholen ließ. Bezeichnend ist die Tatsache, dass auch von ihr gesagt wurde, dass sie in einem „Sonnenhaus" auf dem heiligen Hügel von Eochaid Airem oder am Eingang zur Unterwelt (Bri Leith) gelebt habe. Die bekannteste sie betreffende Geschichte (von der es etliche Varianten gibt) erzählt, dass sie unter dem Einfluss der Feenkönigin Fuamnach stand, die sie in eine Fliege verwandelte. Infolge des Zaubers, schwirrte Etain sieben Jahre durch die Welt, bis sie, als sie sich schließlich auf einer Tasse niederließ, von einer Frau verschluckt und daraufhin als Mensch wiedergeboren wurde. In dieser Gestalt heiratete sie den König von Irland, dessen Bruder eine derart unwiderstehliche Leidenschaft für sie hegte, dass er ihr gestand, sterben zu müssen, wenn sie ihn abweisen sollte als Liebhaber. Der Feenkönig Midir, nahm, um sie in die übernatürliche Welt zurückzubringen, das Aussehen des Ehemanns an, überraschte sie bei einem Stelldichein mit dem Bruder und zwang sie, in das gemeinsame Haus zurückzukehren. Dann, nachdem er wieder seine wahre Gestalt angenommen hatte, nahm er sie mit sich nach Bri Leith, dem Eingang zur Unterwelt, wo sie als glückliches Paar weiterlebten. In dieser Erzählung stellt Etain die untergehende Sonne dar.

Die Anmaßung Mundilfaris

In der Mythologie der nordischen Völker waren Sonne und Mond die Namen des Sohnes und der Tochter von Mundilfari, welcher die Kühnheit besessen hatte, sie wegen ihrer außergewöhnlichen Schönheit so zu benennen.

🗣 Um Mundilfari für seine Überheblichkeit zu bestrafen, wurden ihm seine Kinder von den Göttern geraubt und in den Himmel versetzt. Dem Mädchen wurde der Sonnenwagen anvertraut und es musste, verfolgt von dem furchtbaren Wolf Skoll, um die Erde laufen, wobei dieser sie am Tag des Weltendes einholen und verschlingen würde. Der Bruder-Mond wurde seinerseits vom Wolf Hati verfolgt, der ihm am Ende der Welt dasselbe Schicksal bescheren sollte. Er hat eine noch beschwerlichere Aufgabe als die Schwester-Sonne, weil er als Mond – außer sich am Himmel zu bewegen – auch gezwungen ist, täglich sein zu- und abnehmen – des Antlitz zu wandeln. Deshalb lässt er sich von zwei Kindern – ebenfalls Geschwistern – helfen, die von der Erde entführt wurden, als sie von einer Quelle zurückkehrten. Seitdem leben sie auf dem Mond und in Vollmond-Nächten sind sie aam Himmel zu sehen.

Licht und Finsternis

▶ *Relief von Cirencester, 1.–2. Jh. Keltische Göttinnen treten häufig als Dreigestalt auf. Ähnliche Darstellungen finden sich im römisch-keltischen Britannien.*

▼ *Der Sonnenwagen von Trundholm, ca. 1400 v. Chr. Die Scheibe, die eine vergoldete und eine unvergoldete Seite besitzt, wird in der nordischen Mythologie als Sonnensymbol mit einer Tag- und Nachtseite gedeutet.*

▶ *Kessel von Gundestrup, Detail, 1. Jh. v. Chr. Der Gott mit dem Rad kann nicht genau identifiziert werden; das Rad symbolisiert wahrscheinlich die Sonne und den Kreislauf der Jahreszeiten.*

Der Schäfer und der Sonnengott

In einem Mythos der afrikanischen Bantu, wird erzählt, dass ein armer Schäfer sich abgemüht hatte, zahlreiche Kinder großzuziehen, und dass diese dann aber eins nach dem anderen gestorben waren.

🕯 Das eigene Unglück bedenkend und allein in seiner nunmehr verlassenen Hütte, konnte der arme Kerl keinen Frieden finden; er wusste sich nicht zu erklären, warum gerade ihn soviel Pech treffen musste und so richtete er seinen geballten Zorn auf den Sonnengott Iruva, den er für sein Schicksal verantwortlich machte. Aus dem Zorn erwuchs ihm alsbald das Verlangen nach Rache und, nachdem er sich Pfeil und Bogen verschafft hatte, machte er sich auf den Weg ans Ende der Welt, entschlossen, die Sonne ebendort abzupassen, wo sie aufgeht und ihr zur Strafe einen spitzen Wurfpfeil entgegen zu schießen.

Nachdem er lange gelaufen war, stieß er auf eine merkwürdige Pforte, hinter der mehrere Wege abgingen: Einige führten in Richtung Himmel, andere verliefen auf der Erde weiter. Dort blieb er zögernd stehen und, bevor er sich für irgendeine Richtung entschied, wartete er bis Sonnenaufgang. Kaum war eine Stunde vergangen, da wurde sein Warten von einem unerwarteten Ereignis unterbrochen: Die Erde begann zu beben; zunächst in der Ferne und dann zunehmend näher ließ sich ein betäubendes Grollen wie von einer herannahenden Menge vernehmen. Es näherten sich jedoch keine Menschen, sondern strahlende Wesen, die die Ankunft des Himmelskönigs ankündigten und die beunruhigt darüber waren, dass die Pforte offen stand. Dann erschien, auf einem Thron sitzend und in unaussprechlicher Helligkeit strahlend, auch die Sonne. Da rief einer aus der Menge: „Was ist das für ein entsetzlicher Geruch, als ob hier ein Erdbewohner vorbeigekommen wäre?" Und dann begannen sie allesamt zu suchen und spürten den Schäfer auf, der vollkommen verängstigt hinter einem Busch kauerte. Vor den König gebracht, behauptete er, dass er sein Haus nur zurückgelassen habe, weil sein Schmerz ihn gehindert habe, dort zu bleiben. Doch der Sonnengott glaubte seinen Worten nicht und – die wahren Absichten ahnend – forderte er ihn auf, einen seiner mitgebrachten Pfeile auf ihn zu schießen. Der arme Kerl flehte ihn an: „Nein, jetzt kann ich es nicht mehr tun!" Schließlich eröffnete er ihm den Grund für seine Qual: Der vorzeitige Tod seiner Kinder. Solch eine Offenbarung erregte das Mitleid der Sonne und so zeigte sie dem Mann all seine Kinder. Sie waren derart schön, dass er sie kaum erkannte; nun verlangte er nicht mehr, sie wieder nach Hause zu bringen und, vor Iruva kniend, rief er: „Sonne, jetzt habe ich sie gesehen, ich kann sie nicht wieder an mich nehmen: Sie sind die deinen, und das bleiben sie auch!" Da forderte ihn Iruva auf, den Heimweg anzutreten, wobei er ihm empfahl, die Augen offen zu halten, weil er auf der Reise das finden sollte, was ihn glücklich machen konnte. Tatsächlich sammelte der Schäfer auf dem Rückweg sehr viele Elefantenstoßzähne, die ihn so reich machten, dass er all die neuen Kinder bequem ernähren würde, die ihm nach der Begegnung mit der Sonne geboren wurden und die gesund und kräftig heranwuchsen.

Kein Licht ohne Finsternis

Zahllos sind die Völker, die, wie die Bantu, angesichts der Erfahrung des irdischen Todes das Bedürfnis hatten, gleichsam die Kontrolle über das Schicksal zu übernehmen, indem sie mehr oder weniger komplizierte Entwürfe über das Jenseits ausarbeiteten. Trotz der großen Unterschiede zwischen den verschiedenen Mythologien, findet sich die Dialektik von Licht und Schatten ständig in den verschiedenen Vorstellungen vom Jenseits, und das ist verständlich: So wie es das Gute nicht ohne das Böse gäbe, könnte es auch kein Licht geben, wenn die Finsternis fehlte.

Der englische Ausdruck *hell*, der für die Christen den Ort der jenseitigen Strafe (Hölle) bezeichnete, zu der Gott denjenigen verurteilte, der sich dem für die gesamte Menschheit vorgesehenen Heilsplan nicht fügen wollte, geht auf die skandinavische Göttin Hel zurück, die Königin der trüben, unterirdischen Welt. Sie war die Tochter von Loki sowie der Riesin Angrboda. Ihr Name, Hel, bedeutet wörtlich „die, die bedeckt" oder „die, die verbirgt". In ihrem aus neun Kreisen bestehenden Reich empfing und „versteckte" sie nämlich all diejenigen, die an Krankheit oder Alter starben. Denjenigen indes, die ihr Leben heldenhaft auf dem Schlachtfeld lassen sollten, war das Walhalla vorbehalten, wohin sie von den Walküren gebracht wurden.

Hel wurde als eine hässliche, halb weiße und halb schwarze Frau beschrieben, die auf der Erde erschien, um die Toten abzuholen und in ihr Reich zu bringen, wo sie fortan ununterbrochen stöhnen mussten. Sie selbst wohnte in einem armseligen Palast namens Kaltes-Schneegestöber, aß mit Messer und Gabel namens Mangel und von einem Teller namens Hunger. Ihre Sklavin Alter diente ihr zusammen mit der Haushälterin Idiotie. Zum Schlafen legte sie sich auf ein Lager namens Hinfälligkeit und deckte sich mit den Tüchern der Grausigen Blässe zu.

Heliopolis bedeutet im Griechischen „Stadt der Sonne" und in diesem Zentrum (heute ein Vorort von Kairo), wo die ältesten ägyptischen Mythen Gestalt angenommen haben, war der Sonne, wenn auch keine ganze Stadt, so doch ein architektonischer Komplex von enormen Ausmaßen gewidmet, nämlich der Tempel des Sonnengottes Ra. Denn das tägliche Wiedererstehen der Sonne garantiert den Menschen im Niltal üppige Ernten und somit Lebensgewissheit. Und diese Gewissheit übertrugen die Ägypter auch auf das Jenseits, wobei sie sich die Reise durch die Finsternis ans Licht als eine zwar von schrecklichen Prüfungen sehr erschwerte, jedoch siegreiche Fahrt der „Sonnenbarke" vorstellten.

Zuerst behindern Wächterschlangen die Reise, dann scheinbar unüberwindliche Sandhügel, messerbewaffnete Gottheiten, die nur durch Zauber besänftigt werden können sowie blutspuckende Bestien. Die größte Gefahr jedoch geht von Apophis aus, einem riesigen Reptil, das die Macht des Todes verkörpert und das für den Sonnengott, den es zu verschlingen versucht, eine ständige Bedrohung darstellt. Der Tradition zufolge ist es unsterblich, doch finden sich zuweilen Darstellungen, die es, an beiden Enden festgehalten, von Hunderten von Schwertern und ebenso vielen Messern durchbohrt zeigen. Die Strafen der Feinde werden in grausamer, schauderhafter Weise beschrieben (abgeschlagene Köpfe, Leichen, die in dampfenden Kesseln gekocht, Herzen und Seelen, die in Feuergruben geworfen werden …), damit keine Zweifel über das Schicksal bleiben, das den ereilen wird, der sich gegen die Sonne aufzulehnen wagt.

Nachdem schließlich alle Hindernisse überwunden sind, trifft das Boot im Osten, seinem endgültigen Ziel, ein. Was die Umstände dieser Landung angeht, liefern die verschiedenen Quellen des Mythos unterschiedliche Versionen. Durchgesetzt hat sich diejenige, die Ra an dieser Stelle mit Chepri, dem Licht der Morgendämmerung, gleichsetzt, der herkömmlicherweise als Skarabäus-Käfer dargestellt wird. Dieses Tier, das seine winzigen Eier in den Sand legt und dadurch seiner Art die Fortdauer sichert, wurde nämlich als ein Symbol des Lebens empfunden, da es in der Lage war, sich aus dem scheinbaren Nichts zu regenerieren.

Die griechische Mythologie kennt unterschiedliche Gottheiten der Finsternis: wie etwa die Göttinnen Styx, die Empusen und Hekate.

Von der Ersten weiß man wenig mehr, als dass sie zur dichten Schar der Okeaniden gehörte, den Töchtern von Okeanos und Thetys, und dass sie den gleichen Namen trug wie ein Fluss der Unterwelt. Die Schwüre, die in ihrem Namen geleistet wurden, galten als die heiligsten.

Von den Empusen wird erzählt, dass sie Dämonen mit Eselshintern waren, die es vermochten, die Männer zu verführen, um ihnen dann die Lebenskraft auszusaugen und sie zu töten, wenn sie mit ihnen schliefen.

Die bedeutendste und angesehenste weibliche Gottheit war sicherlich Hekate. Ihr sehr alter Kult ist ungewissen Ursprungs. Sie wurde als dreiköpfige Hündin (mit Hunds-, Schlangen- und Pferdekopf) oder gar dreileibig dargestellt, und man fantasierte, dass sie, vor allem in mondlosen Nächten und gefolgt von Geistern und einer Horde heiliger Hunde, sich auf der Erdoberfläche herumtrieb. Ihre treuesten Anhänger belohnte die Göttin mit Hexenwissen und diese versäumten es nicht, am Ende der vertraulichen und geheimen Zeremonie des „Hekatemahls", vor ihren Haustüren Leckereien für die Göttin und ihr heulendes Gefolge bereitzulegen.

Als sich indes die „olympische" Religion offiziell durchsetzte, wurde Hades (Pluto bei den Römern) der Herrscher der nach ihm benannten Unterwelt. Hades ist gewissermaßender Inbegriff der Verneinung: Des Seins, des Lebens, des Lichtes, in einer religiösen Auffassung, die von der christlichen Transzendenz sehr weit entfernt ist und innerhalb derer der Tod, zumindest aus psychologischer Sicht, das substanzielle Ende überhaupt darstellte.

Auch der Name einer anderen, männlichen Gottheit der Finsternis, Erebos („der Bedeckte"), diente zugleich auch als Bezeichnung für das Reich des Gottes. Im Erebos gab es einen Ort für die Seligen (Elysische Felder) und einen für die Verdammten (Tartaros). Wer sich im Leben indes als weder gut noch schlecht hervorgetan hatte, verbrachte die Ewigkeit in einem Affodillen-Garten.

Die Sumerer stellten sich Ereshkigal als eine große Frau mit schwarzem Haar vor, die nackt in einem Palast aus Lapislazuli schlief und jeden, ebenfalls nackten, Verstorbenen in ihrem Körper aufnam. Als Urgöttin und „Herrin der großen Erde" regierte sie allein an den Grenzen der Welt, bis sie den ungestümen Gott Nergal heiratete. Zu ihrer Hochzeit gibt es unterschiedliche Versionen: Einigen zufolge, welche Nergal mit der glühenden Sommersonne gleichsetzen, war sie das Ergebnis des weisen Friedenwunsches seitens Ereshkigals, die, um dessen Hitze zu dämpfen, verlangte, dass Nergal, zumindest in den Wintermonaten, mit ihr im „Haus des Erdstaubs" von Kigalla („tote Erde") verbrachte; andere wollen ihn hingegen als Hintergrund für die spezifische Dialektik von Licht und Finsternis im Reich der Toten verstehen. Sie berufen sich nicht nur auf den häufigen Beinamen Ereshkigals als Königin der „Welt ohne Wiederkehr", sondern auch auf die häufige Verbindung zu den als Anunnakki bezeichneten Höllenrichtern und die übliche Darstellung der Göttin, wie sie, auf dem Pferd des Todes kniend, im Begriff ist, den Fluss zu überqueren, der für die Sumerer die Grenze zwischen „ihrer" und „unserer" Welt bildete.

Licht und Finsternis

▶ Die geflügelte weibliche Figur hält Symbole der Gerechtigkeit in den Händen: Messinstrumente für die Rechtschaffenheit der Menschen und zur Bestimmung ihres Schicksals. Die ihr zur Seite gestellten Eulen weisen auf Ereshkigal, die sumerisch akkadische Göttin der Unterwelt hin. Ihre Schwester ist Ischtar (Inanna), wichtigste sumerisch/babylonische Göttin der Liebe und des Krieges.

▲ Chepri, der Skarabäus-Gott.

▲ Joachim Patinir, Die Überfahrt zur Unterwelt, ca. 1510. (Charon als Fährmann auf dem Styx; links das Paradies oder Elysium, rechts die Hölle oder Hades mit dem Höllenhund Zerberus).

Der männliche Archetypus

Shiva und die anderen

„Ich bin nicht anders als der Phallus. Der Phallus entspricht mir. Dieser zieht den Gläubigen zu mir und muss darum verehrt werden. Dort, wo ein erigiertes männliches Organ ist, bin auch ich gegenwärtig, auch wenn keine andere Darstellung von mir vorhanden ist."

So lässt A. Daniélou in *Shiva et Dionysos* (Paris, 1979) Shiva sprechen, den Gott, von dem die heiligen indischen Texte mehr als 1000 Namen verzeichnen. Es versteht sich von selbst, dass es unmöglich ist, auch nur die wichtigsten zu nennen. Erinnert sei lediglich daran, dass er als Ursprung alles Geschaffenen die Quelle des Lebens ist; als Ende aller Dinge ist er indes der Gott des Todes. Hinsichtlich dieses zweiten Aspekts wird er deshalb als der furchtbare Zerstörer und „Verschlinger" dargestellt, doch in Bezug auf den ersten zugleich als der geheimnisvolle und sinnliche Gott, der durch Wälder und Berge schweift und mit dem Rhythmus seines Tanzes, dem Klang seines Tamburins jede Lebensform hervorbringt und neue Welten und neue Wesen erschafft. So wird verständlich, warum das Lingam, d.h. der Phallus, von den Shivaiten (einer Strömung des neuzeitlichen Hinduismus) in Gestalt eines senkrechten Steins oder dem ithyphallischen Abbild des Gottes verehrt wird. Das Männliche im Mythos wie es von Shiva verkörpert wird, steht jenseits der Kontroverse von Matriarchat und Patriarchat, welche Wissenschaftler bis heute entzweit.

Kumara (oder Skanda), der „keusche Jüngling"

Als Shiva einmal vollkommen in die Yoga-Meditation vertieft war, bedurfte es seiner Intervention für einen siegreichen Widerstand gegen das zerstörerische Handeln der schädlichen Mächte. Kama, der Gott der Begierde, versuchte seine Aufmerksamkeit zu wecken, doch wurde er mit nur einem Blick von Shivas drittem Auge in Asche verwandelt. Wenn Shiva einmal entflammt war, gab es niemanden, der seinen Samen aufhalten konnte: Er stürzte zuerst in den Mund von Agni, dann in den Ganges, der ihn in ein Schilfwäldchen schwemmte. Derjenige, der aus dem „Spermaguss" (Skanda) hervorging, wurde „keuscher Jüngling" oder auch Kumara genannt, weil er nicht nur ohne Beteiligung eines weiblichen Wesens empfangen worden war, sondern sich auch nie verlobte und seine einzige Gefährtin das Heer der Götter war.

Eines Tages, als er noch ein Kind war, rammte er seine Lanze in die Erde, doch die Götter, die die Herausforderung annahmen, sie zu bewegen, erreichten bloß, dass die Erde mit ihren Wäldern, Bergen und Ozeanen erbebte und sie selbst wegen der Anstrengung in Ohnmacht fielen.

Kumara hat das Aussehen eines Jugendlichen mit einem oder sechs Köpfen und zwei oder zwölf Armen. In Rot gekleidet trägt er stets Pfeil und Bogen, ein Schwert, den Blitz und eine Axt bei sich. Seine Lanze, die ihr Ziel unfehlbar trifft, kehrt in seine Hand zurück, nachdem sie einen Feind erlegt hat. Das Tier, auf dem Kumara reitet, ist ein Pfau, sein Emblem ist der Hahn. Die Fahne, die er schwenkt – ein Geschenk Agnis – ist rot wie das Feuer der Weltzerstörung.

Der männliche Archetypus

▶ *Der Tanz des Shiva. Für die Inder ist dies nicht irgendeine Bewegung. Sondern es handelt sich um diejenige, die die Bewegung des Universums selbst verursacht. Darin kommen die fünf wesentlichen Momente allen Seins zum Ausdruck: Schöpfung, Erhaltung, Zerstörung, Inkarnation und Befreiung.*

◀ *Der Kriegsgott Kumara (Skanda) mit dem Pfau, auf dem er reitet.*

109

Der Riese von Cerne

Es gibt ein Bild, das unbestreitbar der keltischen Religion zuzuordnen ist und das, wenngleich dazu verschiedene Interpretationen geliefert worden sind, an den shivaistischen Archetypus des Phallus erinnert: Es handelt sich dabei um den sogenannten Riesen von Cerne, der in den Hang eines Kreidehügels in der Nähe des Dorfes Cerne Abbas in Dorset (Südengland) eingeritzt ist. Die Gestalt mit einer Höhe von etwa 55 Metern zeigt eine imposante Erektion, die etwa zwanzig Prozent der gesamten Figur ausmacht. In der rechten Hand schwingt sie eine knotige Keule, die wie zum Schlag erhoben ist; der linke Arm ist ausgestreckt, die Hand zur Faust geballt. Bezüglich der Datierung sind sich die Experten nicht einig – man schwankt zwischen dem 1. Jh v.Chr. und dem 4. Jh. n.Chr. Da die Figur bloß von einer einzigen Stelle aus sichtbar ist (von einem kleinen Parkplatz an einer Straßenkurve, die zum Dorf Cerne Abbas führt, scheint es als ob „der Riese gar nicht für Menschenaugen gedacht war, da er eigentlich nur aus der Luft richtig zu sehen ist. In einer Fernsehsendung über englische Hügelfiguren sprach man kürzlich die Vermutung aus, sie seien angelegt worden, damit die Götter sie sähen." (E. Monick). Und das ist alles, was wir über die mysteriöse Gestalt einer Mythologie mutmaßen können, die noch sehr lange einer eigenen schriftlichen Tradition entbehrte.

Freyr

Auch Freyr, ein Gott aus der nordischen Mythologie, wurde gelegentlich als ein riesiger Phallus dargestellt, zusammen mit Pferd und Eber – Tieren, die ihm heilig sind und die als Symbole der Fruchtbarkeit gelten.

❦ Eines Tages setzte Freyr sich auf den Thron Odins, von dem aus es möglich war, alle neun Welten zu betrachten. So erschien ihm auf der Erde der Riesen und der Berge eine herrliches Mädchen, das Luft und Wasser mit seiner Schönheit erleuchtete. Sie hieß Gerdhr und war die Tochter einer Riesin und eines Sterblichen. Freyr verliebte sich leidenschaftlich in sie: Er aß und schlief nicht mehr und sprach mit niemandem mehr. Sein Vater, der Gott der Fruchtbarkeit und des Meeres, war sehr besorgt um seine Gesundheit und beauftragte Skirnir, den Freund und Diener des Sohnes, sich darüber zu informieren, was geschehen sei. Dieser nahm den Auftrag widerwillig an: Er ging davon aus, dass sein schlecht gelaunter Gebieter ihm böse zusetzen würde. Wenn er jedoch die passenden Argumente vorbrächte, gelänge es ihm möglicherweise, sich von Freyr erzählen zu lassen, was ihn bedrückte. Dieser liebe jenes Mädchen sehr, doch wusste er auch, dass die Götter einen Bund mit ihr nicht gutheißen würden. Jedenfalls überredete er seinen Diener, ins Reich der Riesen aufzubrechen: „Du musst sie hierher bringen, auch gegen den Willen ihres Vaters!" Zur Belohnung erbat sich Skirnir das Zauberschwert und wollte für die Reise Freyrs Pferd. Der Gott schenkte ihm das Schwert und gab ihm das Pferd. Als Skirnir in der Welt der Riesen ankam, sah er unmittelbar vor Gerdhrs Haus einige wütende Hunde. Wenig entfernt stand ein Schäfer und er wandte sich an ihn, um zu erfahren, wo er das Mädchen antreffen könnte. „Ihr seid entweder tot oder Ihr werdet es bald sein! Sie ist nicht so leicht zu haben!", lautete die Antwort des Schäfers. Doch Skirnir ließ sich nicht einschüchtern: „Mein Leben ist von den Nornen beschlossen. Ich habe einen Auftrag zu erfüllen." Im Haus hatte Gerdhr zwischenzeitlich eine Magd gefragt, was all der Lärm dort draußen zu bedeuten hätte. Nachdem sie erfahren hatte, dass ein Fremder angekommen war, befahl sie, dass man ihn hereinbringe und ihm etwas zu trinken anbiete. Skirnir übergab ihr sogleich die Geschenke, die ihm Freyr anvertraut hatte, um sie davon zu überzeugen, seine Liebe anzunehmen: elf goldene Äpfel und den Zauberring, der alle neun Nächte weitere acht goldene Ringe hervorbrachte. Doch Gerdhr wies die Geschenke zurück: „Ich lasse mich nicht kaufen. Hier bei meinem Vater habe ich bereits alles Gold, das ich möchte." Draufhin ging Skirnir zu Drohungen über: Er zückte das Schwert

Der männliche Archetypus

▶ Riese von Cerne Abbas, Dorset, Südengland. Die Figur ist in den Kreidehügel geritzt und 55 m hoch.

▲ Die kleine Bronzefigur mit großem Phallus stellt den keltischen Fruchtbarkeitsgott Freyr dar.

▲ Auf einer Seite des Steinkreuzes von Middleton, das um das 10. Jh. in der gleichnamigen Ortschaft nördlich von Yorkshire entstand, ist die Gestalt eines Wikingerkriegers eingraviert.

und drohte, ihr den Kopf abzuschlagen, wenn sie sein Angebot ablehne. Doch abermals ließ sich das Mädchen nicht beeindrucken. Als letztes Mittel wandte Skirnir die Zauberei an; er zog einen Zauberstab hervor und sagte, dass, wenn sie die Liebe Freyrs zurückweise, ihr Folgendes widerfahren würde: Sie würde schrecklich hässlich werden, die Speisen würden ihr stets ekelerregend erscheinen, sie würde fortan mit zum Totenreich gewandten Augen leben, Qual, Angst, Schmerz und Leid erfahren und nur noch ein Leben unter Tränen führen, sie würde einen scheußlichen Riesen mit drei Köpfen zum Gemahl haben, nicht die Freuden der Liebe erfahren, sie würde an die Pforte des Jenseits verbannt bleiben, und ihr einziges Getränk würde Schafspisse sein. Daraufhin ergab sich Gerdhr, und als sie neun Tage später Freyr begegnete, erweichte dessen Anmut, vor allem aber seine Liebe das vereiste Herz Gerdhrs, und fortan waren sie unzertrennlich.

Indra

Wenn der griechische Historiker Strabon berichtet, dass die Inder Jupiter Pluvius („Jupiter, der den Regen schickt") verehren, bezieht er sich sehr wahrscheinlich auf Indra. Indras Eltern sind der Himmelsgott Dyaus Pita und Prthivi, die Erdgöttin. Indra kommt bereits erwachsen zur Welt, ist der Gatte von Indrani und der Vater von sieben Kindern: Jayanta, Midhusa, Nilambara, Rbhus, Rsabha, Sitragupta und Arjuna.

Anfangs wird er als Sonnengott auf einem goldenen Wagen dargestellt, doch ist er hauptsächlich als Gott des Donners bekannt, der von dem Getreuen Vajra begleitet wird, dem Blitzstrahl, der die ganze Macht Indras in sich trägt.

Auch wird er mit einem großen Bogen dargestellt, der mit spitzen Pfeilen versehen ist, sowie mit einem Haken und einem Netz, mit dem er die Feinde einfängt. Zu seinen herausragenden Fähigkeiten gehört auch, dass er die gefallenen Krieger wieder zum Leben erweckt. Wenn er nicht in seinem Wagen ist, bewegt sich Indra auf Airavata, dem großen Elefanten mit den vier Stoßzähnen, fort. Tatsächlich wird dieser Gott in den *Veden* nicht nur als Regenspender beschrieben, sondern in der altindischen Mythologie zudem als König der Götter, der – wie Zeus-Jupiter – die Blitze befehligt, heillos unzüchtig ist und dessen Hof alle nur erdenklichen Vergnügungen bietet. In der indischen Literatur findet sich das längste Epos der Weltliteratur, das Mahabharata, das aus über 100.000 Strophen besteht und in etwa acht Jahrhunderten ausgearbeitet wurde (4. Jh. v. Chr. – 4. Jh. n. Chr.). Und in diesem Zusammenhang muss erwähnt werden, dass besonders das *Mahabharata* den Blitzstrahl Indras mit dem Penis vergleicht und dass die Tantras ihn zum Symbol der sexuellen Kraft machen, welche als die wesentliche Energie angesehen wird (nicht zufällig wird er mit den Zügen eines Stieres, des „perfekten" Mannes, dargestellt). Allgemeiner gesagt, „er symbolisiert die Potenz ... Ewig jung, verkörpert Indra die Eigenschaften der Jugend: Heldenhaftigkeit, Großmut, Überschwänglichkeit. Seine Begabung ist das Handeln. Doch liebt er auch die Anwendung von Gewalt, die zur Macht, zum Sieg, zur Beute verhilft" (A. Daniélou).

Ein ziemlich kurioser Mythos erzählt von der Strafe, die ihm auferlegt wurde, weil er hintereinander die Frauen von drei Weisen verführte. Der letzte ließ, nachdem er die Frau verstoßen und unsichtbar gemacht hatte, durch einen Fluch etliche Zeichen auf Indras Körper erscheinen, die dem weiblichen Geschlechtsorgan glichen. Später wurden diese Zeichen geadelt und verwandelten sich in Augen, doch behielt Indra u. a. den Namen „der mit den Vulva-Augen".

Der männliche Archetypus

◄ ▲ ▲ ▲ *Indra, Gott des Wetters und des Krieges. In frühen vedischen Zeiten wurde er als König der Götter beschrieben. Ursprünglich sollen die Male auf Indras Körper dem weiblichen Geschlechtsorgan geglichen haben; später wurden sie umgedeutet und als Augen dargestellt.*

Hermes

Der Gott Hermes kam im arkadischen Cyllene im Morgengrauen zur Welt.

👊 Noch bevor es Tag wurde, ist er bereits der mütterlichen Aufsicht entwichen und in Pieria angelangt, wo Apollon die Herden des Freundes Admeto hütet: Er wurde von einer starken Liebe für das Abenteuer getrieben (tatsächlich verehrten ihn die Griechen als Schutzpatron der Reisenden). Die prächtigen Rinder Admetos machen ihm großen Appetit, und er kann der Versuchung nicht widerstehen, ein Dutzend davon zu rauben (nicht zufällig war er auch der Schutzgott der Diebe). Um nicht ertappt zu werden, versieht er ihre Hufe mit merkwürdigen Schuhen aus Eichenrinde, Blättern und Grashalmen und lässt sie rückwärts laufen. Nachdem er Apollon auf diese Weise getäuscht hat, kehrt er zur Höhle zurück und legt sich wieder in die Wiege, kurz bevor seine Mutter Maia zurückkehrt, um nach ihm zu sehen.

Als es Apollon nach vielem Umherirren gelingt, den Rinderdieb zu identifizieren, findet er sich in der Höhle in Cyllene ein, um Hermes um deren Rückgabe zu bitten. Obwohl die Mutter die Wahrheit kennt, verteidigt sie ihren schlafenden Sohn. Doch Apollon lässt sich nicht täuschen und führt den Knaben zu Zeus, ihrer beider Vater, damit er Rechenschaft für sein Handeln ablege. Hermes gesteht den Diebstahl, doch gelingt es ihm, Apollon zu besänftigen, indem er ihm seine Lyra zeigt und ihn auffordert, sie auszuprobieren. Der Klang, der aus ihr dringt, ist so melodiös, dass Apollon, um sie für sich haben zu können, dem Knaben gewährt, die gestohlenen Rinder zu behalten.

Thot

Viele Wissenschaftler heben die Übereinstimmung des griechischen Gottes Hermes mit dem ägyptischen Thot hervor – angefangen bei den ihnen gewidmeten Kultstätten: dem kleinen Hermopolis im Nildelta und dem großen Hermopolis im Alten Ägypten. Unabhängig davon wissen wir, dass Thot ursprünglich eine Mondgottheit war, und da die Ägypter die Zeit in Mondphasen maßen, wurde er u.a. zum Gott der Rechenkunst und schließlich der Schrift (eine Verwandtschaft zu Hermes), bezüglich derer eine interessante Erzählung überliefert ist.

👊 Eines Tages also beschloss Thot, sich auf die Reise zu begeben, um Amun, dem mythischen Pharaonengott von Theben und später von ganz Ägypten, einen Besuch abzustatten: Er wollte ihm seine zahlreichen Erfindungen präsentieren, um deretwillen ihm die Ägypter hätten huldigen sollen. Nachdem er am Ziel angelangt war und Audienz erhalten hatte, kam er schließlich auf die Erfindung zu sprechen, welche größte Wertschätzung verdiente: die Schrift. Diese sollte den Ägyptern eine unvergängliche Gedächtnisstütze und folglich mehr Wissen verschaffen. Doch Amun gehörte nicht zu denen, die sich leicht überzeugen ließen, und legte Thot verschiedene Einwände dar. Im Wesentlichen würde die Erfindung der Hieroglyphen die Menschen davon entbinden, die Erinnerungsfähigkeit zu trainieren, und somit jene, die sich Kenntnis angeeignet hätten, zur Vergesslichkeit; das heißt, sich auf fremde Zeichen zu verlassen, um Erinnerungen zu bewahren, anstatt auf sich selbst. Was das so – ohne Unterricht – erworbene Wissen anbelangt, würde sie ihnen zwar gestatten, die eigenen Informationen zu erweitern, sie aber auch dazu verleiten, sich für weise zu halten.

Doch Thot war fest entschlossen (darin zeigt sich wie bei Hermes die Mittlerfunktion zwischen dem Göttlichen und dem Menschlichen) nicht zuzulassen, dass die Schrift ein Vorrecht der Götter bliebe. Denn, so argumentierte er, da die Schrift ein einfaches Instrument wäre, um die Erinnerung zu erleichtern, würde sie es ermöglichen, das Denkvermögen und die Lernfähigkeit anderweitig zu verwenden. Darüber hinaus hätte die Schrift, weil sie es gestattete, den Dingen eine definitive Bezeichnung zu geben, die Bestätigung ihrer Existenz innerhalb des von den Göttern selbst geschaffenen und kontrollierten Universums bekräftigt.

Der männliche Archetypus

◀ *Hermes (Merkur bei den Römern) in einer Radierung von 1534. Die Darstellung präsentiert ihn neben einem Widder und einem Hahn, zwei unbestreitbar männlichen Symbolen; die Flügel, mit denen Hermes am Kopf oder an den Füßen dargestellt wird, symbolisieren die kreative Spannung zwischen Himmel und Erde. Er war Übermittler göttlicher Botschaften. Weil er die Menschen häufig besuchte, kannte er deren Grenzen, Schwächen und Bedürfnisse nur allzu gut. Hermes soll die Moiren bei der Erfindung des Alphabets unterstützt haben. Ferner galt er als Schutzpatron der Kaufleute.*

▶ *Thot mit Ibiskopf und Griffel, dem Arbeitsgerät des Schreibers, in der Hand. Männliche Eigenheiten dieses ägyptischen Gottes sind Kreativität (zu den vielen ihm zugeschriebenen Erfindungen zählt auch das Würfelspiel), Leidenschaft für die Wissenschaft, Entschlossenheit, mit einer gewissen Portion an Schlauheit einhergehende Weisheit, Stolz auf Besitz trotz Freigebigkeit, die ihn beispeilsweise veranlasste, den Menschen die Schrift zu schenken, um dafür Anerkennung zu erhalten.*

Odin

Auch die nordischen Völker glaubten an eine Gottheit, die einige der Eigenschaften des Hermes-Merkur hatte: Odin. Unberechenbar, doch mit unmissverständlich „männlichen" Wesenszügen, war er u.a. der Gott der Wanderer, des Reisens und des Handels und blieb wegen irgendeiner Verpflichtung selbst häufig Asgard fern; der „Mittwoch" als der dem Merkur gewidmete Tag, hieß im Altnordischen „Tag des Odin" (Odinsdagr); schließlich besaß er, wie Hermes-Merkur, die Gabe des fruchtbaren Wortes, das mit List gekoppelt war.

In Bezug darauf berichtet eine Erzählung, wie es ihm gelang, sich den Honigwein, den Saft der Weisheit, zu verschaffen:

🗣 Er begab sich deshalb auf die Felder des Riesen Baugi, Bruder des anderen Riesen (Suttungr), der sich des Weins bemächtigt hatte. Mit einer List erreichte er, dass die neun Sklaven, die für ihn die Erde bestellten, sich gegenseitig umbrachten. Seinerseits als Riese verkleidet, unterbreitete er ein Angebot: Er wolle den ganzen Sommer in seinem Dienst arbeiten, die Aufgaben von neun Männern verrichten – im Tausch gegen einen Schluck Honigwein nach getaner Arbeit. Baugi willigte ein und am Ende des Sommers sah er sich gezwungen, das gegebene Versprechen einzuhalten. Doch Suttungr war absolut nicht bereit, auch nur einen einzigen Schluck vom Honigwein herzugeben. Baugi jedoch hatte den Ort entdeckt, wo der Bruder ihn versteckt hielt (im Inneren eines Berges, wo er obendrein von dessen Tochter bewacht wurde); und so brachte er Odin dorthin.

Als sie an die Stelle gelangt waren, gelang es ihnen mithilfe eines Bohrers, den Felsen zu durchlöchern, und der Gott drang, nachdem er sich in eine Schlange verwandelt hatte, bis zur Höhle vor, wo Suttungrs Tochter Wache hielt. Wieder das Aussehen des Riesen annehmend, machte er das Mädchen verliebt und schlief mit ihr drei Nächte lang; für jede bekam er die Erlaubnis, einen Schluck von dem ungewöhnlichen Getränk zu trinken: In einem Schluck leerte er den ersten Kelch, in einem weiteren den zweiten und in einem letzten den Inhalt des dritten. Sodann verwandelte er sich in einen Adler und flog nach Asgard. Doch Suttungr, der wusste, was vorgefallen war, nahm seinerseits die Gestalt eines Vogels an und verfolgte ihn. Als die Götter den Odin-Adler kommen sahen, stellten sie einen Kelch bereit, in den der Gott (ziemlich eilig, da Suttungr ihm auf den Fersen war) den Honigwein spuckte. Seitdem schenkt Odin jenen Zaubersaft den Göttern und Menschen, die seinem Urteil nach seiner würdig sind; und so erhielten diese die Gabe der poetischen Inspiration.

Eine andere Erzählung präsentiert ihn entschlossen, den Tod seines Sohnes Balder zu rächen, den er mit der Göttin Frigg gezeugt hatte. Odin wusste von gewissen Prophezeiungen, wonach eine Prinzessin namens Rindr als Einzige in der Lage war, einen Sohn zu zeugen, der das Unterfangen vollenden konnte. Um dessen Vater zu werden, bediente er sich vergebens verschiedenster Verkleidungen: Er präsentierte sich ihr als Soldat, tüchtiger Schmied und junger Höfling, doch vergeblich; in all diesen Aufmachungen vermochte er das Herz von Rindr nicht zu gewinnen. Daraufhin beschloss Odin, sich in eine Frau zu verwandeln, und es gelang ihm, als Heilerin in den Dienst der Prinzessin zu treten. Manche behaupten, dass Rindr wegen eines Zaubers von Odin selbst von einer seltsamen Krankheit befallen wurde und deshalb auf die Pflege der „Heilerin" angewiesen war. Dies jedenfalls trat ein, und nachdem Rindr Odins Identität unter der weiblichen Verkleidung entdeckt hatte, willigte sie endlich ein, mit Odin zu schlafen.

Der männliche Archetypus

▶ Die Bronzetafel von Öland, auf der der zu Ehren Odins aufegführte Schwerttanz dargestellt ist.

▼ Detail eines Gedenksteins aus Alskog, Gotland, 8.Jh. Dargestellt ist Sleipnir, Odins achtbeiniges Pferd, mit einem Reiter (vermutlich der Gott oder ein gefallener Krieger) vor den Toren Walhallas. Eine Walküre steht mit einem Horn voll Met zum Empfang bereit.

Grausame und boshafte Männer

Allgemein neigen die Menschen dazu, das Bewusstsein der eigenen Ohnmacht angesichts von Naturkatastrophen, Krankheiten und Kriegen auf übernatürliche Wesen zu projezieren, denen sie grausame, boshafte Eigenschaften zuschreiben; etwa auf solche, die exemplarisch im Folgenden benannt werden.

Von kleiner Statur und pechschwarzer Hautfarbe, sind die Dama, Überlebende eines uralten westafrikanischen Stammes, der von den stärkeren Bantu und Hottentotten aus der Umgebung angefeindet wurde. Ihre Mythologie, in der wahrscheinlich der Geist einer Zivilisation wieder auflebt, die einst bedeutend und dann einem langsamen Verfall unterworfen war, wird von der Gestalt des Gamab beherrscht, dem ursprünglichen Spender von Leben und Tod, der dann zu einem bösartigen Wesen wurde, weshalb die aktiven Missionare sich seines Namens zur Bezeichnung des Teufels bedienten.

Gamab wurde zu Urzeiten als Oberhaupt eines besonderen „Dorfes" angesehen: des Himmels. Hier hatte er die Befehlsgewalt über kleine Hütten, die von den Geistern der Toten bewohnt wurden und um einen Baum versammelt waren, wo sie ihre Zusammenkünfte abhielten. Wenn Gamab mit seinem unfehlbaren Pfeil einen Menschen tötete, rissen die Seelen der Verstorbenen dessen Fleisch in Stücke und aßen davon, wobei sie ihrem Herrn jedoch die Augen übrig ließen, die dann als Sterne am Himmel leuchteten.

In den Erzählungen der Azteken erscheint Tezcatlipoca als Gott des Krieges und Verkörperung der dunklen Seite der männlichen Seele. Der Beiname „rauchender Spiegel" ging auf eine Klinge aus vulkanischem Obsidian zurück, die er anstelle seines linken Fußes trug, welchen er bei der kosmogonischen Heldentat gegen das Ungeheuer Erde verloren hatte. Tezcatlipoca konnte jedoch verschiedene Züge annehmen, und jeder Gestalt entsprach ein neuer Name. In Verbindung mit Magie und Opfer wurde er beispielsweise Titlaucan, „der, der hinter einem steht", weil man glaubte, dass er die Macht besaß, jedem Menschen beiseite zu stehen, bereit, Listen und Schikanen zu empfehlen. Im Sommer hingegen wurde er gewöhnlich als Huitzilopochtli verehrt und auch „linker Kolibri" genannt. Als er zur Welt kam, war er bereits gut bewaffnet: In einer Hand hielt er den Wurfspieß, in der anderen den Schild; sein Gesicht war mit gelben Streifen bemalt, die Arme und Schenkel mit blauen; die Stirn, die Ohren und die Sohle des linken Fußes waren mit Federn verziert. Unverzüglich griff er seine 400 Geschwister an, die sich gegen ihn verbündet hatten, und vernichete sie einen nach dem anderen. Dann legte er ihre Schmuckstücke an, welche zu seinem Erkennungszeichen wurden.

Im Konflikt der Vanen und der Asen, der in der nordischen Mythologie als ein regelrechter Krieg unter den Göttern dargelegt wird, bevor die einen wie die anderen der Teilnahme an einem Friedenstreffen zustimmten, waren die (wahrscheinlich älteren) Vanen der bäuerlichen Welt und den entsprechenden Fruchtbarkeitsriten verbunden, während die Asen (deren Kult mit großer Sicherheit von den einfallenden indoeuropäischen Völkern importiert wurde) die komplexeren Persönlichkeiten aufwies, die dem Handel, dem Kunsthandwerk und vor allem dem Krieg verbunden waren. Durch eine komplexe Persönlichkeit zeichnete sich Loki aus, der den Asen angehörte. In etlichen Erzählungen erscheint er in Tiergestalt. Bei einer Gelegenheit nahm er die Züge eines Fohlens an, um zu verhindern, dass der Riese, welcher sich bereit erklärt hatte, innerhalb von sechs Monaten die durch den Krieg zwischen Vanen und Asen erlittenen Schäden Asgards auszubessern, sein Versprechen halten konnte. Der Riese baute nämlich tagsüber die Mauer der Festung wieder auf und transportierte nachts die Steine, die er am folgenden Tag brauchen würde, wobei er sich seines Pferdes bediente. In der letzten Nacht, als er das Tier gerade belud, stieß das Loki-Fohlen vom Wald aus ein Gewieher hervor: Für das Pferd war dies ein

Der männliche Archetypus

▲ Tezcatlipoca findet sein „Double" im Jaguar, der ihn in der Abbildung flankiert. Verschiedene Forscher haben in dieser Gottheit die ängstliche menschliche Wahrnehmung vom unvermeidlichen Verrinnen der Zeit ausgemacht.

▼ Das Damaraland in Namibia; bei den Dama – auch Damara oder Berg-Damara genannt – glaubte man, dass die Seele wenn sie den Körper verlässt, eine breite Straße beschreitet, die zum Himmelsdorf der höchsten Gottheit Gamab führt.

unwiderstehlicher Aufruf und es floh, vom Riesen gefolgt, in den Wald, und so ging es dann die ganze Nacht hindurch: Die beiden Pferde liefen einander nach und der Riese hinter ihnen her, der vergeblich nach seinem Tier rief. Loki soll dann ein sagenhaftes achtbeiniges Schlachtross zur Welt gebracht haben: das Pferd Odins. Loki hat sich auch in diesem Fall der Zauberei bedient, die er vollkommen beherrschte. Doch wenn die Götter auch bereit waren, seine beständige Boshaftigkeit zu ertragen, verziehen sie ihm doch nicht den Tod Balders: Er sollte seine restlichen Tage gefesselt und von Gift gequält verbringen, um dann schließlich, am Ende der Welt, die Führung der bösen Mächte zu übernehmen.

Im Mazdaismus, benannt nach dem höchsten Gott Ahura Mazda, findet Letzterer in Angra Mainyu oder Ahriman, dem Gott des Bösen, der Lüge und der Finsternis, einen unbeugsamen Antagonisten. Als Ursprung all dessen, was negativ und unrein ist, meinte man, dass er die Ursache von 9999 Krankheiten gewesen sei. Er war umringt von einer Schar bösartiger, von ihm selbst geschaffener Geister, deren wichtigste die *deva* („Dämonen") waren. Auf die *deva* der Gier und des Zorns führen die Forscher der antiken Religionen die Gestalt des Teufels Asmodis (Ashmodai) zurück, welcher im Alten Testament für den Tod der sieben Männer Saras in der Hochzeitsnachtsnacht verantwortlich gemacht wird.

🗣 Nachdem sie wegen dieser verhängnisvollen Vorfälle schwere Beschimpfungen seitens einer Magd des Vaters erlitten hatte, war Sara derart betrübt, dass sie weinend in die väterliche Dachstube hinaufstieg und entschlossen war, sich zu erhängen. Doch dann dachte sie bei sich: „Welch große Schande wäre es für meinen Vater! Sie werden zu ihm sagen: ‚Du hattest nur eine Tochter, die du so sehr geliebt hast, und sie hat sich erhängt wegen des Unglücks, das ihr widerfahren ist.' Ich würde meinen Vater vor Schmerz ins Grab bringen. Lieber sollte ich, anstatt den Strick zu nehmen, zum Herrn beten, dass er mich sterben lässt; so werde ich in meinem Leben keine Beleidigungen mehr hören". Daraufhin streckte sie die Hände aus und betete: „Gepriesen seist du, Herr, mein Gott. Gepriesen sei dein heiliger und ehrwürdiger Name in Ewigkeit. Alle deine Werke sollen dich ewig preisen. Nun aber, Herr, habe ich meine Augen und mein Gesicht dir zugewandt. Lass mich von dieser Erde scheiden, damit ich nicht länger solche Beschimpfungen hören muss. Du weißt, Herr, dass ich frei bin von jeder Sünde mit einem Mann. Weder meinen eigenen Namen noch den meines Vaters habe ich befleckt in dem Land, wo ich gefangen bin. Ich bin die einzige Tochter meines Vaters; er hat kein anderes Kind, das ihn beerben könnte. Auch ist kein naher Verwandter da und kein Sohn eines Verwandten, dessen Frau ich werden müsste. Schon sieben Männer habe ich verloren. Was nützt mir da noch das Leben? Doch wenn es dir nicht gefällt, mich sterben zu lassen, dann blick auf mich herab und hab Erbarmen mit mir, damit ich nicht länger solche Beschimpfungen hören muss."

Dieses lange Zitat wurde hier wiedergegeben, um zu verdeutlichen, wie wesentlich sowohl im Judentum als auch im Mazdaismus das Vertrauen auf Gott und die Überzeugung von der Existenz eines gottgewollten Plans für das Universum ist, trotz des Bösen, das der „Zerstörer" verkörpert und das der Mensch täglich erfährt.

▲ E. Le Sueur, Die Hochzeitsnacht des Tobias mit Sara, *1650. Tobias verbrennt auf Geheiß des Erzengels die Innereien des Fisches, damit der Dämon entflieht. In den jüdisch-christlichen Traditionen wird Asmodis (Aschmodai) im* Buch Tobit *erwähnt, wo er wiederholt die Eheschließung der Sara verhindert. Dort heißt es: „Man hatte sie nämlich sieben Männern nacheinander gegeben, aber ein böser Geist, Aschmodai genannt, hatte sie alle getötet, sobald sie zu ihr eingehen wollten."*

◀ *Asmodis (Ashmodai) wird bisweilen auch „Bringer des Gerichts" genannt: Einer Legende zufolge wurden durch seine Laster Sodom und Gomorrha sowie sieben weitere Städte zerstört.*

Apollon und Dionysos

Es war Friedrich Nietzsche (1844–1900), der in *Die Geburt der Tragödie* auf eine entschiedene Gegensätzlichkeit zwischen zwei Arten von mythologischen Modellen des Männlichen in der Kultur des antiken Griechenland hinwies: die Polarität von apollinischem und das dionysischem Prinzip.

Apollon repräsentiert eine Welt, in der Harmonie und Mäßigung als Erlösung vom Werden gelten; mit Dionysos hingegen wird das Werden als kreative Unruhe eines Gottes verstanden, die sich gleichzeitig in seinem ganzen zerstörischen Wüten äußern kann (in dieser Hinsicht zeigt er Ähnlichkeiten mit dem indischen Gott Shiva). Apollon teilt mit Helios die Rolle des wohltätigen Gottes des strahlenden Sonnenlichts und wurde deshalb als Überbringer von Glückseligkeit verehrt, wobei er auch für seine unbeugsame Haltung bekannt ist, mit der er die Gottlosigkeit und die Vergehen der Menschen ahndete und sich dabei auch kollektiver Strafen wie Epidemien oder Pestilenzen bediente. Zu seinen besonderen Eigenschaften zählten die Beherrschung der Medizin, der Wahrsagung sowie der Kunst und Musik. Im Vergleich zu ihm erscheint Dionysos (als Bacchus der Weingott der Römer) impulsiv, verstört, ein wenig verrückt.

In den ihn betreffenden Erzählungen wird er stets von wilden Mänaden begleitet sowie, was die männlichen Figuren angeht, von Satyrn (mit Ziegenhufen, -schwanz und -hörnern) und den unmissverständlich lasziv auftretenden Kentauren (einem Volk von Ungeheuern, die halb Mensch, halb Pferd sind)

Tatsächlich ging im antiken Griechenland die Kunst der Tragödie aus dem Chor der Satyrn hervor, die, um auf Nietzsche zurückzukommen, das dionysische Element schlechthin darstellen. „Der Satyr ist das Urbild des ob der Nähe Gottes berauschten Menschen: Er ist das Symbol einer Existenz, die tiefgründiger ist als die des [apollinischen] Kulturmenschen, und verkörpert mit seiner dionysischen Erfahrung die authentische Wahrheit im Gegensatz zum vergänglichen Phänomen; es entspringt hieraus der metaphysische Trost der Tragödie, im Gefühl der Ewigkeit des Seins über das fortwährende Sterben der Erscheinungen hinaus". (G. Alliney)

Die „Gefiederte Schlange"

Von den Azteken aus dem mythologischen Erbe der Tolteken übernommen, wurde Quetzalcoatl, die „Gefiederte Schlange", von einer Jungfrau geboren, die starb, als sie ihn zur Welt gebracht hatte.

🗣 Bereits bei der Geburt war Quetzalcoatl der Sprache mächtig und mit jeder Form von Wissen und Weisheit ausgestattet. Er hatte eine helle Hautfarbe, war der Meister aller Künste und der Erfinder des Kalenders. Eines Tages erschien der junge Gott Tezcatlipoca mit einem Spiegel in dessen Palast: Hält man sich an das, was er den Dienern von Quetzalcoatl sagte, so wollte er „ihm sein Fleisch zeigen". Er wurde wohlwollend empfangen, auch wegen der Anstrengungen, die er auf sich genommen hatte, um bis dorthin zu gelangen, und sofort gefragt, was er damit gemeint habe; statt einer Antwort zog Tezcatlipoca den Spiegel, den er mitgebracht hatte, hervor und stellte ihn vor Quetzalcoatl auf: „Sieh dein Fleisch an! Sieh dich so, wie dich die anderen sehen!" Und als dieser das eigene Gesicht widergespiegelt sah, alt, faltig und ausgemergelt, war er sprachlos und fragte sich, wie sein Volk ihn ansehen konnte, ohne erschreckt zu sein. Tezcatlipoca hatte auch einen Zaubertrank mitgebracht, der aus einer Agavenpflanze gewonnen war (die Pulque). Anfangs sagte Quetzalcoatl, dass er ihn nicht nehmen wollte, doch dann, als er aufgefordert wurde, nur eine Fingerspitze zu kosten, ließ er sich überreden und war überwältigt davon. Er ergriff den ganzen Kelch und trank davon bis er betrunken war; dann ließ er seine Schwester rufen, die sich ebenfalls daran betrank. Beide lagen daraufhin, dem Getränk zum Opfer gefallen, auf dem Boden, und als Quetzalcoatl morgens wieder zur Vernunft gelangte, war es zu spät, um die begangene Blutschande wieder gutzumachen. Quetzalcoatl

Der männliche Archetypus

◄ ▼ *Links Dionysos auf einer Amphora, unten eine Bronzestatue von Apollon.*

▲ *Der aztekische Gott-König Quetzalcoatl verkörperte Güte, Freundlichkeit und Verantwortungsbewusstsein.*

beschloss deshalb, sich selbst zu bestrafen, indem er seinen prächtigen Palast in Brand setzte und ins Exil ging. Er ließ dabei viele Grenzen und Ortsnamen hinter sich und erreichte schließlich den Treffpunkt von Himmel, Wasser und Erde, von wo aus er erneut auf einem Schlangenfloß aufbrach.

Die Azteken waren überzeugt, dass dieser toltekische Gott-König, der vor allem Güte, Freundlichkeit und Verantwortungsbewusstsein verkörpert, eines Tages zurückkehren würde. Aus diesem Grund wurden die spanischen Conquistadores, als sie in Mexiko eintrafen, zunächst wie Götter empfangen.

Der Herr des Olymp

Zeus, der Sohn von Rhea, einer in der klassischen griechischen Mythologie bereits verblassten, in der kretischen jedoch bedeutenden Gestalt, und Sohn von Kronos (der von den Römern mit Saturn gleichgesetzt wurde), erfuhr durch seine Mutter eine in jeder Hinsicht behütete Kindheit und Jugend auf der Insel Kreta. Erwachsen geworden, gelangte Zeus, der Jupiter der Römer, an die Macht, und zwar nicht nur durch direkte Gefechte mit unbeugsamen Feinden – allen voran den Titanen und Giganten –, sondern auch durch eheliche und verwandtschaftliche Bindungen; angefangen bei der Ehe mit seiner Schwester Hera, die an seiner Seite Königin des Olymps wurde. Als Protagonist unzähliger Liebesbeziehungen und sexueller Abenteuer mit Göttinnen oder sterblichen Frauen, die oftmals auf ungewöhnliche Weise in Tiergestalt „vernascht" wurden, verkörpert Zeus in vollendeter Weise die männliche Komponente der Lebenskraft, d.h. die unerschöpfliche Schöpferkraft. Wir wollen uns damit begnügen, hier einen ungewöhnlichen Aspekt von Zeus' „Liebeslaufbahn" zu skizzieren, der, psychologisch gesprochen, als „phallischer Narzissmus" zu bezeichnen ist: die Leidenschaft für Ganymed, den der Gott von einem Adler entführen ließ, um ihn als Mundschenk der Götter auf dem Olymp immer an seiner Seite zu haben (einige meinen, dass Zeus sich selbst aus diesem Anlass in einen Adler verwandelte). In *The New Larousse Encyclopedia of Mythology* wird Zeus als der „höchste Gott, der in sich alle Attribute des Göttlichen vereinigte" – und somit vermutlich das Männliche wie auch das Weibliche – beschrieben. In anderen Worten, die Anziehung, die für Zeus von Ganymed ausgeht, kann als „Selbstverliebtheit" interpretiert werden, die den Mann von der erotischen Bindung zur Frau entfremdet oder, besser gesagt, ihn die weibliche Komponente im Inneren des eignen Geschlechts finden lässt. „Ein Mann braucht oft einen anderen Mann, der ihm unbeschadet seines erotischen Interesses an Frauen bei der Integration der Männlichkeit hilft. Hier wird eine Verbindung zum Phallus als Quelle des Lebens und der Libido, als männlichem Gottesbild, hergestellt" (E. Monick).

Abschließend muss hinzugefügt werden, dass es einige Forscher gibt, die auch in Bezug auf Apollon, der als Gott des „Maßes" und der Harmonie vorgestellt wird, eine homosexuelle Komponente sehen; und zwar beispielweise in seinem Verhältnis zu Admetos, dem König von Pherai, bei dem sich der Gott neun Jahre lang als Viehhüter und Hirte aufhielt und damit die Strafe abbüßte, die ihm von Zeus auferlegt worden war, weil er nach dem Tod seines geliebten Sohnes Asklepios, dem Gott der Heilkunst, unter den Zyklopen gewütet hatte.

Der männliche Archetypus

▶ *Jean August Dominique Ingres,* Zeus und Thetis, *1810/11.*

◀ *Zeus und der Götterliebling Ganymed auf einer Keramik des 5. Jh. v. Chr.*

Thor

Man kann zu Recht behaupten, dass der nordische Gott Thor, einer der geliebtesten und verehrtesten Asen, Ähnlichkeiten mit Zeus-Jupiter zeigte: Wie der bedeutende Gott der griechisch-römischen Mythologie äußerte auch er seinen Willen durch Blitz und Donner, residierte im größten Palast von Asgard, war der Erzfeind der Giganten, und der „Donnerstag", der Tag des Jupiter, wurde in antiker Zeit „Tag des Thor" genannt. Generell kann man sagen, dass er sich seiner außergewöhnlichen Kraft bediente (er besaß einen ungewöhnlichen Hammer und einen Gürtel, der die Kraft seines Trägers verdoppelte), um die bestehende Ordnung aufrecht zu erhalten.

In vielen Mythen wird berichtet, was geschah, als der Riese Thrymir ihm eines Nachts den Hammer stahl:

Der Gott schlief, doch als er erwachte und den Diebstahl bemerkte, war er sehr beunruhigt: Die Sicherheit von Asgard hing auch von seinem Hammer ab! Er wandte sich deshalb an Loki, weil er allzu gut wusste, dass – wenngleich er ihn nicht schätzte – es niemanden gab, der ihn an Schlauheit übertraf. Dieser ließ keine Zeit verstreichen: Er lieh sich die Falkenverkleidung von Freyja und flog zu dem Riesen, der ihn nach dem Grund seiner Reise fragte. „Hast du denn nicht Thors Hammer genommen?", entgegnete Loki fragend. „Doch, und ich habe ihn sehr gut versteckt. Du kannst ihn nur wiederhaben, wenn du mir Freyja als Braut überbringst." Nachdem er im raschen Flug nach Asgard zurückgekehrt war, teilte Loki Thor die Forderung Thrymirs mit, und die beiden beschlossen sehr zögerlich, sich zu Freyja zu begeben, um ihr den Tausch vorzuschlagen. Wie sie es vorausgesehen hatten, reagierte die Göttin heftig: Sie fing an zu schreien, beschimpfte sie und machte einen solchen Lärm, dass alle Götter mitbekamen, was vor sich ging. „Mein Verlangen nach Männern ist nicht so groß, dass ich mich mit einem Riesen einlassen würde!", schrie Freyja. Auf der anderen Seite war Asgard ohne den Hammer Thors einer großen Bedrohung ausgesetzt; die Götter setzten sich deshalb zusammen, um die Situation abzuschätzen. Schließlich wurde vorgeschlagen, Thor als Frau zu verkleiden und ihn als Freyja zu Thrymir zu schicken. Der Gott wollte davon nichts wissen, doch mischte sich Loki ein: „Wenn du dir den Hammer nicht zurückgeben lässt, werden wir in Asgard alsbald die Riesen antreffen!" Dies nun überzeugte Thor. Mit einem Kleid, das lang genug war, um die behaarten und wenig anmutigen Beine zu verbergen, verkleidete man ihn als Frau, legte ihm Freyjas Schmuck an, versah ihn mit zwei großen Steinen, um den Busen vorzutäuschen, und richtete ihm penibelst das Haar her. Loki bot sich an, ihn zu begleiten, und verkleidete sich ebenfalls als Frau: Er sollte die Magd der vorgetäuschten Freyja sein. Unterdessen bereiteten die Riesen ein Bankett anlässlich der Ankunft der Braut vor. Thor war von diesem Brauch angetan: Er verzehrte einen ganzen Ochsen, acht Lachse und stürzte drei Fässer Honigwein hinunter. Thrymir war erschüttert darüber: „Wieviel sie doch essen und trinken kann für ein Mädchen!" Loki erklärte dies sogleich: „Meine Herrin hat wegen Aufregung seit einer Woche keine Nahrung angerührt." Der Riese nahm die Erklärung an und beugte sich herab, um die Braut zu küssen, doch wich er angesichts ihrer blitzenden Augen zurück: „Warum scheint es, als lodere in ihren Augen Feuer?" Loki antwortete auch diesmal prompt: „Etliche Nächte schon hat meine Herrin nicht geschlafen, derart groß war das Verlangen, Euch zu treffen!" Freudig ordnete Thrymir an, dass der Hammer geholt werde, damit die Hochzeitszeremonie fortschreiten könne. Kaum hatte Thor ihn erblickt, ergriff er ihn triumphierend und begann, auf den Riesen und seinen ganzen Stamm einzuschlagen: Es blieb von ihnen nur wenig übrig.

Der männliche Archetypus

◄ Amulett mit Thors Hammer, um 1000 n.Chr.

► Eine aus Island stammende Bronzestatue, die Thor mit seinem tödlichen Hammer in der Hand darstellt. Ein Braucht der Wikinger war es, den Hammer Thors über die Tür zu malen, um die bösen Geister vom Haus fernzuhalten.

Kapitel 5

Vom Mythos zum Epos

Helden stellen eine wesentliche Komponente der Weltmythologie dar, weil, wie es der Philologe K. Kerényi betont, die Götter selbst „ihrer bedürfen", da einzig durch die Helden eine Verbindung zur Geschichte der Menschheit möglich wird. Doch diese Verbindung ist im Lauf der Zeit immer schwächer geworden: Nicht nur haben sich die heroischen Themen zunehmend von den mythologischen abgesetzt, sondern auch die daraus hervorgegangene literarische Gattung (das Epos) hat die jeweils vorherrschenden Ideale (bzw. die Ideologie) einer Gesellschaft widergespiegelt. Doch es ist nicht schwierig, exemplarische „typisch männliche" Gestalten auszuwählen.

Obwohl wir Kenntnis von einer früheren sumerischen Fassung (3. Jt. v. Chr.) sowie von einer akkadischen (2. Jt. v. Chr.) haben, handelt es sich bei beiden Texten des Gilgamesch-Epos, die uns heute zugänglich sind, um umfangreiche Fragmente, die im Britischen Museum von London verwahrt werden und aus der Bibliothek des neoassyrischen Königs Assurbanipal (668–626 v. Chr.) in Ninive stammen.

🎭 Zu zwei Dritteln von göttlichem Wesen, regiert Gilgamesch in seiner Eigenschaft als König das Volk der Stadt Uruk, deren Mauern er erbaut hatte, mit äußerster Strenge. Aufgrund der Klagen der Bewohner betrauen die Götter die Göttin Aruru mit der Aufgabe, ein Wesen hervorzubringen, das Gilgamesch zu schaffen machen solle: Enkidu. Das anfängliche Gefecht ist unvermeidbar: Enkidu benimmt sich wie ein Wilder, wobei er das Vieh der Schäfer raubt. Die Unzufriedenheit der Leute über seine unberechenbaren und stets schädlichen Unternehmungen kommt dem König zu Ohren, der daraufhin beschließt, ihm eine anmutige Prostituierte zu schicken, damit er von ihren Verführungskünsten profitiere und sie ihm auch „gute Manieren" beibringe. Mit ihr schläft Enkidu sieben Nächte, und Gilgameschs Plan beginnt Wirkung zu zeigen, wenngleich er Enkidu noch nicht vor sich sehen möchte. Als sie sich schließlich kennenlernen, entsteht jedoch eine feste Freundschaft zwischen ihnen. Zusammen stellten sie sich den schwierigsten Aufgaben, angefangen bei der Tötung des Ungeheuers Khumbaba, das eine Stimme wie ein Unwetter und einen Atem wie ein Wind besaß und das der Gott Enlil zur Bewachung des Zedernberges eingesetzt hatte. Im Verlauf ihrer Freundschaft und ihrer Unternehmungen lässt sich gleichsam beobachten, wie Gilgamesch und Enkidu sich verändern: Enkidu hat als grober und wilder Mensch die Vorteile des zivilisierten Zusammenlebens schätzen gelernt und fordert Gilgamesch ständig zur Umsicht auf, wobei er von diesem Ermahnung und Ermutigung erhält angesichts der Möglichkeit, jenen unvergänglichen Ruhm zu erwerben, der den Helden vorbehalten ist. Enkidu ist jedoch der Erste der beiden, der stirbt, und lässt den Freund allein und verzweifelt mit einem letzten, vergeblichen Unterfangen zurück: der Suche nach der Unsterblichkeit.

Herakles, der Held schlechthin, ist unaufhörlich in unendlich vielen Varianten des mythologischen Erbes präsent – nicht nur im griechischen, sondern, als Herkules, auch in dem des antiken Italien: Man muss nur daran denken, dass er als der Gründer der Stadt Herculaneum gilt, welches unglücklicherweise von einem Lava- und Schlammfluss überschwemmt wurde, der sich im Jahre 79 n. Chr. aus dem Vesuv ergoss. Seine Geschichte kann hier nicht erschöpfend dargestellt werden; zumindest soll aber erzählt werden, weshalb Herakles die berühmten „zwölf Arbeiten" bewältigen musste:

🎭 Sein Vater Zeus wollte einen unbesiegbaren Helden zeugen, der ein „Bollwerk gegen Gefahren" wäre, das wie es der griechische Dichter Hesiod erläutert „sowohl für Menschen wie für Götter wirksam" sein sollte. Entgegen seiner Gewohnheit, sich um jeden Preis und in merkwürdigster Gestalt an Göttinnen und Menschenfrauen zu erfreuen, welche seine Begierde erregten, widmete er der Zeugung des Herakles ganz außergewöhnliche Aufmerksamkeit. Die Frau, die er als dessen Mutter

Der männliche Archetypus

▶ *Gilgamesch, ein Held, der gemeinsame Züge mit Herakles aufweist. Beispielsweise muss er ebenso wie Herakles zwölf Aufgaben bewältigen.*

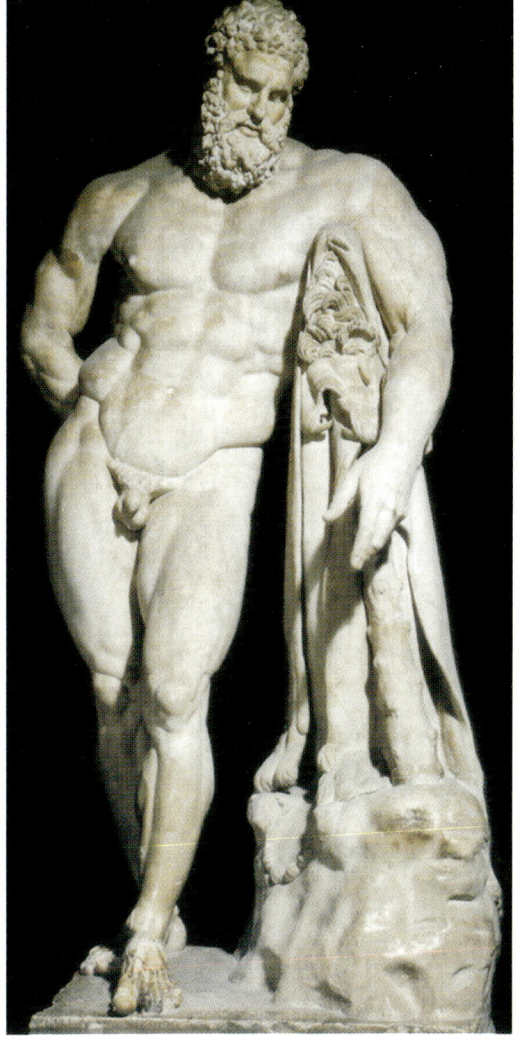

◀ Herkules Farnese. *In späteren Jahrhunderten wurde diese Skulptur zum Sinnbild eines fürstlichen Herrschaftsanspruchs.*

auserwählte, war Alkmene, die Gattin von Amphitryon, dem König von Theben. Um mit ihr zu schlafen, kam Zeus dem Gatten zuvor, der gerade siegreich von einem Krieg zurückkehrte, und nahm dessen Gestalt an. Den Betrug nicht bemerkend, gab sich Alkmene leidenschaftlich dem Beischlaf hin, der eine schier endlose Nacht andauerte, wobei der Mond gut drei Mal auf- und unterging. Das Nachsehen hatte Amphitryon, der, als er am darauffolgenden Abend zurückkehrte, bei der Gattin nicht die Wärme und Inbrunst fand, die er nach der langen Abwesenheit erwartet hatte. Er schlief dennoch mit Alkmene, und Herakles sollte mit Iphikles einen sterblichen Zwilling bekommen. Nach der mit Alkmene verbrachten leidenschaftlichen Nacht kehrte Zeus in den Olymp zurück und verkündete vor seinem vollständig versammelten Hof freudestrahlend, dass ein Mensch von seinem Blut geboren werde, dem alle Gehorsam zollen müssten. Hera, die wütender denn je über die begangene Untreue war, erwirkte, dass die Geburt eines anderen Knaben vorgezogen und die Wehen Alkmenes hinausgezögert wurden. Dieser Knabe hieß Eurystheus, und er sollte derjenige werden, dem sich alle unterwerfen mussten. Im Dienste ebendieses Knaben erfüllte Herakles die sprichwörtlichen „zwölf Arbeiten". Doch der Königin der Götter genügte es nicht, die natürlichen Zeitpunkte zweier Geburten verfälscht und damit einen anderen als den von Zeus dafür Ausersehenen zum Herrscher gemacht zu haben. Zufriedener wäre sie gewesen, wenn sie den prächtigen Sohn ihrer Rivalin hätte physisch eliminieren können. So hetzte sie, als Herakles gerade acht Jahre alt war und mit dem Bruder Iphikles in einem Zimmer schlief, zwei riesige, entsetzliche Schlangen auf die beiden. Die Reaktion der zwei Jungen war gegensätzlich: Iphikles schrie vor Angst, während Herakles die Schlangen angriff, ihre Hälse umklammerte und sie ohne Schwierigkeiten erwürgte. Als die Eltern, vom Lärm des Durcheinanders geweckt, in das Zimmer eilten, offerierte ihnen der kleine Herakles stolz und lächelnd die Kadaver der beiden Ungeheuer als seine erste Trophäe. Und das war erst der Anfang ...

Bei der siebten und neunten Arbeit trifft Herakles mit Theseus zusammen, der ebenfalls Protagonist außergewöhnlicher Geschichten ist. Bei der siebten Arbeit ging es darum, auf Kreta den Stier zu fangen und nach Griechenland zu bringen, welcher die Leidenschaft von Pasiphae, der Gemahlin des Königs Minos, geweckt hatte und sie zu einer zerstörerischen Furie werden ließ; im Falle der neunten Arbeit sollte ein Feldzug gegen die Amazonen geführt werden. Vielen ist bekannt, dass aus dem Beischlaf Pasiphaes mit dem oben genannten Stier der Minotauros hervorgegangen war, den Minos in ein Labyrinth einsperren ließ, und dass Theseus schon vor Herakles auf der Bildfläche erschienen war, um das Ungeheuer in halb Mensch-, halb Tiergestalt zu töten. In diesem Zusammenhang lohnt es sich, das Ereignis etwas detaillierter zu analysieren und einige Überlegungen dazu anzustellen:

Die Athener und an erster Stelle Aigeus, Theseus' sterblicher Vater (der göttliche war der Meeresgott Poseidon), waren Minos zu einer äußerst harten Kriegsschuld verpflichtet: Alle neun Jahre mussten sieben Jünglinge und sieben Jungfrauen nach Kreta gesandt werden, um sie dem Minotauros zum Fraß vorzuwerfen. Bereits zweimal hatten die Athener diesen schrecklichen Tribut gezahlt, und als der Ablauf der dritten Frist unmittelbar bevorstand, wollte Theseus sich freiwillig opfern. Kaum hatte ihn Ariadne, die Tochter des Minos, bei seiner Ankunft auf Kreta erblickt, verliebte sie sich in ihn und ließ ihm einen Faden zukommen, der, auf dem Hinweg entrollt und auf dem Rückweg wieder aufgewickelt, es ihm ermöglichte, aus dem Labyrinth zu entkommen, nachdem er den Minotauros getötet hatte. Eine eindrucksvolle Rekonstruktion dieser Begebenheit liefert uns der lateinische Dichter Catull (87–54 v. Chr.):

🕯 „Wie auf des Taurus Gipfel der Eiche zerzaustes Geäst, wie harzige Fichten im Schmuck ihrer zapfentragenden Kronen niederkrachen im wirbelnden Ansturm des wütenden Wetters, wie es die Bäume entwurzelt und haltlos im Winde dahintreibt, tief in die Schluchten hinab, zerschmetternd, was da im

Der männliche Archetypus

▲ *Sarkophag mit den Taten des Herakles, Florenz, Boboli-Gärten.*

◄ *Guglielmo della Porta, Herakles erwürgt die Schlangen, vor 1560, Neapel, Museo die Capodimonte.*

Wege, so sank die greuliche Bestie zu Boden, von Theseus bezwungen. Sterbend stieß mit den Hörnern sie hilflos in flüchtige Luft nur. Theseus, bejubelt von allen und wohlbehalten, verließ den Kampfplatz. Ein sorgsam entrollter Faden lenkte die Schritte; und so fand er den Weg aus labyrinthischen Gängen. Ihn täuschte nicht der Zauber des unüberschaubaren Bauwerks."

Doch auch wenn man das Labyrinth als Sinnbild für die schreckliche zu bestehende Prüfung interpretiert, die den Menschen beim Erfahren der Dialektik von Leben und Tod gestellt wird: Was war in der Geschichte die Rolle von Ariadne, die Catull nicht einmal nennt? Viele Forscher haben die zentrale Bedeutung einer weiblichen Gottheit in der kretominoischen Religion hervorgehoben, mit der Ariadne, deren Name „die Heiligste" bedeutet, in Verbindung gestanden haben könnte. Trotz des Mangels an Gewissheiten kann man jedoch Wolfgang Teichert beipflichten, wenn er behauptet, dass der von Theseus benutzte Faden „zeigt, dass der Heros beim Ergründen der tiefen Geheimnisse des Labyrinths immer noch auf weibliche Hilfe, seine Anima, angewiesen ist. Denn der Weg des Labyrinths … setzt eine gewisse Reife voraus. Man braucht einen bestimmten Grad von Körperbeherrschung und darf keineswegs ungeduldig werden. Im Labyrinth herrscht immer das ‚Prinzip Umweg'. Der Innenraum muss maximal ausgeschritten sein."

Einzig Cú Chulainn, der keltische Held und Protagonist des Ulsterzyklus, welcher die im 12. Jh. von christlichen Autoren gesammelten, über Jahrhunderte von Vater zu Sohn weitergegebene Geschichten enthält, wurde vom „Fluch der Macha" verschont. Macha war eine Göttin, die als wunderschöne Königin der Provinz Ulster, einer historisch-geografischen Region Nordirlands, in das Epos eingegangen ist. Deren Gatte Nemed rühmte sich, als Macha mit Zwillingen schwanger war, dass die Göttin – auch in diesem Zustand – im Wettlauf jedes Pferd überholen würde. Ohne auf die Einwände Machas zu hören, zwang er die Hochschwangere, an einem Wettkampf teilzunehmen.

Sie gewann mühelos, doch in der Zielgeraden brachte sie die Zwillinge zur Welt und starb bei der Geburt, nicht ohne jedoch zuvor das Volk ihres Mannes verflucht zu haben: Alle Männer von Ulster sollten in Zeiten von Notstand und Gefahr fünf Tage und vier Nächte lang von Geburtswehen heimgesucht werden. Einzig Cú Chulainn war davon ausgenommen war; daher soll er nun kurz vorgestellt werden:

Wahrscheinlich mit dem Sonnenkult verbunden, strahlte er bereits als Kind eine solche Hitze aus, dass er mit einem glühenden Kohlebecken vergleichbar war und alle zu verbrennen drohte, die in seine Nähe kamen. Deshalb musste er öfter mit Eiswasser abgekühlt werden. Nicht zufällig wurde er als Sohn von Lug, dem Gott des Lichtes, angesehen. Seine Mutter soll indes Dechtere gewesen sein. Ihrerseits ein Zauberwesen, vermochte sie sich, zusammen mit ihren 50 Dienerinnen, in einen Vogel verwandeln, um mühelos die grünen Hügel Irlands zu überfliegen. Dechtere soll in Vogelgestalt mit Lug nämlichen Cú Chulainn gezeugt haben, doch gibt es zur Geburt des Helden auch zwei weitere Versionen: Die eine besagt, dass Dechtere ihn empfing, weil sie zufällig ein Insekt verschluckte, das in einem Weinkelch schwamm, die andere, dass sie auf wundersame Weise von Lugs Seele befruchtet wurde und ihn dann erbrechend zur Welt gebracht habe, womit sie ihre Jungfräulichkeit bewahrte.

Ohne auf die Einzelheiten von Cú Chulainns außerordentlicher Heldenlaufbahn eingehen zu können, lassen sich zusammenfassend zwei Symbole benennen, die beständig mit ihm in Verbindung gebracht werden: Die Steine und der Kriegswagen.

Bereits als Kind sah man ihn, wie er dabei war, mit einem Felsblock zu spielen, den anzuheben nicht einmal die vereinten Kräfte erwachsener und starker Männer vermocht hätten. In der Regel eliminierte er seine Feinde mit von Hand geworfenen Steinen, und von ihm selbst sagte man, dass er Augen aus kostbaren Steinen hatte, dass sein Lieblingslager ein Stein war und dass er von einem Stein tödlich getroffen wurde, bevor er auf einem Bett aus Stein verschied.

Der männliche Archetypus

▲ *Theseus mit den vor dem Minotauros geretteten Kindern, Fresko aus Herculaneum.*

◄ *Bronzeverzierung in Form eines Pferdekopfes, die von einem keltischen Kriegswagen stammt.*

▶ *Darstellung eines keltischen Gottes aus dem 5. Jh. v. Chr. Bart und große Ohren deuten auf Lug, den Gott des Lichts hin.*

Was Cú Chulainns Kriegswagen angeht, lohnt es sich, die Beschreibung zu zitieren, die die Tochter von Medb (wie Macha eine weitere irische Göttin, die jedoch als Königin von Connacht in das Epos eingegangen ist) ihrer Mutter auf deren Frage hin geliefert haben soll:

🙶 „Der … Wagen hat ein graues, breithufiges, langmähniges, hochköpfiges, breitbrüstiges, wildes, schnelles, fliegendes, leichtspringendes, rasendes Pferd. Die Erde unter seinen Hufen sprüht Funken. Vögeln folgt es schnell wie ein Sieger. Der Pferdeatem ist feurig rot. Das andere Pferd ist pechschwarz, stattlich, mit derbem Kopf, rundlich, mit dünnen Beinen, breitem Rücken, lang gewellter Mähne, langem Schweif, betroddelt, kräftig, flink, beweglich, weit ausholend, stark aufschlagend. Der Wagen ist aus Weide und zierlich, die beiden Räder aus gelbem Eisen, die Deichsel mit Silberbronze umflochten, der Kasten aus festem, gebogenem Zinn, das Joch gewölbt, aus festem Gold; die beiden Zügel betroddelt, fest, gelb. Im Wagen ein düsterer Mann, der schönste Irlands; er hat acht Drachensteine in seinen Augäpfeln, die Wangen sind blau-weiß und blutrot, sein Atem sprüht Feuer, er springt den Heldensprung. Es ist Cú Chulainn."

🙶 „Sagt mir, wie ist sein Name und wie sieht er aus?", fragte der Herr der Festung Mag Life, wohin eines Tages ein Bursche gelangt war, der eine ganze Mannschaft junger Männer im Ballspiel herausgefordert und besiegt hatte, nachdem diese ihm von dem Vorfall berichtet hatten. „Er ist schön, jung und blond; sein Name ist Demne", antwortete man ihm. „Von nun an werden wir ihn Finn (den Schönen) nennen", sagte der Herr der Festung.

Der Finnzyklus, der mindestens drei Jahrhunderte nach dem Ulsterzyklus auftritt und einen gänzlich anderen Hintergrund hat, übernimmt den Namen des Protagonisten aus dieser Episode, auch die Grundthemen ändern sich nicht: Mut, Provokation von Gefahr, die Fähigkeit, Prüfungen zu bestehen, die von allen als unmöglich zu bewältigen beurteilt werden … Doch genau betrachtet hat Finn im Vergleich zu Cú Chulainn eine andere Persönlichkeit: Er engagiert sich in den Gefechten nur, wenn es unerlässlich ist, sein Großmut veranlasst ihn, den Besiegten zu vergeben, er stellt sich treu in den Dienst zahlreicher Herrscher, er ergreift Partei für die Schwachen. Letztere Qualität wird beispielsweise an einer Episode seiner Geschichte deutlich: Einmal stieß er auf eine Frau, die Tränen von Blut weinte und gleichfalls Blut erbrach. „Warum weinst du, Frau?", fragte er sie. Die Frau antwortete, man hätte ihren Sohn getötet. Daraufhin verfolgte Finn den Krieger, der sie in solche Verzweiflung getrieben hatte, und schlug ihm ohne zu zögern den Kopf ab. Auch wird erzählt, dass er ein leidenschaftlicher Jäger war und zudem ein Dichter.

Auch in der nordischen Mythologie beschert das Schicksal einigen Menschen Leben und Taten, die denen der Götter ähneln. Unter diesen „Helden" sticht Siegfried hervor (Sigurd im Altnordischen). Seine Geschichte dreht sich um drei wesentliche Geschehnisse: Seine Erziehung bei einem Schmied namens Reginn und der Kampf gegen einen Drachen; die Eroberung des Schatzes des Zwergen Andvari, die mit einem Fluch einhergeht; die Erweckung einer schlafenden Walküre.

🙶 Diese letzte Tat sollte sich als fatal für den Helden erweisen, der von einer Bergspitze herkam. Neugierig geworden, wollte er erkunden, um was es sich handelte und entdeckte ein Haus, das aus Schilden gemacht war, die unter den Sonnenstrahlen leuchteten. Er trat ein und sah einen schlafenden Krieger, doch als er ihm den Helm abnahm, bemerkte er, dass es ein Mädchen war. Sodann schnitt er ihr vorsichtig mit dem Schwert die Rüstung auf, und sie erwachte. Es war eine Walküre, und sie erzählte ihm ihre Geschichte: Während einer Schlacht hatte sie einen Krieger gegen den Rat Odins beschützt, und dieser hatte sie zur Strafe in jenen Schlaf sinken lassen, aus dem Siegfried sie gerissen hatte. Dann übergab sie dem Jüngling die

Der männliche Archetypus

▲ Der Barde (so wurde der Dichter bei den Kelten genannt) in der Interpretation des Malers J. Thomas (1744). Das Gemälde spiegelt die präromantische englische Empfindsamkeit wider, wie es auch die sogenannte Ossianische Dichtung von J. Macpherson tut, der alte gälische Lieder als Übersetzungen vom legendären Barden Ossian frei verarbeitete und Finn zum Protagonisten seiner Dichtung Fingal (1762) machte.

◀ Keltische Statuette eines Pferdes mit menschlichem Kopf, Mitte 5.Jh. v.Chr. Dies ist möglicherweise eine Darstellung des Sonnengottes Lug, der mit Dechtere den Helden Cú Chulainn gezeugt haben soll.

Runen (ein aus magischen Schriftzeichen bestehendes Alphabet): die des Sieges, die der Freude, die des Bieres und noch viele weitere. Schließlich sagte sie ihm ein intensives, aber kurzes Leben voraus. Unter gegenseitigen Liebesbeteuerungen verließen sie sich. Im Folgenden gelangte Siegfried zum Palast eines Königs und lernte dessen Tochter Brunhild kennen. Er verliebte sich in sie, vergaß die Walküre und schenkte ihr den kostbaren Ring, der zum Schatz von Andvari gehörte. Doch als er wieder aufbrach und zum Hof der Nibelungen kam, beschloss deren Königin, ihn mit ihrer Tochter zu vermählen. Da Siegfried immer noch an Brunhild dachte, gab ihm die besagte Königin, die der Zauberei mächtig war, zu trinken, um ihn seine Liebe vergessen zu lassen. Nach der Hochzeit beschloss ein Schwager von Siegfried, der sich in Brunhild verliebt hatte, um ihre Hand anzuhalten, und bat Siegfried, ihn zu begleiten. Der Vater des Mädchens erklärte, dass die Entscheidung über ihre Hochzeit allein bei ihr läge, und Brunhild hatte erklärt, dass sie nur einen Krieger akzeptieren würde, der mutig genug sei und den Versuch wagen würde, die Feuerwand, mit der ihre Burg umgeben war, zu überwinden. Der Schwager versuchte es wieder und wieder, doch es misslang ihm. Also ließ Siegfried sich die Kleider des Schwagers geben und sprang auf dem Rücken seines Rosses über die Feuerwand. Brunhild fragte ihn, wer er sei, und Siegfried log und nannte ihr den Namen des Schwagers. Dann überreichte er ihr den Verlobungsring, und das Mädchen nahm mit Tränen in den Augen den von Andvari ab, um sich den neuen anzustecken. Daraufhin begab sie sich zu ihrem Vater, um ihm ihre Hochzeit mitzuteilen: Sie musste ihr Versprechen halten, auch wenn sie es im Glauben gegeben hatte, dass niemand außer Siegfried es vermochte, sich der Feuerwand zu stellen. Schließlich brach sie in ihre neue Heimat auf. Die ganze Geschichte hätte so enden können, doch sprach Brunhild eines Tages mit Siegfrieds Frau, wobei sie sich des Mutes ihres Gatten rühmte. Die Frau fing an zu lachen und erzählte ihr alles. Von diesem Moment an sann Brunhild auf Rache und wurde traurig und schweigsam. Siegfried, der sich wieder an alles erinnert hatte (die Liebe, die Schwüre, den Ring …), sagte ihr, dass er seine Frau verlassen würde. Dies verletzte Brunhild umso mehr: Er hatte sie geliebt, er liebte sie immer noch – und sie hatten nicht zusammen bleiben können! Jetzt wollte sie keinen einzigen Mann mehr, nicht einmal ihn, und dachte nur an Rache. Sie drohte ihrem Gatten, fortzugehen, wenn er Siegfried nicht umbringen würde, und dieser, der durch einen Pakt mit dem Helden verbunden war, überredete einen Stiefbruder, den Mord an seiner statt zu begehen. So geschah es. Des Nachts durchbohrte ein Schwert die Brust des Helden. Die verzweifelt Brunhild nahm sich auf dieselbe Weise das Leben.

Der männliche Archetypus

◀ Eine Felsritzung auf dem Runenstein von Ramsundberg in Schweden aus dem frühen 11. Jh. zeigt Siegfrieds Heldentat von der Tötung des Drachens. In einer Version der Geschichte verbrannte sich der Held einen Finger, während er das Herz des Ungeheuers briet, nahm ihn dann in den Mund und lernte so die Sprache der Vögel zu verstehen. Die dargestellten Episoden sind in einen Rahmen aus Schlangen eingefasst, in deren Körper Runenzeichen eingeschnitten sind.

▼ Das Sigurd-Portal (Ausschnitt) der Kirche von Hylestad. Sigurd (Siegfried) prüft das Schwert, das der Schmied Reginn angefertigt hat.

Im iranischen Epos finden sich die kostbaren Fragmente des *Avesta*, heilige Texte aus dem präislamischen Persien. Darin werden Episoden der Kosmogonie geschildert und einzelne Helden gepriesen. Die Schilderung gelangte in einem tausendjährigen Prozess zur Vollendung: mit dem *Buch der Könige*, das von dem Dichter Firdausi von Tus verfasst wurde, von dem man weiß, dass er um das Jahr 1020 starb.

Im ersten Teil der Dichtung werden die Mythen aus der Frühgeschichte des Volkes und die ersten Helden besungen, unter denen Rostam herausragt. Seine Außergewöhnlichkeit zeigt sich bereits bei seiner Geburt, als das Eingreifen des übernatürlichen Vogels Simùrgh nötig wird, um ihn durch einen Kaiserschnitt aus dem Mutterleib heraus zu holen. Im Kindesalter reichen zehn Ammen nicht aus, um ihn zu säugen; als Erwachsener macht ihn der Ruf seiner Taten (er schlägt und vernichtet Helden, Heere, Elefanten, Riesen und Zauberer) zum gefürchtetsten Gegner der Feinde der iranischen Könige, denen er treu ergeben ist. Seine bedeutendste Eigenschaft ist die wundersame Kraft, mit der er, geschützt von einer mit Tigerfell verkleideten Rüstung, die Waffen handhabt. Sein ungewöhnlich langes Leben endet als sein verräterischer Stiefbruder ihn überlistet und ihn in einen mit Lanzen bestückten Graben fallen lässt; doch vor seinem Tod gelingt es ihm noch, auch diesen Gegner zu eliminieren. Mit seinem Tod endet der eigentliche mythologische Teil des *Buches der Könige*, und es beginnt ein zweiter Teil mit historischem, religiösem und phantastischem Charakter. Beim Leser, der Rostam in all seinen außerordentlichen Abenteuern gefolgt ist, bleibt das persische Idealbild des männlichen, tadellosen Ritters zurück.

Während der Romantik, die sich seit dem Ende des 18. Jh. in ganz Europa ausbreitete, kam auch in Finnland Interesse für die Volksdichtung auf. Insbesondere machte sich dort Elias Lönnrot (1802–82) verdient, der weite, fast menschenleere Gebiete und abgelegene Dörfer seines Landes durchwanderte und umfangreiches Material an Geschichten und Erzählungen der alten *laulajat* (Rapsoden oder Sänger) sammelte, die mündlich überliefert worden waren. So entstand eine erste Ausgabe des *Kalevala*, die stetig erweitert wurde.

In diesen Erzählungen tauchen nur wenige Figuren auf, von denen – und damit soll dieses Kapitel enden – Ilmarinen kurz skizziert werden soll, ein außergewöhnlicher Schmied (unter anderm gelang es ihm, das Sampo, einen sagenhaften Zaubergegenstand, herzustellen, den die Herrin von Pohjola für die Hand ihrer Tochter verlangt hatte). Ilmarinen, der „mit einem Hammer in der Hand geboren" wurde, verkörpert den starken, aktiven, praktischen Aspekt des Männlichen. Mit seinen Werkzeugen hat er das Firmament geschmiedet und auch versucht – da ihn stets Arbeiten reizten, die selbst für einen äußerst geschickten Handwerker undenkbar erschienen –, eine Frau aus Gold, die er als Ersatz für die verstorbene Gattin gefertigt hatte, zum Leben zu erwecken. Wenngleich ihm Letzteres misslang, hat ihm doch niemand die Freude und Begeisterung nehmen können, die er bei der Arbeit empfand.

Der männliche Archetypus

▲ *Szene aus dem Schahname: Rostam tötet Esfandiyar mit einem Zauberpfeil Simùrghs durch einen Schuss in die Auge*

Kapitel 6

Der weibliche Archetypus

… und seine verschiedenen Ausprägungen im Mythos

„ Wie kann ein Mann wissen, was eine Frau ist. Das Leben der Frau ist ganz anders als das der Männer. Gott hat das so geschaffen. Der Mann ist der gleiche von der Zeit der Beschneidung an bis zu seinem Verwelken. Er ist der gleiche, bevor er zum ersten Mal eine Frau aufgesucht hat und nachher. Der Tag, an dem eine Frau aber die erste Liebe genossen hat, schneidet ihr Leben in zwei Teile. Sie wird an dem Tag eine andere. Der Mann ist nach der ersten Liebe der gleiche, der er schon vorher war. Die Frau ist von dem Tag ihrer ersten Liebe an eine andere. Das bleibt im ganzen Leben so. Der Mann nächtigt bei einer Frau und geht dann fort. Sein Leben und Leib sind immer gleich. Die Frau empfängt. Sie ist als Mutter eine andere als die Frau ohne Kind. Erst trägt sie die Folgen der Nacht neun Monate lang im Körper. Es wächst etwas. Es wächst etwas in ihr Leben, das nie wieder daraus schwindet. Denn sie ist Mutter. Sie ist und bleibt Mutter auch dann, wenn das Kind, wenn alle ihre Kinder sterben. Denn erst trug sie das Kind unter dem Herzen. Nachher aber, wenn es geboren worden ist, trägt sie es im Herzen. Und aus dem Herzen geht es nicht wieder heraus. Auch nicht, wenn es gestorben ist. Das alles kennt der Mann nicht; er weiß es nicht."

Diese Worte einer abessinischen Frau, zitiert nach Leo Frobenius (1873–1938) aus einer seiner afrikanischen Studien, geben eindrucksvoll die Beziehung Frau-Leben-Wandlung wieder und haben eine weitreichende Entsprechung im Mythos.

„Die" Göttin

Das Wort *Shakti* bedeutet „Energie", und das ihr entsprechende weibliche Prinzip stellt nach der indischen philosophisch-religiösen Auffassung die Voraussetzung dafür dar, dass das zentripetale und das zentrifugale Streben des Universums in allen greifbaren Existenzformen in Übereinstimmung gebracht werden können – angefangen bei den Gottheiten selbst. Mit anderen Worten, Shakti ist die Urenergie, aus der die Schöpfung entspringt und die es Shiva eher als Vishnu, die beide ohne Shakti passiv und schwach wären, erlaubt, ihre ganze außergewöhnliche Kraft zu entfalten. Deshalb wird, ikonografisch betrachtet, Shakti beim Geschlechtsverkehr oberhalb der männlichen Gottheit dargestellt. Im *Rig-Veda* sagt „die" Göttin von sich: „Ich bin das Reich, die Spenderin des Reichtums, diejenige, die weiß. Ich stehe am Anfang aller Riten. Die Götter haben mir viele Wohnsitze zugewiesen. Mein Reich ist unermesslich … Von mir kommt alle Speise, die man isst, alles, was man sieht, was man atmet, was man hört. Die, die mich nicht beachten, werden zerstört … Ich bin die Freude aller Götter und aller Menschen … Ich mache jeden so, wie er sein will, furchtsam oder offenherzig, ein Mensch der Eingebung oder des Verstandes. Ich lasse den Pfeil vom Bogen des Herrn der Tränen schnellen, um das Heer der Feinde des Wissens zu stören. Ich kämpfe für das Volk. Ich durchdringe Himmel und Erde. Ich bringe den Vater hervor. Ich bin sein Haupt … Mit meinem Leib berühre ich den Himmel. Wenn ich die Welten erschaffe, blase ich wie der Wind. Meine Größe überragt Himmel und Erde."

Wahrscheinlich fällt Shakti mit Devi zusammen. Letztere war „die Göttin". Auf sie konzentrierte sich der Indus-Kult im 2. Jt. v. Chr., doch haben die jahrhundertelang immer wiederkehrenden Invasionen und Kriege ihren Kult beinahe ausgelöscht. Es scheint jedenfalls ratsam, in allen weiblichen Gottheiten des hinduistischen Pantheon – von Kali bis Parvati, von Lakshmi bis zu Durga und so fort – Aspekte von Devi, der einzigartigen Göttin, auszumachen.

Der weibliche Archetypus

◀ *Etruskische* Pietà, *5. Jh.*

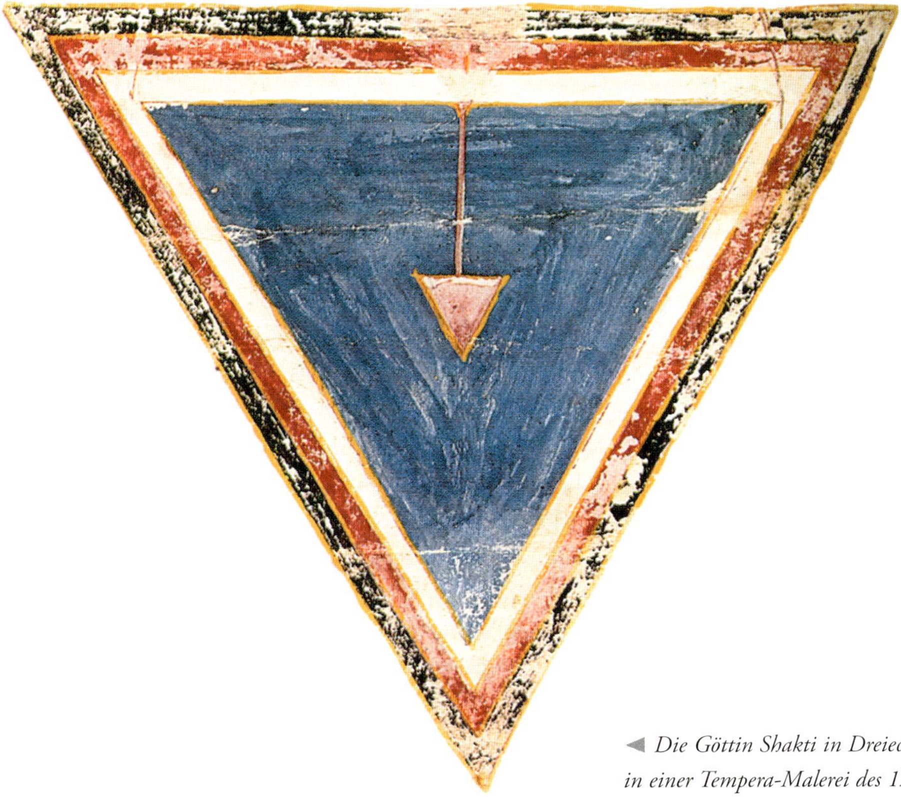

◀ *Die Göttin Shakti in Dreiecksgestalt in einer Tempera-Malerei des 12. Jh.*

Kapitel 6

Maya, die Mutter des „Welterlösers"

In der ältesten Version des auf die Geburt Buddhas bezogenen Mythos, wollte die junge Königin Maya, die den „Welterlöser" genau zehn Mondmonate im Schoß getragen hatte, im Haus ihrer Mutter gebären.

🙶 Die Wegstrecke, die sie, getragen auf einer goldenen Sänfte, zurücklegte, war ihr zu Ehren mit Fahnen, Spruchbändern und blühenden Bäumen gesäumt. Die Eskorte erreichte schließlich einen wunderschönen Garten mit Salbäumen – einer in Indien weit verbreiteten Pflanze –, die gerade in voller Blüte standen. Zwischen den duftenden Zweigen summten Bienenschwärme und flatterten verschiedenfarbige Vögel umher. Fasziniert von so viel Schönheit, wollte Maya ein wenig an jenem zauberhaften Ort verweilen; sie stieg deshalb aus der Sänfte und begab sich zusammen mit ihrem Gefolge in das Wäldchen. Plötzlich setzten am Fuße eines riesigen Salbaumes ihre Wehen ein. Sie streckte die Hand in die Höhe, um sich an irgendetwas festzuklammern, und der Baum ließ einen großen Zweig, blühend und biegsam wie Binsengras, zu ihr herab, den Maya ergriff. Im Stehen und den Zweig haltend, gebar Maya Buddha aus ihrer rechten Hüfte. Vier Gottheiten „von reinem Geist" stiegen augenblicklich vom Himmel, fingen den Neugeborenen in einem goldenen Netz auf und legten ihn mit folgenden Worten der Mutter zu Füßen: „Erfreue dich, oh Königin! Du hast einen großen Sohn geboren!" Unterdessen sprudelten aus den Himmeln zwei Wasserbäche hervor, die die Mutter und den Jungen erfrischten. Dieser stand kurz darauf auf, wandte sich nach Osten, machte sieben Schritte, streckte die rechte Hand gen Himmel und die linke zur Erde und ließ den Ruf aller Buddhas ertönen: „Himmlische Welten und Unterwelten! Ich bin der Mittelpunkt aller Welten!"

Die Türkisfrau

„Die sich Erneuernde" ist die wörtliche Bedeutung von Estsanatlehi in der Sprache der Dineh oder Navaho, die derzeit im größten nordamerikanischen Reservat, an der Grenze zwischen Arizona, Neu-Mexiko, Utah und Colorado leben. Und dies ist ihre Geschichte:

🙶 Estsanatlehi wurde von der Sonne schwanger und brachte Zwillinge zur Welt, die so wundersam schnell heranwuchsen, dass sie sich schon nach acht Tagen auf die Suche nach ihrem Vater begeben konnten. Als sie ihn gefunden hatten, erhielten sie von ihm magische Waffen, derer sie bedurften, um die Welt von Ungeheuern zu befreien. Als sie dieses vollbracht hatten, tanzten sie mit ihrer Mutter, um den Sieg zu feiern. Dann bauten die Zwillinge ihr ein prächtiges Haus am Ende des Himmels, sodass die Sonne ihr weiterhin Besuche abstatten konnte. Die Kriege gegen die Ungeheuer aber hatten die Erde entvölkert. Nachdem die Zwillinge die Mutter davon unterrichtet hatten, nahm diese zwei Körbe und füllte den einen mit weißem, den anderen mit gelbem Maismehl. Dann schüttelte sie ihre Brüste: Aus der rechten fiel etwas Staub in das weiße und aus der linken fiel etwas Staub in das gelbe Mehl; sie gab Wasser zu dem Inhalt der beiden Körbe, sodass eine zähe Masse entstand, und formte aus dem weißen Gemisch einen Mann, aus dem gelben eine Frau. Weil sie überhitzt waren, ließ sie sie unter einer Decke liegen, wo sie nebeneinander die ganze Nacht blieben, während sie über sie wachte. Am folgenden Morgen waren sie lebendig und atmeten. Und die neuen Menschen und ihre Kinder bekamen alle vier Tage weitere Kinder, und so ging es weiter, bis die Erde von Neuem bevölkert war.

Mit ihrer Schöpfung schließlich zufrieden, zog sie sich in den Palast der Türkise zurück, der ihr von den Söhnen gebaut worden war (deshalb wird sie auch „Türkisfrau" genannt), von wo aus sie weiterhin alles sandte, was den Menschen nützte: Frühling, Sommer und Schnee sowie Pflanzensamen und Mais, um Täler und Hügel zu bedecken.

Der weibliche Archetypus

▲ Die Geburt Buddhas, Gandhara, 2./3. Jh. n.Chr. Der „Welterlöser" kommt aus der Hüfte der jungfräulichen Mutter hervor, die sich am Zweig eines Baumes festhält.

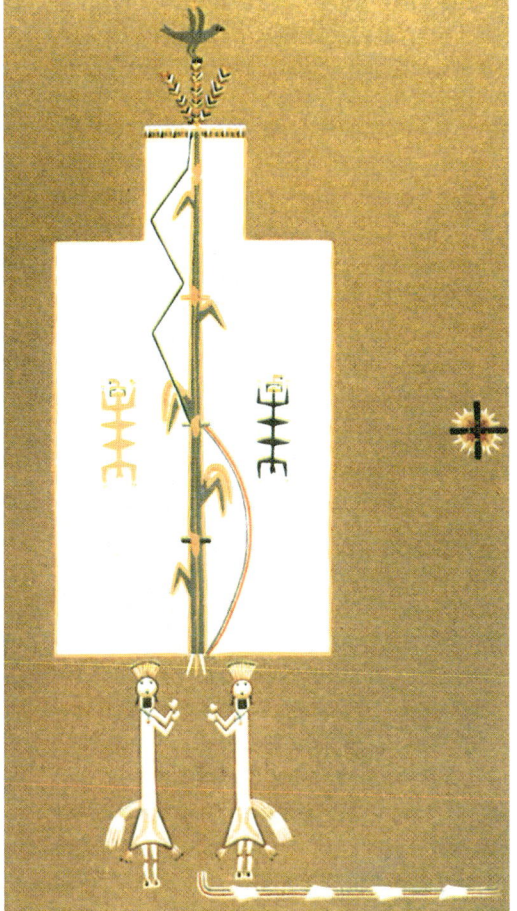

◀ Ein Bild mit dem Sand der Navaho, das einen „Baum des Lebens" darstellt: Eine riesige Maispflanze, an deren Fuß zwei weibliche Geister als Wächter stehen; auf einer Seite der Pflanze die männliche Zickzacklinie des Blitzes, auf der anderen die weibliche Kurve des Regenbogens; an der Spitze der Vogel der Glückseligkeit. Etliche Forscher haben die Affinität der mythologischen Bedeutung der Großen Gottmutter und des Baums des Lebens hervorgehoben.

Die Lebenswärme

Der „Weltachsenbaum" und ein heiliger Garten gehören auch zum Bild der Gula, einer der wichtigsten Gottheiten des akkadischen und babylonischen Volkes. Im Himmel oberhalb des Baumes lebte ihr Gefährte, der Mondmann, und Gula selbst sammelte dort Früchte, die sie an ihre Verehrer verteilte. Der heilige Garten schließlich war ihr Sitz. Hier sei eine Eigenheit Gulas erwähnt: Von ihren Anhängern wurde sie als „große Ärztin" angesehen, die Macht über Krankheit und Genesung hatte. Ihr Emblem war das achtspeichige Rad der Lebenswärme – der Wärme des gesunden Körpers, aber auch jener Hitze, die ihn als Fieber zerstören kann. Gula wurde zusammen mit einem Hund dargestellt, weil sie die Gebietsgrenzen ihres Volkes verteidigte, wie es ein Wachhund tun würde.

Die „Große Göttin" der Sumerer

Die Sumerer lieferten sich mit dem Mythos von Inanna eine Erklärung für den zyklischen Wechsel der Jahreszeiten.

♣ Diese Göttin hatte einst zwei Verehrer gehabt: Enkidu, der die Felder bestellte, und Dumuzi, der Schäfer war. Inanna gewährte Letzterem ihre Gunst, und es dauerte nicht lange, bis Dumuzi überheblich wurde. Und bei ihrer Rückkehr von einem Abstieg in die Unterwelt – der, abgesehen von der Abfolge der Ereignisse, in vielen Einzelheiten an die Sage von Ischtar auf der Suche nach Tammuz erinnert – fand Inanna ihn sogar auf ihrem eigenen Thron wieder. Ereshkigal, die Herrscherin der „Welt ohne Widerkehr", ließ Inanna nämlich nur unter der Bedingung gehen, dass sie bei ihrer Rückkehr in die Welt des Lichts einen Stellvertreter fände, der für immer in Ereshkigals Reich bliebe. Erbost über Dumuzis überhebliche Anmaßung erwählte Inanna ebendiesen, um der Bedingung Ereshkigals nachzukommen. Doch hatte Dumuzi eine Schwester namens Gestinanna, die ihn sehr liebte und ihm in die Unterwelt folgte, wobei sie von Ereshkigal erwirkte, dass ihr Bruder die Hälfte des Jahres – wenn auch in der Wüste die Pflanzen blühten –, auf die Erde zurückkehren dürfe.

Da es von diesem Mythos verschiedene Fassungen gibt, wie etwa die, in der Gestinannas großmütige Tat Inanna selbst zugeschrieben wird, oder die, in der Letztere als Dumuzis Mutter ausgegeben wird, hat man die drei weiblichen Gestalten auch als drei Aspekte einer einzigen Göttin interpretieren wollen: der „Himmelskönigin, die die lebensspendende Sonne selbst gewesen sein mag, die ebenso in der Lage war, die Erde zu einer Wüste zu verbrennen wie auch in der fruchtbaren Jahreszeit die unterhalb der Erdoberfläche ruhende Vegetation zu regenerieren" (P. Monaghan).

Anat, die Göttin des Lebens und des Todes

In Ugarit, dem politischen wie religiösen Zentrum des kanaanitischen Reiches, dessen Blütezeit zwischen 1500 und 1000 v. Chr. lag, verkörperte die Göttin Anat den Zyklus der Fruchtbarkeit der Erde.

Trotz ihrer Promiskuität blieb sie stets Jungfrau, und obwohl sie von ihrem Volk als Muttergottheit verehrt wurde, konnte sie auch eine blutdürstige Frevlerin sein. Bisweilen nahm sie die Züge einer unerbittlichen Kriegerin an, die alles Lebende, das in ihre Reichweite kam, zerstörte.

♣ Ihr Lieblingsgefährte war ihr Bruder Baal. Anat bereitete sich auf den Beischlaf mit ihm vor, indem sie sich mit Tau und Amberregen erfrischte. Ihre gegenseitige Anziehung war phänomenal: Einmal, als die Göttin ihn von Begierde überwältigt während der Jagd aufsuchte, vereinten sie sich 77 Mal inmitten des Waldes; bei dieser Gelegenheit hatte Anat die Gestalt einer jungen Kuh angenommen, und die daraus hervorgegangene Nachkommenschaft bestand aus Büffeln und Ochsen. Doch sie war, wie gesagt, ebenso für ihren Blutdurst bekannt. Einmal wollte sie einen Sieg des brüderlichen Liebhabers mit einem großen Fest auf den himmlischen Bergen feiern, wozu die Besiegten eingeladen wurden. Nachdem sie sich mit mit rotem Henna be-

Der weibliche Archetypus

▶ Die abgebildete Elfenbeinarbeit, die im Louvre in Paris aufbewahrt wird, stellt die Göttin Anat zwischen zwei Steinböcken dar, 14. Jh. v. Chr.

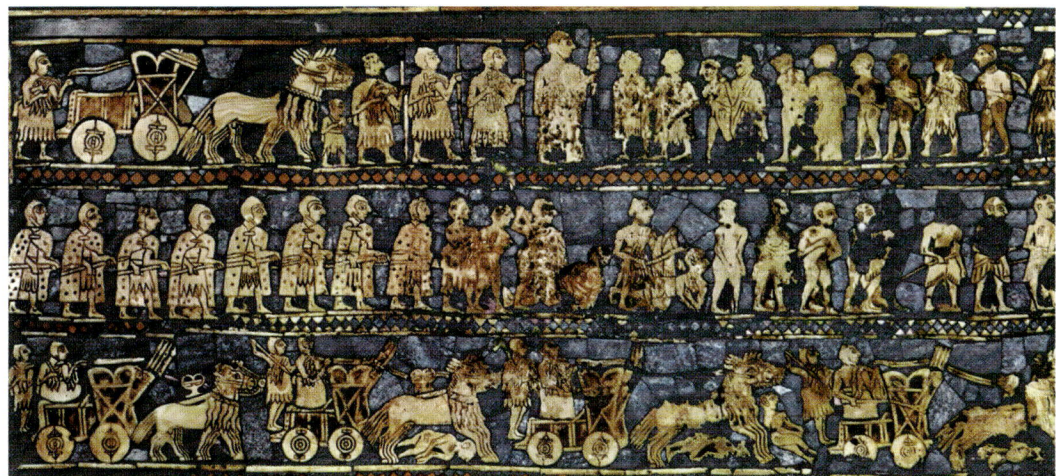

▲ Eine der seltenen Darstellungen des sumerischen Alltagslebens (Mosaik, ca. 2600 v. Chr.). Auf den beiden unteren Bändern erscheinen jeweils Bauern und Schäfer. Es ist die Hypothese geäußert worden, dass der Konflikt zwischen Enkidu und Dumuzi den Übergang von der Nomadenkultur der Schäfer zur sesshaften Lebensform und Landwirtschaft widerspiegelt. Dies veranlasst dazu, Inanna nicht als himmlische Gestalt zu interpretieren, sondern als die „Große Göttin" (bzw. die Erde), die viele Namen trägt und im Mittelmeerraum sowie im Nahen Osten verehrt wird.

malt hatte, schritt die Göttin in den Saal, dessen Türen allesamt verschlossen waren. Dann metzelte sie alle nieder, wobei sie bis zu den Knien in Blut watete und sich die zerstückelten Leiber der Opfer an die Brust drückte.

Später verschmolz Anat mit der „vernünftigeren" Ashera, der Verkörperung der Lebenskraft, die reich an Erfahrung, gütig und zuverlässig war und bei Geburten und zu Zeiten der Aussaat beschworen wurde.

Hina, die Vielgestaltige

Es verwundert nicht, dass sich um Hina, die bedeutendste polynesische Gottheit, verschiedene Mythen ranken: In jeder Erzählung nimmt sie einen der vielen Aspekte der Weiblichkeit an, vom Ursprung des Lebens und Vorzeichen des Todes bis hin zur Göttin des Mondes, den sie, in einer hawaiischen Variante, mit Vorbedacht als Wohnsitz wählte, wenn sie es einfach müde war, die eintönigen Aufgaben einer verheirateten Frau zu verrichten. In einer Erzählung ist sie die Protagonistin einer leidenschaftlichen Liebesgeschichte mit einem Aal (der in diesem Zusammenhang all die komplexe Symbolik der Schlange annimmt).

Hina badete also in einem stillen Teich und hatte eines Tages ein sexuelles Verhältnis mit einem Aal. Ihr Volk geriet angesichts eines solch ungewöhnlichen Ereignisses in Panik und tötete das Tier – um jedoch gleich darauf zu entdecken, dass es sich um einen Gott handelte. Wütend und verzweifelt darüber, dass ihre Liebesbeziehung keine Fortsetzung finden konnte, nahm Hina den Kopf des Aals und vergrub ihn. Fünf Nächte darauf wuchs an der Stelle die erste Kokosnusspflanze, die fortan das Grundnahrungsmittel ihres Volkes lieferte.

Hathor und Neith

Die Göttin Isis war für die Ägypter nicht die einzige, die das „Mysterium" der Weiblichkeit verkörperte: Im dicht gedrängten Pantheon dieses Volkes standen ihr Hathor und Neith zur Seite, welche von den Griechen nicht ohne Grund mit Aphrodite und Athene verglichen wurden.

Hathor war nicht nur die Beschützerin aller Frauen und weiblichen Tiere, sondern auch die Göttin aller sinnlichen Vergnügen. Ihre Priesterinnen feierten sie, indem sie zum Klang der Tamburine tanzten.

Neith, deren Kult vor allem in Sais praktiziert wurde, einer Stadt in Unterägypten, sollte in den Anfängen der ägyptischen Kultur das Wesen der Stammesgemeinschaft selbst darstellen und symbolisierte dies durch zwei überkreuzte Pfeile und das gescheckte Fell eines Wildtieres. Dem griechischen Historiker Plutarch (45–125 n.Chr.) zufolge war in den ihr geweihten Tempeln dieser mysteriöse Satz zu finden: „Ich bin all das, was war, was ist, was sein wird, und kein Sterblicher vermag den Schleier zu lüften, der mich bedeckt." Neith verkörperte das große faszinierende Geheimnis: den Wandel, die Wahrheit, die in dem Augenblick entweicht, in dem sie scheinbar gerade erfasst worden ist. Sie steht für die Idee der Metamorphose an sich.

Der weibliche Archetypus

▶ *Der ältesten ägyptischen Kosmogonie zufolge war Neith (hier auf einer Malerei aus dem Grab der Königin Nefertari) die Schöpfergöttin. Sie soll den Himmel in einen Webstuhl gespannt und die Erde hineingewoben haben. Außerdem wob sie Netze, mit denen sie in den Urgewässern nach lebenden Geschöpfen fischte – Männer und Frauen eingeschlossen. Auch soll sie, in Gestalt einer Kuh, die Geburt erfunden und Ra, den mächtigsten der Götter, gezeugt haben.*

◀ *Paul Gauguin,* Hina Te Fatou (Der Mond und die Erde), *1893.*

Das „Mysterium" der Weiblichkeit in der griechischen Mythologie

In der uns vertrauteren Mythologie – der griechisch-römischen – sind die Aspekte des weiblichen Archetypus durch unterschiedliche Göttinnen verkörpert. Da es unmöglich ist, sie alle zu betrachten, sollen hier nur Hera, Artemis, Athene und Hestia skizziert werden.

Bei Hera wird die Rolle der Ehefrau betont: Es werden vorwiegend die Ereignisse fokussiert, die sie an der Seite von Zeus in ihrer öffentlichen Rolle als „Herrin" (so die wörtliche Bedeutung ihres Namens) der Götter zeigen sowie in ihrer Funktion als überaus treue und beständig betrogene Gattin. Von Heras Verlobung mit Zeus gibt es eine Fülle an Details und Varianten. U. a. wird erzählt, dass Hera, um Zeus zu erobern, sich von Aphrodite den Zaubergürtel auslieh, den die Göttin der Liebe um die Brust trug. Offenbar hat Hera, nachdem sie bekommen hatte, was sie wollte, nicht bis zum offiziellen Hochzeitstag gewartet, um die Freuden des Brautgemachs zu erproben, doch ist jedenfalls auch von einem feierlichen Vermählungsfest die Rede. Zu den wertvollsten Gaben, die Hera bei diesem Anlass erhielt, gehört der Baum mit den goldenen Äpfeln, den sie von Gaia bekam und dessen Bewachung sie dann den Hesperiden anvertraute. Die Bewohner der Insel Samos beanspruchten für sich das Privileg, das Paar während der Flitterwochen zu beherbergen, welche gut dreihundert Jahre andauerten. In einer anderen Erzählung wird die Initiative Zeus zugeschrieben. Um sein Verlangen nach Hera zu stillen, die nicht die Absicht hatte zu heiraten, nahm der Gott das Aussehen eines Kuckucks an, der von einem Gewitter durchnässt und ganz durchgefroren war. Die von Mitleid bewegte Göttin nahm ihn in den Schoß und liebkoste ihn – die Folgen waren vorhersehbar – Zeus nahm in diesem Moment wieder seine eigene Gestalt an: Wegen ihrer Schwangerschaft willigte Hera ein, ihn zu heiraten, und der Kuckuck war seitdem das ihr geweihte Tier. Ebenso wie Kühe: Die runde Form der Augen und der sanfte und melancholische Blick dieser Tiere gehören zu den physischen Merkmalen, mit denen die Göttin beschrieben wird. Dem Glück der jungvermählten Hera folgte die Bitterkeit der betrogenen Gattin. Üblicherweise bekamen ihre Rivalinnen ihre Eifersucht zu spüren. Doch einmal gelang es Hera sogar, eine „Palastverschwörung" anzuzetteln, an der alle olympischen Götter bis auf Hestia teilnahmen. Der im Schlaf überraschte Zeus wurde mit Lederschlingen ans Bett gefesselt, und nur das Eingreifen Briareos (ein Monster, das mit 50 Köpfen und 100 Armen ausgestattet war) erlaubte es ihm, seine absolute Autorität wieder herzustellen. Die Strafe, die Hera von ihm erleiden musste, nahm ihr für immer den Mut, Ähnliches zu versuchen: Der Gott sperrte sie in den Himmel, wobei er ihr zwei goldene Armreifen um die Handgelenke legte und sie mit zwei an die Fußgelenke geketteten Ambossen beschwerte. Doch dann befreite er sie selbst unter der Bedingung, dass sie sich nie wieder auflehnen dürfe.

Als die Römer die griechische Mythologie übernahmen, verschmolz Hera mit Juno, und es sind nur wenig Spuren von dieser uralten und letzten italischen Göttin geblieben – außer im Kult. Als Symbol für den Menstruationszyklus, welcher die Zeit anzeigt, und als Göttin des Neumondes wurde sie von den römischen Frauen allmonatlich an *Calendae* gefeiert sowie am Fest der *Nonae Caprotinae*, bei dem einige Mädchen unter einem wilden Feigenbaum Kämpfe inszenierten, und schließlich an den *Matronalia*, wenn die verheirateten Frauen sich von den Männern Geld geben ließen, um es der Göttin darzubringen.

Der klassische Mythos beharrt auf der Jungfräulichkeit als dem Charakteristikum von Artemis. Wenn man allerdings bedenkt, dass die Göttin ursprünglich die wechselhaften Energien des Weiblichen verkörperte, kann dieser Aspekt vernachlässigt werden (sie war beispielsweise die vielbrüstige Göttin des Tempels von Ephesos oder die Göttin, die die griechischen Frauen anriefen, wenn Geburtswehen anfingen).

Der weibliche Archetypus

▶ *Die Hochzeit von Zeus und Hera, Metope aus Selunt.*

▼ *Diana von Ephesos,* antike Kopie nach dem Original, 4. Jh. v. Chr. Obwohl zu ihrem „klassischen" Bild auch die Merkmale der unfehlbaren Jägerin gehören, beschützte sie die Tiere der Wälder, in denen sie sich vorzugsweise aufhielt, und beschoss mit ihren Pfeilen jeden, der trächtige Tiere oder Junge jagte.

▲ *Artemis mit Pfeil und Bogen, Paneel aus Stabia.*

In diesem Zusammenhang sei auf den bedeutenden Mythologen K. Kerényi verwiesen, der feststellt: „Die Jungfräulichkeit von Athene schließt die Möglichkeit aus, einem Mann zu unterliegen; die von Artemis hingegen setzt sie voraus." Sie ist somit die unberührte Natur, hat den Reiz einer noch ungeöffneten Knospe, den der Jugend, die von der Erfahrung der Liebe noch unberührt ist. Spröde und widerborstig (im wahrsten Sinne des Wortes) wie der keusche Weißdorn, der ihr geweiht ist, weitab von den Arbeiten der Männer und ihren Taten gegenüber gleichgültig, zufrieden allein mit der weiblichen Gesellschaft ihrer Nymphen, übt Artemis eine dennoch starke Anziehungskraft auf die Männerwelt aus.

Der Mythos erzählt, dass die Okeanide Metis das Begehren von Zeus, dem Herrn des Olymp, weckte. Sie versuchte zu fliehen, wobei sie verschiedene Formen annahm, wurde aber von ihm eingeholt und geschwängert. Aufgrund einer Weissagung der Mutter Erde, die ihm Unglück prophezeit hatte, falls Metis mit ihm noch einen zweiten Sohn zeugen sollte, verschlang Zeus sie, während sie mit Athene schwanger war und brachte Athene selbst aus seinem Kopf zur Welt. Als für Zeus der Moment der „Geburtswehen" gekommen war, welche sich als unerträgliche Kopfschmerzen äußerten, öffnete ihm der Schmied Hephaistos den Schädel: Athene kam daraus schon erwachsen und bewaffnet hervor, wobei sie einen grauenhaften Schlachtruf ausstieß, um sogleich eine der Primadonnen des Olymp zu werden. Auf jeden Fall eine der ersten Göttinnen, die mehr gefürchtet und respektiert, als geliebt wurden. Und dies konnte auch nicht anders sein bei jemandem, der derart gekünstelt erklärte: „Denn keine Mutter wurde mir, die mich gebar, / Nein, vollen Herzens lob ich alles Männliche, / Bis auf die Ehe; denn des Vaters bin ich ganz", wie der Tragödiendichter Aischylos es ihr in den Mund legt. Bei Athene steht die Jungfräulichkeit für den Verzicht der Frau, geliebt zu werden, um die größtmögliche Handlungsfreiheit im Gesellschaftsleben und auf intellektuellem Gebiet zu genießen.

In der römischen Mythologie verschmolz Athene mit Minerva, die ihrerseits eine Synthese aus verschiedenen etruskischen und italischen Gottheiten der Künste und des Krieges war. Sicher bleibt jedenfalls die Etymologie des Namens Minerva, der mit einem antiken Terminus verbunden ist, welcher „Verstand" bedeutet. Es scheint deshalb richtig, in ihrem ursprünglichen italischen Porträt den vernünftigen Aspekt zu betonen: die auf alltägliche Arbeiten wie Handel oder Handwerk gerichtete Weisheit der Göttin (der lateinische Dichter Ovid definierte sie als „die Göttin der tausend Arbeiten"). Die Römer schrieben ihr auch die Erfindung der Musik, der ältesten unter den Künsten, zu.

Der weibliche Archetypus

▲ Sinnende Athene, *griechisches Weihrelief, ca. 460 v. Chr.*

▲ Römische Sitzstatue der Minerva, *Anfang 1. Jh.*

Kapitel 6

Die Frau in der chinesischen Mythologie

In der jahrtausendealten chinesischen Kultur sind Mythos und Geschichte miteinander verflochten und beide haben im Wesentlichen die Funktion, eine religiöse Rechtfertigung für das Kaisertum zu liefern. Die Darstellung der Frauen in diesem Kontext ist unverkennbar misogyn: Das unrühmliche Ende dreier aufeinanderfolgender Dynastien (2100–770 v. Chr.) wird dem unheilvollen Einfluss von drei heimtückischen Konkubinen zugeschrieben, die die Herrscher als Tribut vonseiten feindlicher, im Krieg besiegter Staaten erhalten hatten. Da die Ereignisse in jeder Dynastie nach demselben Muster verlaufen, genügt es, die Geschichte der ersten Konkubine zu erzählen:

♟ Ihr Name war Mi Xi. Für ein brüskes und wildes, einem Barbarenstamm angehörendes Mädchen war sie allerdings ganz besonders schön und stolz. Sie war so unbefangen, dass sie sich seit ihrer Ankunft frei in den Quartieren der Konkubinen des Kaisers bewegte und ein- und ausging, wie es ihr passte. Darüber hinaus kleidete sie sich weiter maskulin, gemäß der Tracht ihres Landes, und trug einen gebogenen Säbel um die Taille. Fasziniert von ihrem stolzen und unbezähmbaren Charakter und überwältigt von ihren Liebeskünsten, ließ der Kaiser sie nach Lust und Laune gewähren. Einer der unglaublichsten Einfälle der Frau war beispielsweise, den kaiserlichen Köchen zu befehlen, einen Wald aus geröstetem Fleisch mit einem großen See aus Wein in der Mitte zu errichten. Hier fuhren der Kaiser und Mi Xi gewöhnlich in einem kleinen Boot herum; bisweilen befahl der Herrscher den höfischen Würdenträgern, im Weinsee unterzutauchen und so viel daraus zu trinken trinken, wie sie konnten. Wenn einer betrunken und bewusstlos ertrank, strahlte Mi Xi und sie fing an, vor Vergnügen in die Hände zu klatschen. Vor lauter Exzessen vernachlässigte der Kaiser schließlich die Verwaltung des Staates und erregte die Missbilligung seines Volkes, angefangen bei den Generälen und Funktionären des Hofes. Als ein Prinz sich gegen den Kaiser auflehnte und dieser an sein Heer appellierte, weigerten sich die Soldaten, missmutig angesichts der Dekadenz, die im Reich herrschte, zu kämpfen. Der Kaiser und Mi Xi wurden zu Gefangenen und auf hoher See an Bord des winzigen Bootes, das sie benutzt hatten, um sich auf dem „Weinsee" zu vergnügen, ausgesetzt. Sehr bald wurde das Meer unruhig, und bedrohliche Wolken zogen über ihnen auf. Verzweifelt und sicher, dass das Ende bereits nahe sei, versuchte der Kaiser, die Gefährtin so vieler Prassereien in die Arme zu schließen, und bat sie mit gebrochener Stimme um ein Wort des Trostes. Das Mädchen jedoch befreite sich aus seiner Umklammerung. Dann schaute sie ihm fest in die Augen, während sich ein boshaftes Lächeln auf ihrem Gesicht abzeichnete. „Sag mir, mein Herrscher", fragte sie ihn kühl, „wie fühlt es sich an, ein Reich zu verlieren?" Bevor er antworten konnte, wurde Mi Xi von einer riesigen Welle erfasst, die sie von dem winzigen Boot riss und jenseits des Horizonts verschwinden ließ. Während sich auf dem Gesicht des Kaisers Grauen und Scham abzeichneten, warf eine riesige Welle das Boot um und er verschwand für immer in den Fluten.

Der weibliche Archetypus

▲ Eine Teilansicht des Sommerpalastes außerhalb von Peking – Kaiserresidenz und Ort vieler Feste und Bankette.

◄◄ *Links: Statuette einer Reiterin, Tang-Dynastie, 2. Hälfte 7. Jh. n. Chr., Grabbeigabe. Rechts: Statuette einer sitzenden Frau, Tang-Dynastie, spätes 7./frühes 8. Jh., Grabbeigabe.*

Die Königin von Saba

🗣 „Eine Frau nimmt jeden beliebigen Mann, doch die eine Frau ist schöner als die andere. Eine schöne Frau macht das Gesicht strahlend, sie übertrifft alle Lust der Augen. Hat sie dazu noch eine friedfertige Sprache, so zählt ihr Gatte nicht zu den gewöhnlichen Menschen. Wer eine Frau gewinnt, macht den besten Gewinn: eine Hilfe, eine die ihm entspricht, eine stützende Säule. Fehlt die Mauer, so wird der Weinberg verwüstet, fehlt die Frau, ist einer rastlos und ruhelos. Wer traut einer Horde Soldaten, die dahinstürmt von Stadt zu Stadt? So steht es mit dem Mann, der kein Heim hat: Er geht zur Ruhe, wo es gerade Abend wird." (*Ecclesiasticus* 36, 26–31).

Unabhängig von den Überlegungen, die man über den Inhalt dieses Bibel-Zitats anstellen kann, wird hier besonders einprägsam ein bestimmtes Frauenbild vermittelt: eine Frau, die ihr Schicksal, ihre Art zu leben nicht selbst wählt, sondern die ausgewählt wird; die für den Mann „das beste Gut" (will heißen seinen „Besitz") darstellt; die anderen Frauen vorzuziehen ist, wenn ihre Sprache süßer und „friedfertiger" ist. Eine, die Unterwürfigkeit demonstriert, sich nicht in die Angelegenheiten des Ehemannes einmischt, ihm jedoch ein sicheres Nest innerhalb der häuslichen Mauern bietet. Tatsächlich entsprechen die Frauen, von denen in der Bibel die Rede ist, kaum diesem Modell, und vielleicht ist gerade dies der Grund, warum man von ihnen spricht. Doch um fruchtlose Auseinandersetzungen zu vermeiden, soll hier eine weibliche Gestalt vorgestellt werden, die eine äußerst lange Reise durch die Wüste unternahm, um nach Jerusalem zu gelangen und dort den König Salomon zu treffen, dessen ruhmreiche Weisheit ihr zu Ohren gekommen war: Es handelt sich um Balkis, besser bekannt als die Königin von Saba.

🗣 „Salomon und die Königin von Saba hatten nicht dieselbe Herkunft, ihnen war weder die Religion, noch die Sprache gemeinsam, sondern nur das Gefallen am Geheimnis, der Sinn für das Absolute und der Durst nach Liebe. Salomon war der Tradition des Monotheismus verbunden, die Königin von Saba betete die Gestirne in einem Tempel aus Alabaster mit hundert Säulen aus Gold an. Er hatte einen prächtigen Tempel für Jahwe errichten lassen, und sein Volk nannte sich Israel; sie war bemüht, auf sehr einfallsreiche Weise ihr Land namens ‚Glückliches Arabien' bewässern zu lassen. Zu Salomon gehören der Stein und ein strenger Gott; zur Königin von Saba die Kanäle, die duftenden Gärten und das Lächeln der Sterne" (J. Kelen).

An dieser Stelle soll die Fähigkeit der Königin von Saba hervorgehoben werden, das Wissen und die Weisheit eines so ruhmreichen Mannes wie Salomon durch Rätsel auf die Probe zu stellen. Der jüdische König fand freilich auf jedes die richtige Antwort. Die biblische Erzählung hält sich nicht mit Einzelheiten über die Begegnung auf, doch es ist überliefert, dass zwischen ihnen die Liebe erblüht sei und Balkis mit einem Sohn schwanger wieder aufgebrochen sei. In die Heimat zurückgekehrt, führte sie ihre Herrschaft in Südarabien weiter, ging wieder zwischen den Zitrusbäumen spazieren und ruhte sich in ihrem Palast aus. Dann verschwand sie, man sprach nicht mehr von ihr, und ihr Körper wurde nie gefunden.

Der weibliche Archetypus

▼ *Auf der abgebildeten Landkarte sind die Handelswege durch die arabische Halbinsel eingezeichnet: Die wichtigste Karawanenstrecke ging vom Königreich von Saba bis nach Palästina. Deswegen ist es historisch nicht unmöglich, dass die Königin von Saba und Salomon sich tatsächlich getroffen haben.*

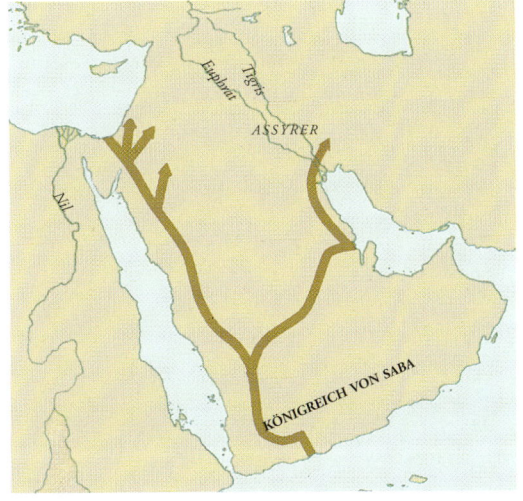

▲ *Nikolaus von Verdun*, Salomon und die Königin von Saba, *2. Hälfte 12. Jh., Ausschnitt aus dem Verduner Altar, 1181.*

▲ *Tiepolo-Schule*, Die Königin von Saba vor König Salomon, *Ausschnitt 1760.*

Kapitel 6

Die Hexe

In fast allen Kulturen trifft man auf die Figur der „Hexe": Bei den Sumerern war es Lamasthu, bei den Juden Lilith oder Gilou, Kishimogin bei den Japanern, Lamia bei den Griechen, Baba Jaga bei den Russen. Von Letzterer sagte man, dass sie im Dickicht der Wälder lebte und dass sie auf einem Mörser durch die Luft schwebte, wobei sie einen Stößel als Ruder benutzte und ihre Spuren mit einem Besen auslöschte. Selbstverständlich ernährte sie sich von dem Fleisch ihrer Opfer.

Noch im 18. Jh. gab es in Europa Hexenprozesse: Leider ging im Abendland die Gewissheit über die schädliche Existenz der Hexen mit einer bürgerlichen und kirchlichen Gesetzgebung einher, die bis 1700 in Kraft blieb: Unzählige Frauen, die man beschuldigte, magische Handlungen, Zauber und Hexereien zu vollführen oder sich durch übernatürliche Fähigkeiten und Kräfte, die sie aus angeblichen Beziehungen zu dämonischen Mächten gewannen, gar in Tiere zu verwandeln, wurden vor Gericht gestellt, gefoltert und zum Tod auf dem Scheiterhaufen verurteilt. Carlo Ginzburg hat u. a. die regelmäßigen nächtlichen Treffen der Hexen (bekannt als „Hexensabbat") untersucht und unter dem Titel *Im Gefolge der Göttin* deren „mythologische" Entzifferung vorgeschlagen. Aus den Details der Erzählungen der Frauen, die ihre Beteiligung an derartigen Treffen gestanden, und aus den Eigenschaften der „Göttin", die den Vorsitz gehabt haben soll, folgert er, dass die von den Römern verehrte Gottheit, wenngleich häufig als „heidnische Göttin Diana" bezeichnet, in der Wahrnehmung dieser Frauen von weiteren Gottheiten keltischen Ursprungs überlagert wurde – an erster Stelle von Epona.

Diese war die Pferdegöttin der Gallier, von der behauptet wird, dass sie die Tochter einer Stute und eines Mannes gewesen sei, und daher nach Belieben das Aussehen beider Elternteile annehmen konnte. Als Beschützerin der Pferde und Ställe, wurde sie häufig mit einem Füllhorn, dem Symbol der Fülle, dargestellt. Ginzburg fährt mit der Aufzählung weiterer keltischer Gottheiten fort: „Mit Epona wurden nämlich andere Gestalten aus dem rätselhaften, unter dem Ansturm des Christentums bereits in Auflösung begriffenen Pantheon der keltischen Religion in Zusammenhang gebracht." Dabei handelt es sich etwa um „Geister in der Gestalt von jungen Mädchen oder von Matronen, die, weiß gekleidet, sich bald in Wäldern, bald in Ställen aufhalten, wo sie Kerzenwachs auf die sorgfältig von ihnen geflochtenen Mähnen der Pferde tropfen lassen." Nach Meinung des Forschers handelt es sich um ein spätes Echo auf die *Matres, Matrae* oder *Matronae*, weibliche Gottheiten der kontinental-keltischen Stämme. „Wie Epona weisen auch sie Symbole des Reichtums und der Fruchtbarkeit auf: ein Füllhorn, einen Fruchtkorb, ein Kind in Windeln."

Der weibliche Archetypus

▲ *Albrecht Dürer,* Die Hexe, *1507.*

Amazonen und Walküren

Nach Ansicht derer, die, aufgrund einer zweideutigen Etymologie, meinen, dass Amazone „ohne Brust" bedeute, ist damit das physische Merkmal eines einzig aus Frauen bestehenden, in Kappadokien ansässigen Volkes benannt. Die fehlende Brust war die rechte, welche amputiert wurde, um ohne Schwierigkeiten typisch männliche Tätigkeiten ausführen zu können wie etwa das Spannen des Bogens oder das Austarieren des Speeres vor dem Wurf. So übernahmen die Amazonen neben der weiblichen Rolle auch Besonderheiten männlichen Verhaltens. Um sich fortpflanzen zu können begaben sie sich zweimal jährlich zu den Grenzen ihres Landes, vereinigten sich mit den Männern der Nachbarstämme und behielten die Töchter, die aus diesen zufälligen Zusammenkünften hervorgingen, bei sich, während sie die Jungen zu den Stämmen ihres Ursprungs zurückschickten oder umbrachten. Anderen Beschreibungen zufolge lebten die Männer mit den Amazonen zusammen, kümmerten sich jedoch um die häuslichen Angelegenheiten und, damit in ihnen nicht der Wunsch zu reisen oder die Kriegskunst zu erlernen aufkam, brachen die Mütter ihren Söhnen im Kindesalter Arme und Beine.

Zwei Königinnen herrschten im Reich der Amazonen; eine für die inneren Angelegenheiten und eine für die die Verteidigung gegen äußere Feinde. Geschult im Gefecht zu Pferd, machten die Amazonen von Waffen aus Bronze Gebrauch und verteidigten sich mit einem Schild, der die Form eines Halbmondes oder eines Efeublattes hatte.

Die sie betreffenden Erzählungen berichten von Konflikten mit Göttern wie Dionysos oder Hera, für welche sie eine lebende Übertretung der von ihr verkörperten „normalen" Rolle der Frau darstellten, oder mit Helden wie Theseus oder Achill. Letzter stellte sich der Königin Penthesilea in einem Zweikampf, ohne zu wissen, um wen es sich handelte. Als er ihr den Helm abnahm, um zu sehen, wer der Held sei, den er nur mit Mühe hatte schlagen können, entdeckte er, dass es eine Frau war, eine wunderschöne obendrein. Erschüttert bereute er, sie getötet zu haben und wollte sie besitzen, obwohl ihr Körper bereits leblos war. Thersites, der bei der Szene zugegen war und Achill der Nekrophilie bezichtigte, wurde getötet, nachdem Achill ihm alle Zähne ausgeschlagen hatte.

Die wichtigste Kultstätte der Amazonen war das Heiligtum der Artemis in Ephesos. An jenem Ort hielten sie den Schildtanz ab und anschließend einen zweiten Tanz im Kreis, bei dem sie rhythmisch auf den Boden schlugen und die mit Pfeilen gefüllten Köcher schüttelten, während eine wilde Melodie mit kriegerischem Rhythmus gespielt wurde.

Auch die Walküren der nordischen Mythologie waren eng mit dem Krieg verbunden; sie woben sogar, bevor ein Konflikt ausbrach, an einem schicksalhaften Stoff, wobei sie einen Webstuhl aus Lanzen und Männerschädeln, sowie rote Tropfen als Garn und Pfeile als Spule benutzten. Meistens begaben sie sich zu Pferd in die Schlacht, um die Gefallenen abzuholen und nach Walhalla zu bringen; bisweilen erschienen sie auf dem Rücken von Wölfen, oder verwandelten sich in Raben.

Der weibliche Archetypus

◀ *Rekonstruktion des Artemistempels in Ephesos.* Die Debatte über die tatsächliche Existenz der Amazonen ist unter den Wissenschaftlern alles andere als erloschen: Neben jenen, die sie als reine Projektion des (männlichen) Geistes an der Grenze zu psychopathologischem Verhalten abtun, zitieren andere zur Unterstützung der These von der Historizität, gewichtige antike Quellen, wie etwa Plutarch (ca. 45–125 n.Chr.). Was die Walküren betrifft, die in ihrer Leidenschaft für den Krieg den Amazonen gleichen, so gibt es keinen Hinweis auf historische Vorbilder.

◀ Achill tötet Penthesilea, *Griechische Vasenmalerei, ca. 460 v.Chr.*

▼ *Anselm Feuerbach,* Die Amazonenschlacht, *1873.*

Zwei oder drei für das „Eine"

Das kollektive Unbewusste nach Jung und seine Formen im Mythos

„Könnte man das Unbewusste personifizieren, so wäre es ein kollektiver Mensch, jenseits der geschlechtlichen Besonderheit, jenseits von Tugend und Alter, von Geburt und Tod, und würde über die annähernd unsterbliche menschliche Erfahrung von ein bis zwei Millionen Jahren verfügen. Dieser Mensch wäre schlechthin erhaben über den Wechsel der Zeiten. Gegenwart würde ihm ebensoviel bedeuten wie irgendein Jahr im hundertsten Jahrtausend vor Christi Geburt, er wäre ein Träumer säkularer Träume, und er wäre ein unvergleichlicher Prognosensteller auf Grund seiner unermesslichen Erfahrung. Denn er hätte das Leben des Einzelnen, der Familien, der Stämme und Völker unzählige Male erlebt und besäße den Rhythmus des Werdens, Blühens und Vergehens im lebendigsten inneren Gefühle."

So erläutert C. G. Jung, der große „abtrünnige" Psychoanalyse-Schüler Freuds, seinen berühmten und umstrittenen Begriff des „kollektiven Unbewussten". Ohne die immer noch lebhafte Kontroverse unter Psychoanalytikern aufgreifen zu wollen, sollen in diesem Kapitel einige Figuren des Mythos skizziert werden, die – zumindest teilweise – C. G. Jungs Theorie des kollektiven Unbewussten stützen.

Frigg und Freyja

Forscher und Mythographen streiten darüber, inwieweit Frigg und Freyja, die beiden bedeutendsten Göttinnen des nordischen Pantheon, Aspekte ein und derselben weiblichen Energie sind. Für eine substanzielle Gleichheit spricht, dass sie von einigen als Verkörperung der Fruchtbarkeit des „großen Schoßes der Erde" verstanden werden und darüber hinaus beide von Odin geliebt wurden. Es wird aber auch von ihnen behauptet, dass sie „einander so ähnlich und so verschieden wie Mutter und Tochter" seien (P. Monaghan). In diesem Fall sei Frigg die mit Falkenfedern geschmückte „weiße Dame der Sonnenwende" gewesen, eine ruhige, und weise Göttin, die über Asgard herrschte. Freyja hingegen habe den ungestümen, kriegerischen, irrationalen Aspekt der Jugendlichkeit verkörpert und sei als solche die Schutzgöttin aller Verliebten gewesen.

Wie auch immer es sich mit der Frage nach der substanziellen Gleichheit oder Verschiedenheit von Frigg und Freyja verhält, dieser Abschnitt sei mit zwei mythologischen Erzählungen eröffnet, in denen die beiden Göttinnen – zusammen mit Odin – jeweils als Protagonistinnen fungieren. Mit Letzterem hatte Frigg Balder gezeugt, den Gott der Vegetation.

♣ Eine Wahrsagerin, die Odin in Hels Reich aufsuchte, nachdem ihm Balder erzählt hatte, er werde im Schlaf von schrecklichen Alpträumen geplagt, bestätigte, dass Balder durch die Hand des blinden Bruders sterben werde. Um ihn zu schützen, erwirkte Frigg, als liebende Mutter von allen Elementen und Wesen (Feuer, Wasser, Metallen, Erde, Steinen, Pflanzen, Krankheiten, Giften, Tieren, Vögeln, Schlangen …) das Versprechen, ihrem Sohn niemals Leid zuzufügen. In Asgard entstand daraufhin ein neues Spiel: Die Götter machten es sich zur Gewohnheit, sich zu versammeln, um Speere, Steine und Pfeile nach Balder zu werfen und amüsiert festzustellen, wie diese Geschosse, selbst wenn gut gezielt wurde, den wunderschönen Gott nicht einmal streifen konnten. Von Neid zerfressen, verkleidete sich Loki als Frau, stellte sich Frigg vor und erzählte ihr, was vor sich ging. „Nichts kann meinem Sohn etwas zuleide tun! Ich habe alle Elemente und alle Wesen feierlich schwören lassen, ihm keinen Schaden zuzufügen", antwortete ihm

Zwei oder drei für das „Eine"

▲ Silberanhänger aus der Wikingerzeit. Ein reitender Bote sollte Balder aus dem Reich der Toten zurückholen.

▶ Dieser Anhänger aus der Wikingerzeit zeigt vermutlich die Göttin Freyja. Sie trägt den von Zwergen gefertigten Halsschmuck Brisingamen.

▶ Detail eines Teppichbilds, links Odin, erkennbar an Axt und dem einen Auge, in der Mitte Thor mit dem Hammer, rechts Frigg, Odins Gattin und Fruchtbarkeitsgöttin.

die Göttin. „Aber haben es denn wirklich alle versprochen?", fragte der als Frau verkleidete Loki. „Alle außer einem Mistelpflänzchen: Es war zu klein und zu zart, um es um einen Schwur zu bitten." Nach diesen Worten verschwand Loki, um sich auf die Suche nach der Mistelpflanze zu machen, und als er es gefunden hatte, schloss er sich den anderen Göttern an. Er nahm Balders blinden Bruder zur Seite und fragte ihn: „Warum spielst du nicht auch mit?" „Wenn ich doch nicht einmal weiß, wo sich mein Bruder befindet! Und außerdem habe ich keine Waffe!" Daraufhin legte ihm Loki das Zweiglein in die Hand und forderte ihn auf, es nach seiner Anleitung zu werfen. Der blinde Gott gehorchte: Balder wurde durchbohrt, als wäre der Mistelzweig ein Pfeil, und fiel tot zur Erde.

Die andere Erzählung nimmt im Tempel ihren Ausgang, in dem Odin und Freyja beisammen waren:

♣ Die Göttin war wunderschön, und Odin hatte ihretwegen den Kopf verloren. Eines Tages, als sie aus ihrem Palast kam, bemerkte Freyja, dass der Stein, der die Behausung von vier Zwergen verbarg, weggerückt worden war. Sie lugte hinein und sah auf dem Boden eine kostbare Kette liegen. Freyja wollte die Kette um jeden Preis und bot Gold und Silber. Aber das einzige Zahlungsmittel, das die Zwerge akzeptieren wollten, war eine Nacht mit Freyja, mit jedem von ihnen. Schließlich willigte Freyja ein, und nach vier Nächten kehrte sie mit der Kette nach Hause zurück. Auch in dieser Erzählung kommt Loki ins Spiel, der – man weiß nicht genau, wie – von der Kette erfahren hatte und davon, wie die Göttin in ihren Besitz gekommen war, und es für gut befand, Odin alles zu berichten. Wütend befahl dieser Loki, die Kette zu stehlen und sie ihm zu bringen. Lokis Protest (es war unmöglich, ohne Freyjas Erlaubnis in ihren Palast zu gelangen) war zwecklos: Odin schickte ihn böse fort und sagte ihm, er solle es nicht wagen, ihm ohne das erlesene Schmuckstück nochmals gegenüberzutreten. So machte sich Loki schweren Herzens zu Freyjas Palast auf, doch so sehr er sich auch anstrengte, er fand keine Möglichkeit, hineinzugelangen. Es begann wirklich sehr kalt zu werden, als dem schon ganz steif gefrorenen Gott schließlich eine brillante Idee kam: Er verwandelte sich in eine Fliege und fand im Dach einen Spalt, durch den er hineingelangen konnte. Drinnen schliefen alle, auch Freyja, die ihre wunderschöne Kette um den Hals trug. Loki näherte sich ihr und sah, dass die Göttin auf dem Verschluss der Kette lag. Also verwandelte er sich in einen Floh und biss Freyja so lange, bis sie sich im Schlaf umdrehte. Dann wurde er wieder er selbst, striff ihr die Kette ab und ging leise durch das Hauptportal hinaus. Am darauffolgenden Morgen bemerkte Freyja den Diebstahl sofort und sah, dass die Palasttür offen, jedoch nicht aufgebrochen war. Ihr war sogleich bewusst, was passiert war, und sie begab sich zu Odin: Sie war wütend und schrie, dass sie ihre Kette zurückhaben wolle. Odin gab nach, doch unter der Bedingung, dass Freyja die Rivalität zwischen zwei Königen wecken solle, damit sie und ihre Völker durch die Verwünschung gezwungen wären, sich zu bekämpfen und zu töten, um danach wiedergeboren zu werden und sich weiter zu bekämpfen. Und so geschah es.

Themis und Nemesis

In der Vorstellungswelt der Griechen nahmen Ordnung, Gerechtigkeit, aber auch die Strafe für diejenigen, die die „Regeln" des Gemeinwesens überschritten, das Gesicht von Themis und Nemesis an.

Themis war Zeus' Frau, bevor es Hera wurde. Bereits für Homer war sie die Göttin, die den sozialen Kontakt zwischen den Völkern und den Mitgliedern einer Gemeinde weihte. Sogar die Götter fühlten sich ihrer Autorität unterworfen: Auf dem Olymp durften keine Versammlungen abgehalten werden, wenn Themis sie nicht einberufen hatte. Ebenso wenig konnte man daran teilnehmen, wenn ihre Töchter, die Horen, es nicht erlaubten. Und wenn schließlich der Moment des Anstoßens nahte,

Zwei oder drei für das „Eine"

▶ *Crispin de Passe,* Themis (Göttin der Gerechtigkeit und des Gesetzes), *1610.*

▼ *Pierre-Paul Prud'hon,* La Justice et la Vengeance divine poursuivant le Crime (Gerechtigkeit und göttliche Rache verfolgen das Verbrechen), *1808.*

tranken die Götter nicht, bevor Themis getrunken hatte. Sie hielt ein Füllhorn und Waagschalen in ihren Händen. Dies ist das Bild der „Gerechtigkeit", das in der Tradition der westlichen Darstellungen die Antike überlebt hat.

Die Etymologie des Namens Nemesis, welche im klassischen Mythos als Göttin der Rache galt, geht auf das Verb „aufteilen" zurück und setzt ihre Rache in Verbindung mit dem Prinzip der verteilenden Gerechtigkeit: Schuld ist in erster Linie als Überschreiten eines „Maßes" zu verstehen, an das sich alle ausnahmslos zu halten haben. Des weiteren ist mit Schuld das Überschreiten der Grenzen des „Teils" gemeint, den das Schicksal jedem jeweils zugestanden hat. Alle, die diese Grenzen überschreiten, müssen dafür büßen. Die Sühne kann aufgeschoben werden und die Nachkommen betreffen. Diese Bedeutung schwingt bis heute beim Begriff „Nemesis" (Vergeltung) mit.

Demeters Beharrlichkeit

In der griechischen Mythologie hat sich mit der Zeit die Version durchgesetzt, der zufolge Demeter und Persephone Mutter und Tochter sind. Beide wurden auf dramatische Art und Weise getrennt, als Hades, der Gott der Unterwelt, die Tochter entführte.

♠ Obwohl Hades in der Unterwelt einen prächtigen Palast besaß, gelang es ihm nicht, eine Göttin zu finden, die seine Frau werden wollte. Er beschloss, Persephone zu entführen, die in der Blüte ihrer Jugend stand. Demeters „Leiden" begann mit den Schreien ihrer Tochter, die sie von Weitem hörte und die ihr in einer schrecklichen Vorahnung das Herz zerrissen. Sofort begann Persephone zu suchen und sie ohne Unterlass zu rufen. Sie schweifte überall umher und unterbrach nicht einmal nachts die Suche. Sie leuchtete sich mit brennenden Fackeln, aß und trank nicht und wusch sich nicht. Hekate begleitete sie zum Sonnengott Helios. Sie war die einzige von den Göttern, die gehört hatte, wie Persephone um Hilfe rief. Helios unterrichtete sie über das, was vorgefallen war. Was sie erfuhr, bestätigte ihre dunkelsten Vorahnungen. Sie wollte nicht auf den Olymp zurückkehren und nahm in der Verzweiflung die Gestalt einer erbärmlichen alten Frau an, um sich ohne aufzufallen, unter die Menschen zu mischen. So kam sie nach Eleusis, wo Keleos herrschte. Dort sahen sie die vier Töchter des Königs, die neben dem Brunnen saßen, um Wasser zu schöpfen. Sie erzählte ihnen, dass sie der Entführung durch Piraten entkommen sei und bat ihr eine Bleibe zu gewähren. Sie erklärte sich bereit, im Haus zu arbeiten oder sich um die Kinder zu kümmern. Denn sie hatte mit diesen Aufgaben jahrelange Erfahrung. Das Königspaar nahm sie mit Freude auf, auch weil die Königin Metaneira vor kurzem Demophon zur Welt gebracht hatte, der Demeters Fürsorge anvertraut wurde: „Denn ihn salbte Demeter stets mit Ambrosia gleich einem Kind, das den Göttern entsprossen, hauchte mit süßem Odem ihn an und hielt ihn am Busen" (Homer, *Hymnus auf Demeter*). Die Göttin genoss es, mit dem Kind ganz eng verbunden zu sein; aber diese Erfahrung tröstete sie nicht über den Verlust Persephones hinweg. Die Erde verdankte aber ihre Fruchtbarkeit und das glückliche Wachstum ihrer Pflanzen der Göttin. Und da sie weniger Schutz und Energie bekommen hatte, verwelkte das Gras des Rasens, waren die Bäume geschwächt und es sprossen keine Blumen mehr. Die himmlischen Götter waren besorgt. Schließlich beschloss Zeus, Hermes zu Hades zu schicken, um ihn zu überzeugen, Persephone freizulassen. Bevor Hades Persephone gehen ließ, musste sie Granatapfelkerne essen. Dieser Trick garantierte ihm ihre regelmäßige Wiederkehr, da sie mittlerweile seine Frau geworden war. Kurz nachdem Demeter ihre Tochter wieder umarmen konnte, wurde ihr die List vom Gärtner der Hölle verraten, der daraufhin hart bestraft wurde. Dennoch hatte Demeter in der Zwischenzeit zugestimmt, in den Olymp zurückzukehren: Die trostlose Erde wurde wieder lebendig, die Blumen begannen wieder zu blühen und das Korn reifte wieder.

Zwei oder drei für das „Eine"

▶ Persephone und Hades, *Darstellung auf einer rotfigurigen Kylix, apulisch, ca. 440–430 v.Chr.*

◀ *Marmorrelief aus Eleusis, ca. 430 v.Chr. Demeter (links) hält das Zepter, das an den Wanderstab erinnern soll, den sie auf ihrer langen Suche nach Persephone mit sich führte. Persephone (rechts) trägt hier die Fackel, in Erinnerung an die Dunkelheit bei ihrer nächtlichen Rückkehr aus dem Hades. Triptolemos (Mitte) empfängt aus Demeters Hand eine Kornähre; sie hat ihn beauftragt, den Getreideanbau unter die Menschen zu bringen.*

Kapitel 7

Die indische, männliche Trimurti …

Der Hinduismus, genauer gesagt der Brahmanismus, stellt sich eine kosmische „dynamische" Dreifaltigkeit vor: Brahma, „das unermessliche Sein", ist das Prinzip, das ein Gleichgewicht zwischen entgegengesetzten Prinzipien, zwischen Zentripetalenergie und Fliehkraft des Universums schafft. Vishnu stellt das Prinzip der Existenz und des Lichts dar. Shiva verkörpert das Prinzip der Dunkelheit und der Zerstörung.

Brahma stellt eine Projektion der menschlichen Erfahrung des Raumes und der Zeit dar. Ihm ist aber kein besonderer Kult gewidmet, obwohl er in den meisten indischen Tempeln präsent ist. So wie in den Zehn Avataras in Deogarh, wo er mit vier leuchtenden Gesichtern auf der Blütenkrone einer Lotusblüte sitzt und Vishnu über ihm schläft. Von Letzterem haben wir gerade gesagt, dass er das Prinzip des Lichts und die Verbindung darstellt, die alle Elemente des Universums zusammenhält. Er hat vier Arme und kann in 24 Bildern dargestellt werden, auf denen die speziellen Attribute (Lotus, Muschel, Bogen …) von verschiedenen Händen hochgehalten werden. Analog dazu, kennzeichnen zehn zyklische Verkörperungen (Avataras) von Vishnu, sein Wohlwollen gegenüber der Welt: Eine davon ist der Fisch, der Manu vor der Sintflut rettete und ihm erlaubte die Erde wieder zu bevölkern. Eine weitere Verkörperung ist Rama, was „der Zauberhafte" bedeutet: Er stellt die sonnige Seite Vishnus dar und unterstreicht die Notwendigkeit für den Menschen, im Einklang mit dem kosmischen Gesetz zu leben und die Perfektion des eigenen Seins zu erreichen. Der Name Rama wird auch als ein magisches Wort angesehen, in dessen Wiederholung eine wichtige Yogaübung besteht. Rama taucht in vielen Geschichten auf, von denen eine hier nacherzählt werden soll. Sie ist dem beispielhaften Krieger und Prinzen gewidmet, der siegreich gegen die Dämonen gekämpft und Sita geheiratet hatte.

Ramas Vater schickt seinen Sohn aufgrund eines Versprechens, das er seiner Lieblingsfrau gegeben hatte, mit Sita und einem Bruder ins Exil. Während der erzwungenen Abwesenheit vom väterlichen Hof, die 14 Jahre dauern sollte, vollbringt er mit ihm so viele Wunder, dass er den Neid und die Eifersucht Ravanas hervorruft. Dieser ist Herr der Insel Ceylon und er beschließt Ramas Gefühle zu verletzen, indem er ihm die Braut raubt. Dank der Hilfe des Königs der Menschenaffen, Hanuman, entdeckt Rama das Versteck. Es sind dieselben Menschenaffen, die eine Brücke bauen, damit er auf der Insel einfallen, die Stadt erobern und seine Frau befreien kann. Aber Rama weist Sita nach ihrer Befreiung zurück, da sie nicht mehr die Frau von früher ist, nachdem sie von Ravanas frevelhaften Händen berührt wurde. Sita weint und protestiert und betont, dass in ihrer Seele und in ihrem Körper über all die Jahre der erzwungenen Trennung, ihre Hingabe für den Ehemann erhalten geblieben sei. Um die Glaubwürdigkeit ihrer Worte zu beweisen, lässt sie einen Scheiterhaufen errichten, wirft sich auf ihn und ruft das Feuer als Zeugen ihrer Unschuld an. Aus den Flammen erhebt sich der Gott Agni, der sie auf den Arm nimmt und sie Rama übergibt. Dieser kann sich nun wieder mit Sita versöhnen und endlich in die Heimat zurückkehren, um zusammen mit seiner Frau die Herrschaft des Königreiches vom müden und kranken Vater zu übernehmen.

Einige der Sekten, die Vishnu verehren, halten jedoch unter all seinen Verkörperungen nur die von Krishna für vollkommen. Zusammen mit seiner Lieblingsfrau Radha steht er für die göttliche Erotik. Ihre Liebe ist eine Allegorie der Verbindung des kosmischen Menschen mit der Natur, aus der das Universum entsteht. Ursprünglich war Krishna der Schutzgott der Schafsherden. Da er von seinem Onkel dem König verfolgt wurde, vertrauten ihn seine Eltern heimlich einigen Schäfern an, die ihn großziehen sollten. Dem König war nämlich vorausgesagt worden, dass er eines Tages von einem Neffen umgebracht werden würde. Aus diesem Grunde hatte er befohlen, alle männlichen Babys,

Zwei oder drei für das „Eine"

▼ *Rama, eine Verkörperung von Vishnu.*

▲ *Trimurti, die Dreifaltigkeit aus Brahma, Shiva und Vishnu.*

▲ *Detail des Reliefs aus dem Tempel der Zehn Avataras (Deogarh, Zentralindien, ca. 500). Neben Brahma (oben rechts) ist Shiva zu sehen, der mit seiner Gattin auf dem weißen Stier Nandi reitet.*

die in seinem Königreich geboren wurden, zu töten. Schon seit seiner frühesten Kindheit liefert Krishna Beweise für seine Stärke und seinen Mut. Er verbachte seine Jugend in einer idyllischen Welt, in der er wie ein Kuhhirt lebte und mit seinem unwiderstehlichen Flötenspiel unterhielt er die Gopis („Hirtinnen") durch schmachtende Liebeslieder. Besonders liebte er Radha. Als er Erwachsen wurde, besiegt Krishna Dämonen und Monster, brachte den tyrannischen Onkel um und eroberte dessen Reich. Er nahm am Krieg zwischen den Pandava und den Kaurava teil und schlug sich heldenhaft. Krishna zog sich am Ende seines Lebens in einen Wald zurück und wurde dort von einem Jäger getötet.

Shiva ist bereits am Anfang des Abschnittes erwähnt worden, der sich mit dem männlichen Urbild beschäftigt. Es lässt sich ergänzen, dass Rudra, „der Herr der Tränen", sein vedisches Äquivalent ist. In seiner Eigenschaft als aktives Prinzip jeder Zerstörung ist er der „Herrscher des Universums". Shiva wird ebenfalls – wie alle Götter – unter verschiedenen Gesichtspunkten betrachtet und auf unterschiedliche Arten dargestellt. Das *Linga* bzw. der Phallus ist sein gängigstes Symbol und in jedem der ihm geweihten Tempel zu finden.

Trotzdem sollte man noch auf das ebenfalls häufig verwendete Symbol des schneeweißen Stiers namens Nandi hinweisen. Mit seinem massiven Körper und seinen braunen Augen dient er Shiva als Reittier. A. Daniélou erklärt hierzu: „Der Stier, der auf der Suche nach Abenteuer umherzieht, ist das Symbol des Geschlechtstriebs. Alle Lebewesen werden von ihren Trieben bestimmt; diese werden von dem Stier zerstampft. Shiva allein ist der Herrscher der Triebe: Deshalb reitet er auf dem Stier."

… und die weibliche

Es ist schwer eine entsprechende weibliche Dreifaltigkeit in der komplexen und verworrenen „Weltanschauung" der indischen Mythologie zu erkennen. Allerdings haben die Göttinnen Lakshmi, Sarasvati und Kali viele Gemeinsamkeiten mit der klassischen *Trimurti*.

Für Lakshmi wurden nie Tempel errichtet, weil man stets nur vergeblich versuchen kann, diejenige zu erfassen, die den Reichtum der Schöpfung vollkommen darstellt (genau genommen bedeutet ihr Name „die [Göttin] der Hunderttausende"). Sie wird dennoch in jedem Haus und bei jedem bedeutenden Anlass verehrt. Ihr Festtag wird in ganz Indien eingehalten und nicht zufällig ist ihr die Kuh geweiht. Sie symbolisiert das Potenzial des Vielseitigen, bevor die Urteilung in eine männliche und eine weibliche Gestalt stattfand. Ebenso wird sie als Vishnus Begleiterin dargestellt.

Begleiterin und Tochter Brahmas ist Sarasvati, die oft auf einem Schwan oder einem Pfau dargestellt wird. Ein Mythos erzählt, dass Brahma bei ihrem Anblick in eine erotische Ekstase verfiel und ihm fünf Köpfe wuchsen. Shiva riss ihm daraufhin einen Kopf ab, um ihn für die inzestuöse Beziehung zu bestrafen. Dort, wo sein Blut geflossen war, steht heute die Stadt Benares. Ein weiterer Mythos berichtet, dass es derselbe Vishnu war, der Sarasvati an Brahma abtrat und Ganga (die Mutter der Flüsse, die sich vom Himmel wieder auf die Erde ergoss und gerade in Benares besonders verehrt wurde, wo jedes Jahr Tausende Pilger in das reinigende Wasser „ihres" Ganges eintauchen) an Shiva weitergab, da er der permanenten Streitigkeiten zwischen seinen Frauen müde war. Sarasvati symbolisiert die Einheit der Kraft und der Intelligenz, aus der die Schöpfung entsteht und in der sie bewahrt wird. Sie ist der Prototyp der Künstlerin. Sie gilt als Erfinderin aller Künste und Wissenschaften, der Rhetorik und der Literatur. Sie erfand auch die Schrift, damit die ihr gewidmeten Gesänge festgehalten werden konnten. Man verdankt ihr ferner die Erfindung der Musik, damit die Noten,

Zwei oder drei für das „Eine"

▶ *Krishna und Radha, Miniatur, 1. Viertel 18. Jh.*

◀ *Durga, „die Unzugängliche", wie sie den Büffeldämon Mahisha tötet, der sich mit aller Kraft wehrt; er flieht aus dem Mund des sterbenden Büffels, dessen Gestalt er angenommen hatte. Durga packte ihn aber bei den Haaren und zerstörte ihn ein für alle Mal.*

durch welche die Melodien ihren Liebreiz priesen, unvergänglich wurden. Im *Rig-Veda* wird sie als *Vac*, „das Wort", bezeichnet.

Kali, die weibliche Form von *Kala*, „die Zeit", stellt die Energie der Zerstörung dar, „die Kraft, Jahrtausende und Zeitalter zu überdauern, die den Mensch, seine Städte, den Himmel und die Sterne zu Staub reduziert." (A. Daniélou). Ihre Darstellung ist erschreckend: Sie steht über einem Kadaver, zeigt ein höhnisches Lachen und droht mit furchtbaren Zähnen allen, die versuchen ihrer Macht zu entkommen. Sie hat vier, bzw. acht Arme, die u. a. den abgeschlagenen Kopf eines Feindes tragen und das blutige Schwert, mit dem sie ihn abgetrennt hat. Auch ihr Schmuck ist Furcht einflößend: Die Kette, die sie um den Hals trägt, besteht aus menschlichen Schädeln; zwei herabhängende Kadaver dienen ihr als Ohrringe und ihr Rock besteht aus den Händen von Männern, die ihre Widersacher waren; ihr Gürtel ist aus zerstückelten Armen gemacht. Sie war in der Dreifaltigkeit, der sie angehörte, die Begleiterin von Shiva. Einer mythologischen Erzählung nach, ging sie mit ihm einen Tanzwettstreit ein, den sie verlor, da sie sich schämte, alle seine Bewegungen nachzuahmen. In der traditionellen Ikonographie scheint sie weit davon entfernt, dem Willen Shivas unterworfen zu sein. Im Gegenteil: Es scheint, als ob Shiva von ihr missachtet wird. Nachdem Kali sich zum ersten Mal gezeigt hatte, um die göttlichen Mächte vor dem Dämon Daruka zu schützen, entzog sie sich sogar Parvatis Kontrolle.

Ein Mythos erzählt, wie es dazu kam, dass Parvati Kali hervorbrachte:

🙹 Parvati hatte zu Beginn schwarze Haut und Shiva lachte sie eines Tages deswegen aus. Die Göttin zog sich daraufhin beleidigt in die Berge zurück, um zu meditieren. Jedenfalls hatte sie vor ihrem Schlafzimmer einen ihrer Helfer als Wache postiert, um Shiva daran zu hindern, von ihrer Abwesenheit zu profitieren und sich an anderen Frauen zu erfreuen. Aber ein Dämon, der Parvatis Gestalt angenommen hatte, versuchte Shiva zu töten, indem er ihn zum Liebesspiel einlud, nachdem er seine Vagina mit Nägeln gespickt hatte. Shiva, der die tödliche Falle bemerkt hatte, befestigte ein Schwert an seinem Penis und tötete so den Dämon. Parvatis Informanten verbreiteten jedoch die Nachricht, dass man gesehen hatte, wie eine Frau in Shivas Schlafzimmer ging. Und dieses Mal stieß die Göttin ihren Zorn in Gestalt eines Löwen aus und verfluchte ihren Wachposten, bevor sie sich wieder dem Yoga widmete. Schließlich hatte Brahma mit Parvati Mitleid und fragte sie, was sie wünsche. Diese erwiderte, dass sie sich eine goldene Haut wünsche und diesem Wunsch wurde stattgegeben: Sie schlug, golden und schön, den Weg nach Hause ein und aus ihrem Körper entsprang eine schreckliche schwarze Göttin: Kali.

Abschließend muss man bemerken, dass Kalis Grausamkeit nur „relativ" ist, nämlich dann wenn man die begrenzte Sichtweise der Existenz und der Freuden der Welt annimmt. Zu Ehren von Kalis Wildheit veranstalten die Gläubigen des Tantrakultes grausame und orgiastische Riten. Die ewige Nacht, deren göttliches Symbol sie ist, wird für den Weisen zur höchsten Glückseligkeit, zum unendlichen Frieden.

Zwei oder drei für das „Eine"

▶ *Die Göttin Kali als Verschlingerin der Zeit.*

◀ *Eine Abbildung Ganeshas, den viele* Purana *über der männlichen* Trimurti *ansiedeln. Sie erzählt einen Mythos, in dem Parvati von Shiva beim Baden gestört wurde. Mit dem Dreck, die ihr am Leibe hängen blieb, schuf sie Ganesha. Als das Kind sich anmaßte, Shiva zu verbieten das Haus zu betreten, stürzten sich ihre Offiziersdiener auf es und schlugen ihm den Kopf ab. Um den Schmerz Parvatis zu lindern, schnitt Shiva den Kopf des ersten Lebewesens ab, das ihr unter die Finger kam, um ihn am Körper Ganeshas zu befestigen. Der Zufall wollte, dass es der Kopf eines Elefanten war.*

Kapitel 7

Das Land der Göttin Eriu

Irland heißt auf gälisch Éire, was „Erius Land" bedeutet. Eriu war nicht die einzige Erdgöttin, die von den Eingeborenen verehrt wurde. Ihr waren Banba und Fohla zur Seite gestellt, eine Dreifaltigkeit, die Gegenstand eines blühenden Kultes war. Ein Mythos erzählt, warum nur Eriu das Privileg zuteil wurde, mit ihrem Namen die grüne Insel zu bezeichnen.

Die letzten Invasoren, die aus Spanien kamen und an den Küsten Irlands an Land gingen, trafen zuerst auf Banba. Sie versprachen ihr dem Land ihren Namen zu geben, wenn sie ihnen erlaubte, weiterzugehen. So trat Banba zur Seite. Als nächstes trafen sie Fohla. Auch ihr versprachen sie zu denselben Bedingungen, dass sie der Insel ihren Namen geben würden. Und auch sie machte ihnen Platz. Am Ende fanden sich die Eindringlinge Eriu gegenüber. Wenn man sie betrachtete, hatte die Göttin manchmal das Aussehen einer wunderschönen und sehr großen Frau und ein anderes Mal war sie eine graue Krähe mit einem langen Schnabel. Die Göttin war eine unvergleichliche Zauberin und lebte auf einem Hügel in der Mitte der Insel. Je älter sie wurde, desto größer wurde die Insel. Außerdem konnte sie gegen die Feinde Erdschollen werfen, die sich in Krieger verwandelten und ihren Sieg sicherten. Aber auch die Invasoren waren ihrerseits große Zauberer. Nichtsdestotrotz wunderten sie sich über Erius Größe und ihre offensichtliche Macht. Deshalb vereinbarte man mit der Göttin einen Waffenstillstand und es wurde das Versprechen eingehalten, Irland ihren Namen zu geben: So bleibt Eire auch heute noch das Land der Göttin Eriu.

Im präislamischen Orient

Drei Göttinnen, die noch heute im Koran erwähnt werden, wurden bei den Nomadenvölkern Nordarabiens in der Zeit vor Mohammed (ca. 570–632 v. Chr.) sehr verehrt. Auch wenn die Verse im Koran, die dies belegen, nach und nach herausgestrichen wurden, da sie die Göttinnen als fürsprechende Geister in die Nähe Allahs rückten und deshalb als „satanisch" in Verruf gerieten.

Die erste war Al Uzza, eine streitbare Jungfrau, deren Name, „stark" bedeutete. Es war tatsächlich Mohammed, der ihr Heiligtum zerstörte, obwohl er sie anbetete. Es lag zwischen den Akazienbäumen im Süden Mekkas und dort wurde der heilige Stein bewahrt, das Symbol der Göttin darstellte.

Die zweite war Al Lat. Sie war der griechischen Göttin Demeter sehr ähnlich. Sie verkörperte die Erde mit all ihren Früchten und wurde in der Nähe von Mekka in der Gestalt eines großen weißen Granitblocks verehrt. Alle Gläubigen wandten sich an sie, indem sie sie „Meine Herrin" nannten. Und besonders die Frauen umrundeten mehrere Male vollkommen nackt den heiligen Stein, in der Hoffnung, dass jeder ihrer Wünsche Gehör fände. Al Lat war beständig wie die Erde, die sie als Göttin verkörperte. Sie wurde als unerschütterlich und unversetzbar angesehen. Die feierlichste Eidformel, die in ihrem Namen ausgesprochen wurde, lautete: „Für das Salz, für das Feuer und für Al Lat, die die größte von allen ist".

Schließlich wurde die Triade mit Manat komplettiert. Sie war die Göttin des Schicksals und der Zeit. Man kann in diesen Gottheiten die drei Phasen des Lebens einer einzigen Frau erkennen: die Macht der Jugend in der angriffslustigen Jungfrau, den Höhepunkt des Lebens in der fruchtbaren und wohltätigen Al Lat und das Altern und den Tod in Manat. Diese hat immerhin ihr eigenes Heiligtum zwischen Mekka und Medina. Als Mohammed als letzter von Allahs Propheten auftrat und eine streng monotheistische Religion lehrte, zerstörte er auch den unbearbeiteten schwarzen Stein, der in Manats Heiligtum bewahrt und verehrt wurde.

Zwei oder drei für das „Eine"

▶ Die Triskele, auch der oder das Triskel, ist ein vorwiegend keltisches Symbol in Form von drei in einem gleichseitigen Dreieck angeordneten offenen Spiralen. Im Allgemeinen wird damit die heidnische Dreifaltigkeit symbolisert. Über die ursprüngliche Bedeutungen der Triskel-Spiralen ist nur wenig bekannt. In jedem Fall spielt die „magische Zahl" Drei, die insbesondere in der keltischen Mythologie Bedeutung hat, eine große Rolle. Sie findet sich in verschiedenen Zusammenhängen und Zyklen, u. a. die Triade von Göttern und Göttinnen.

▲ Die Kaaba in Mekka ist das zentrale Heiligtum der Muslime. Sie gilt als das erste Gotteshaus und ist bereits in vorislamischer Zeit ein Heiligtum.

Das Animalische in der Mythologie

Drachen, Schlangen und andere Tiere

Die beiden Wawalag-Schwestern kultivierten Australien. Sie zogen über den Kontinent, veredelten Pflanzen zu Nahrungsmitteln, entwickelten für jedes Gebiet eine Sprache und gaben allen Geschöpfen des Landes Namen. Am Ende ihrer Reise lagerten sie mit ihren Kindern nahe bei dem Teich, in dem die große Mutterschlange Julunggul lebte, einem verbotenen Ort, an dem kein Menstruationsblut fließen durfte. Ohne von diesem Tabu zu wissen, badete die ältere Wawalag. Julunggul schoß wütend aus dem Wasser und beschwor die Himmelsmächte, die Frau mit Regen zu durchnässen.

Patricia Monaghan gibt eine der zahlreichen mythologischen Erzählungen wieder, die den „Kampf mit dem Drachen" zur Grundlage haben. Dies ist in der Mythologie der Welt ein ebenso häufiges wie doppeldeutiges und facettenreiches Symbol. Besonders im Fall der von Monaghan nacherzählten Geschichte: In ihr werden die Wawalag-Schwestern von dem Ungeheuer verschlungen, nachdem sie vergeblich versucht hatten, Julunggul durch Tanz und Gesang zu hypnotisieren, bis sie am Ende ihrer Kräfte waren und einschliefen.

Eine schicksalshafte Verfolgung

Besonders die Tiere, deren Gestalt von den Göttern angenommen wurde sind in diesem Zusammenhang beachtenswert. Dies kann man den unterschiedlichen Geschichten entnehmen, die auf den vorangegangenen Seiten beschrieben wurden. Von den zahlreichen Beispielen aus der Mythologie soll hier an die Geschichte von Cerridwen und Gwion erinnert werden. Es geht dabei um die Beziehung zwischen der „Muse" oder vielmehr der Göttin der Inspiration und dem Dichter in der traditionellen keltischen Kultur.

Die Waliser erzählten, dass Cerridwen zwei Söhne hatte. Der zweite war so hässlich, dass die Göttin beschloss, ihm zum Ausgleich dafür einen Zaubertrank zuzubereiten, der ihm die Gabe der dichterischen Inspiration verleihen sollte. Die Zubereitung dieses Saftes erforderte ein langes Einweichen und Kochen von Kräutern, die nur sie kannte. Daher vertraute sie den Kessel mit den nach und nach gesammelten Kräutern einem kleinen Jungen namens Gwion an. Eines Tages, als die Göttin auf Kräutersuche war, verbrannte sich Gwion die Finger an der kochenden Flüssigkeit und führte sie instinktiv zum Mund. Unverzüglich erlangte er die Fähigkeit, alles zu hören, was auf der Welt gesagt wurde. Außerdem erhielt er Kenntnis von der gesamten Vergangenheit und der Zukunft. Da Gwion ahnte, dass Cerridwen außer sich sein würde vor Zorn, wenn sie entdeckte, dass ein Sterblicher die Inspiration erhalten hatte, die eigentlich ihrem Sohn vorbehalten war, ergriff er die Flucht. Die Göttin begriff sofort, was geschehen war und verfolgte ihn. Der Junge verwandelte sich in einen Hasen, die Göttin war ihm auf den Fersen wie ein Windhund. Die Verfolgung dauerte lange: Er flüchtete in Form eines Fisches, sie verfolgte ihn als Hecht. Er verwandelte sich in einen Vogel, sie verfolgte ihn als Käuzchen. Aber als Gwion sich in ein Getreidekorn verwandelte, gelang es der Göttin in Gestalt eines Huhns, ihn zu verschlingen. Neun Monate später gebar sie ihn wie einen Sohn. Er wurde zum Dichter Talisien, dem größten Dichter seiner Sprache, an den man sich noch heute erinnert.

Das Animalische in der Mythologie

▶ *Galvanus, Figur aus der Artussage, musste sich einem Kampf mit dem Drachen stellen, Stich, 1508.*

◀ *Kopf der keltischen Göttin Brigit oder Brig, die häufig mit Cerridwen gleichgesetzt wird. Brigit, Urmutter und katholische Heilige, Verkörperung der dreifachen Muttergöttin und des Mondes. Sie und ihre beiden Schwestern, die ebenfalls Brigit hießen, waren u. a. Göttinnen der Dichtkunst, Prophetinnen und Beschützerinnen der Druiden. Cerridwen verkörperte den Todesaspekt der dreifaltigen Göttin. In ihr vereinen sich die Gegensätze von Leben und Tod besonders deutlich. Sie gebar den großen Barden Taliesin.*

Ein Zauber, der 900 Jahre andauerte

Die Symbolik des Schwans ist äußerst vielschichtig. Da man glaubte, dass sich dieser Vogel, bevor er stirbt, in einem verzehrenden Gesang ergeht, wurde er in der griechischen Mythologie Apollon, dem Gott der Musik gewidmet. Der französische Gelehrte Gaston Bachelard analysiert in seinem Buch *Psychoanalyse des Wassers* den Mythos des Schwans. Er unterstreicht u.a. den Hermaphroditismus des Tieres: Der Schwan repräsentiert das Männliche, besonders was den langen Hals betrifft, der auf den Phallus verweist; andererseits kann sein runder seidenweicher Körper das Weibliche symbolisieren.

An dieser Stelle soll kurz einer der berühmten keltischen Mythen wiedergegeben werden:

🐾 Die erste Frau des legendären irischen Königs Lir war bei der Geburt eines zweiten Zwillingspaares gestorben. Aoife, die zweite Frau von Lir, legte zu Beginn ein liebevolles Verhalten gegenüber den vier Kindern an den Tag. Allmählich wurde sie aber eifersüchtig auf die Zuneigung, die ihr Mann ihren Stiefkindern entgegenbrachte und beschloss sie zu töten. Nachdem sich die Männer aus dem Gefolge Lirs geweigert hatten, diese Aufgabe zu übernehmen, schritt sie selbst zur Tat. Sie sprach einen Fluch aus, der die vier Kinder in Schwäne verwandelte, die sich sofort erhoben und davonflogen. Der ahnungslose Vater Lir stieß bei seiner Suche auf vier wunderschöne weiße Schwäne. Fionnuala, das einzige Mädchen der vier verwandelten Königskinder, erklärte ihm ihr Schicksal: Sie würden 900 Jahre warten müssen, bevor sie wieder in Menschen zurückverwandelt werden würden. In der Zwischenzeit würden ihr Geist, die menschliche Stimme und ihre Sprache erhalten bleiben. Sie besaßen die Fähigkeit zauberhaft zu singen und sie konnten jeden der ihnen zuhörte, in einen erholsamen Schlaf versetzen. Nachdem Lir durch den Gesang seiner Kinder wieder Mut gefasst hatte, ließ er sie an den Ufern des Sees Dava zurück. Als er wieder an den Hof zurückgekehrt war, erhielt Aoife die Strafe, die sie am meisten fürchtete: Sie wurde in einen Luftdämon verwandelt. Als die Geschwister nach 900 Jahren endlich vom Zauber befreit wurden, nahmen sie die Gestalt gebrechlicher Menschen an und starben kurz darauf. Sie wurden alle zusammen und aufrecht stehend, nach irischer Tradition, beerdigt.

Weshalb der Hase verflucht wurde

Auch die symbolisch-mythologische Bedeutung des Hasen ist sehr facettenreich. Die Spannweite reicht von positiven (die Hitchiti, Ureinwohner Amerikas, erzählten beispielsweise wie es einem Hasen gelang, den höchsten Wesen ein wenig Feuer zu entwenden, um es den Menschen zum Geschenk zu machen) bis hin zu negativen Zuschreibungen (in der Bibel wird der Hase zu den „unreinen Tieren" gezählt). Besonders in der Mythologie der afrikanischen Hottentotten überwiegt die negative Konnotation dieses Tieres; so auch in folgender Geschichte:

🐾 Schon lange wollte der Mond den Menschen eine Nachricht senden, fand aber niemanden, dem er diese Aufgabe anvertrauen konnte. Eines Tages stellte sich der Hase vor und sagte: „Hier bin ich, Mond, ich bin hier, um dir zu gehorchen. Ich habe gehört, dass du den Menschen eine wichtige Nachricht überbringen willst. Weil ich schnell bin, bin ich bereit diese Aufgabe zu erfüllen." Der Mond, dem diese Bereitschaft gefiel, befahl also dem Hasen: „Los, lauf so schnell du kannst zu den Menschen und berichte ihnen, dass so wie ich sterbe und wieder aufgehen kann, sie auch wieder auferstehen können, nachdem sie gestorben sind." Der Hase wollte aber auch seinen Teil dazu beitragen und täuschte die Menschen. Er erzählte ihnen, dass sie sterben würden, sobald der Mond vom Himmel verschwinden würde. So entstand der Tod.

Als er ein weiteres Mal als Bote versagt hatte, durfte der Hase diese Funktion nicht mehr übernehmen. Er wurde verflucht und dazu verurteilt tagsüber nichts zu essen und nur nachts seinen Hunger zu stillen.

Das Animalische in der Mythologie

▶ Verwandlung der Kinder des Königs Lir in Schwäne, *Garden of Remembrance, Dublin.*

▲ *Albrecht Dürer,* Junger Feldhase, *1502.*

▶ *Der Hase oder das Kaninchen sind Attribute der Liebesgöttin. Francesco del Cossa,* Triumphzug der Venus, *1469/70, Ausschnitt aus einem Fresko im Palazzo Schifanoia in Ferrara.*

Der Raub des Feuers bei den Dama

Verweilen wir in Afrika beim Stamm der Dama. Auch sie erzählen einen Mythos über den Raub des Feuers, wie auch die Hitchiti-Indianer und viele andere Völker. In diesem Fall ist es ein Mensch, der den Raub begeht. Und es wird kein Gott bestohlen, sondern der Löwe, der König der Savanne:

🔥 Als die Menschen noch nicht die Kunst des Feuermachens beherrschten, sagte ein Mann zu seiner Frau: „Es ist sehr kalt in unserer Hütte. Deshalb habe ich beschlossen, den Fluss zu durchwaten und aus der Hütte des Löwen das Feuer zu stehlen." Die Frau ließ ihn schweren Herzens ziehen; so erreichte der Mann das andere Ufer und betrat die Hütte des Löwen. Dort rösteten der Löwe, die Löwin und ihre Jungen gerade menschliche Knochen. Trotzdem begrüßten sie den Gast mit Respekt und boten ihm einen Sitzplatz an. Der Mann nahm die Einladung an. Er wollte instinktiv in der Nähe des Ausganges der Hütte bleiben, um ein brennendes Holzscheit zu stehlen und damit zu fliehen. Er näherte sich Stück für Stück dem Feuer. Als ihm die Situation günstig schien, stahl er mit einer Hand das Holzstück, mit der anderen warf er die Löwenkinder ins Feuer und ergriff schnell die Flucht. Der Löwe und die Löwin mussten zunächst ihre Kinder in Sicherheit bringen, bevor sie ihn verfolgen konnten; sie taten dies zuerst und stürzten dann in Richtung des Flusses davon. Inzwischen aber hatte der Mann einen beachtlichen Vorsprung gewonnen. Als die beiden Beraubten in die Nähe des Wassers gelangten, war er schon am anderen Ufer. Die Unternehmung war geglückt und von diesem Tag an gehörte das Feuer, dem der Dieb befohlen hatte, bei jeder Art von Holz zu brennen, für immer den Menschen.

Sachmet und Bastet

Sachmet und Bastet waren zwei Tiere mit ähnlichen Merkmalen (sie gehören beide zur Familie der Katzen). In der mythologischen Vorstellungswelt der alten Ägypter hatten sie unterschiedliche symbolische Bedeutung:

Was Sachmet („die Mächtigste") betrifft, betonte man vor allem die Wildheit dieser Göttin in Löwengestalt, besonders wenn sie mit großer Freude unter den Menschen Blutbäder anrichtete. Ra wollte den Rest der Menschheit vor dem unersättlichen Blutdurst der Göttin retten. Er stellte 7 000 Bottiche mit Bier, gemischt mit Granatapfelsaft, auf dem Weg auf, den die mordende Göttin normalerweise einschlug. Er hoffte, dass sie das Getränk mit menschlichem Blut verwechseln und davon trinken würde, bis sie betrunken war. So geschah es. Als Sachmet aus dem Rausch erwachte, hatte sie ihre Aggressivität vollständig verloren und wurde sogar zur Göttin der Gesundheit (ihre Priester, in Memphis, waren fast alle Ärzte).

Anfangs wurde auch Bastet die Gestalt einer Löwin zugesprochen, aber mit dem Beginn der 18. Dynastie wurde sie endgültig zur Katzengöttin. Sie garantierte den Frieden und alle Güter, die von ihm ausgingen: Heiterkeit, Musik und Tanz, aber auch das Aufblühen des Handels. Im Mittelpunkt ihres Kultes in Bubastis in Unterägypten, wurden Tausende von Gläubigen bei ihrem Jahresfest von sanften Flötenmelodien begrüßt. Da es sich bei dem Löwen um ein sehr verbreitetes Sonnensymbol handelt (und abgesehen von der „Wandlung" Sachmets), haben einige Mythologen die These aufgestellt, dass Sachmet ursprünglich die zerstörerische Seite der Sonne symbolisierte (Trockenheit und darauffolgende Hungersnöte) und Bastet hingegen die positiven und beruhigenden Seiten der Sonne darstellte (Licht und Wärme, welche die Ernte reifen lassen).

Das Animalische in der Mythologie

▲ *Statue der löwenköpfigen Göttin Sachmet, Gemahlin des Ptah, Botin des Todes, Bringerin von Unheil und Seuchen, Schutzgöttin der Ärzte, Karnak (Oberägypten).*

Kapitel 8

Metamorphosen

Die Verwandlung von Menschen in Tiere, ist im mythologischen Repertoire der Welt weit verbreitet. Als besondere Art der „Metamorphose" war sie ein bedeutendes Thema in der antiken Dichtung. Im Folgenden sollen die die originellsten und bekanntesten Geschichten erwähnt werden.

🌿 Zur Zeit des Baus der chinesischen Mauer hatte der Kaiser nach einem anfänglichen Misserfolg einen Wahrsager befragt. Dieser hatte ihm geantwortet, dass die Fundamente des bisher Errichteten nachgegeben hätten, da den Göttern nicht ausreichend Opfer gebracht worden waren. Er hatte hinzugefügt, dass für jede fertig gestellte Meile ein Mensch zu Füßen der Festung lebendig begraben werden sollte. Ohne nachzudenken, ordnete der Kaiser die Opferungen an und versetzte so ein ganzes Dorf in Angst und Schrecken: Je länger die Mauer wurde, desto größer wurde die Zahl der Witwen und Waisen, aber auch die Zahl derer, die bereit waren, einen so blutrünstigen Herrscher zu stürzen. Dieser befragte aus Angst um seine Macht erneut den Wahrsager, der ihm eine andere Lösung vorschlug: Anstatt viele Männer zu begraben, würde es reichen einen einzigen lebendig zu begraben, der den Namen Wan (das Wort bedeutet auf Chinesisch „zehntausend") trage. An diesem Punkt verknüpft sich die Geschichte von Men Chiang, einer anderen Figur der chinesischen Mythologie, mit der eines bestimmten Wan, der in seinem Dorf lebte. Kurz: Die beiden heirateten. Wan wurde noch am Tag der Hochzeit verhaftet und am darauf folgenden Tag lebendig begraben. Die Frau nahm die beinahe unmögliche Aufgabe in Angriff, seine Überreste wieder zufinden, die zu Füßen einer Mauer lagen, die sich über mehrere Meilen erstreckte. Men Chiang gab die Suche nicht auf, obwohl sie nicht wusste, wo sie suchen sollte und ihre Treue kam dem Kaiser zu Ohren. Er ließ sie zum Hofe führen. Anfangs wollte er nur mit ihr sprechen, aber als er sah, wie schön sie war, beschloss er sie zu seiner Kaiserin zu machen. Die Frau wusste, dass sie den Heiratsantrag nicht ablehnen konnte, willigte aber unter zwei Bedingungen ein: Zu Ehren ihres verstorbenen Mannes sollte 49 Tage lang eine offizielle Trauerfeier abgehalten werden. Es sollte ein 49 Meter hoher Altar in der Nähe des Flusses errichtet werden, damit sie für ihn beten könne. Der Kaiser ging darauf ein. Unmittelbar aber, nachdem der Altar fertiggestellt war, stieg Men Chiang hinauf und klagte ihn an, Wan getötet zu haben. Sie schrie, dass ihr Ehemann der einzige Mann ihres Lebens gewesen sei, stürzte sich in den Fluss und fand den Tod. Außer sich, befahl der Herrscher seinen Wachen, den Leichnam der Frau aus dem Wasser zu ziehen, bevor er von den Fluten verschluckt würde und befahl die Knochen zu zermahlen. So geschah es. Aber das Erstaunen der Soldaten war groß, als sich der Leichnam Men Chiangs in einen Schwarm kleiner silberner Fische verwandelte. Man sagt, dass auch heute noch in diesen kleinen Fischlein die Seele der schönen und mutigen jungen Frau weiterlebt.

Ein weiterer chinesischer Mythos erzählt von der Entstehung der Seidenraupe:

🌿 Ein junges Mädchen, die einzige Tochter ihres verwitweten Vaters, hatte diesen sehr lieb. Der einzige Besitz des Vaters war ein Pferd. Da sich das Mädchen einsam und traurig fühlte, weil der Vater selten zu Hause war, begann sie eine Torheit: Sie versprach dem Pferd, es zu heiraten, wenn es den Vater suchen und ihn zurückbringen würde. Das Pferd ließ sich nicht zweimal bitten und galoppierte bis zu jener fernen Stadt, in der der Vater seine Geschäfte erledigte. Es fand ihn und brachte ihn auf seinem Rücken nach Hause. Als der Vater von dem Versprechen erfuhr, das die Tochter dem Pferd gegeben hatte, entschied er schweren Herzens, sein Pferd zu töten, um den guten Ruf seiner Familie nicht zu zerstören. Er traf es mit einem Pfeil mitten ins Herz, häutete es und hängte die Haut zum Trocknen in den Hof. Kurz darauf musste er wieder aufbrechen. Die Tochter, die zu Hause geblieben und erneut allein war, fand die Haut, die im Hof hing, versetzte ihr einen Tritt und rief: „Ist es nicht lustig? Du glaubtest mein Mann zu werden und nun bist du nichts weiter als eine trockene Haut! So wirst du es dir abgewöhnen, das zu begehren, was du nicht haben kannst!" Kaum hatte sie diese Worte ausgesprochen, da hob sich die Haut wie durch Zauberhand in die Höhe, umhüllte das Mädchen und verschwand. Als der Vater wieder nach Hause kam, konnte er nur noch feststellen, dass seine einzige Tochter verschwunden war. Einige Tage später fand er jedoch auf einem Baum nicht unweit des Hauses einen seltsamen Wurm, der einen perlfarbenen Faden herstellte: Es war seine Tochter, die in eine Seidenraupe verwandelt worden war, weil sie ihr Versprechen nicht gehalten hatte. Die Frauen aus der Umgebung, deren Neugier durch das Tier geweckt worden war, fütterten es mit den Blättern des Baumes, auf dem sie es gefunden hatten und zogen es auf. Dieser Baum wurde *sang* („Maulbeerbaum") genannt, ein Wort, das im Chinesischen genau wie das Wort für „Tod" ausgesprochen wurde.

Der Maulbeerbaum ist in der chinesischen Mythologie in gewisser Hinsicht auch mit Xi Wang Mu, der höchsten weiblichen Gottheit verknüpft. Ursprünglich war sie eine monströse Mutter, mit einem Frauenkopf, Tigerzähnen und dem Schwanz einer Katze. Mit der Zeit nahm sie eine freundlichere Gestalt an. Sie wurde zu einer schönen alterslosen Frau, die Pfirsiche vom Staub der Maulbeerbäume befreite.

Metamorphosen sind auch in der Mythologie der Maya von Bedeutung. Es gibt beispielsweise eine Erzählung, die aufgrund des unerwarteten Benehmens einer Großmutter am Ende der Geschichte verwirrend ist, zumindest in Bezug auf die Gefühle, die diese Figur in uns auslöst. Der Name der Großmutter ist Ixmucane:

Ixmucanes Sohn Hun Hunahpu vertraute ihr, bevor er mit seinem Bruder zur tödlichen Reise in die Unterwelt aufbrach, die Enkel Hun Batz und Hun Chouen an. Er hatte sie mit Ixbakiyalo gezeugt, die vorzeitig gestorben war. Eines Tages klopfte Ixquic an Ixmucanes Tür und stellte sich als Schwiegertochter vor, da sie in ihrem Leibe die Frucht der Spucke trug, die aus dem abgeschlagenen Kopf eben jenes Hun Hunahpu getropft war, als sie es gewagt hatte, den „verbotenen Baum" aus der Nähe zu betrachten. Anfangs glaubte man ihr nicht. Aber als man sie einer Prüfung unterzog, die sie mit Bravour bestand, durfte sie bei Ixmucane bleiben. Es kam der Zeitpunkt der Geburt; Ixquic stieg auf die Berge hinauf, wo ohne Schwierigkeiten die Zwillinge Hunahpu und Ixbalanque auf die Welt kamen. Als man die beiden Neugeborenen nach Hause brachte, begannen sie zu weinen und wollten nicht schlafen. Daher entfernte man sie sofort von den Stiefbrüdern. Legte man sie jedoch auf einen Ameisenhügel oder auf dornige Sträucher schliefen sie ruhig ein. Hanahpu und Ixbalanque wuchsen auf dem Feld auf, wo sie lernten mit einem Blasrohr zu schießen; sie ernährten sich vom dem, was Ixmucane und ihre großen Brüder übrig ließen, die bereits von Neid und Eifersucht zerfressen waren und die ihnen alle Vögel wegnahmen, die sie mit ihren Pfeilen trafen. Eines Tages kehrten die Söhne ohne Beute zurück und die Mutter Ixquic herrschte sie böse an: „Warum seid ihr ohne Vögel zurückgekommen?" „Die Vögel, die wir mit unseren Blasrohren getroffen haben, sind in den Wipfeln der Bäume hängen geblieben", antworteten die beiden und fügten an Hun Baz und Hun Chouen gerichtet hinzu: „Unsere großen Brüder könnten uns helfen sie herunterzuholen." Die Worte der beiden eifersüchtigen Brüder waren: „Morgen werden wir mitkommen." Am folgenden Morgen begaben sich die vier zum Fuße des Baumes, auf dem zahlreiche Vögel saßen und zwitscherten. Hunahpu und Ixbalanque trafen mit ihren Blasrohren viele von ihnen, aber keiner fiel zu Boden. „Klettert auf den Baum, um die Vögel einzusammeln, die wir getroffen haben", sagten sie zu den beiden größeren Brüdern, die schnell bis in die Spitze des Baumes stiegen. Augenblicklich wurde der Stamm breiter und der Baum wurde so groß, dass die beiden in der Baumspitze Angst hatten und um Hilfe baten:

„Wie können wir wieder zur Erde herabsteigen?" Hanahpu und Ixbalanque antworteten Folgendes: „Löst die Bänder des Lendenschurzes, die auf dem Bauch geknotet sind und knüpft sie hinten zusammen, sodass die Enden frei sind wie ein Schwanz; auf diese Weise werdet ihr euch besser bewegen können." Hun Batz und Hun Chouen befolgten den Rat, verwandelten sich aber sofort in Affen mit einem gekräuselten Schwanz, die sich beweglich von Ast zu Ast schwingen konnten. Als die Zwillinge zu Hause ankamen und der Mutter und der Großmutter erzählten, was geschehen war, brach Ixmucane in Tränen aus: „Warum habt ihr das alles zugelassen?" „Unsere großen Brüder werden zu dir zurückkehren, Großmutter, und du darfst nicht über sie lachen. Ihr Schicksal liegt in deinen Händen", antworteten die beiden und stimmten mit der Flöte eine süße Melodie an, um sie damit anzulocken, während Ixmucane sich vor das Haus setzte und auf sie wartete. Vom Klang angezogen, erschienen Hun Batz und Hun Chouen, die nun Affen waren, tanzend in Gegenwart der Großmutter. Die Alte sah sie und konnte das Lachen nicht zurückhalten, da sie so lustig und unbeholfen aussahen. Da flüchteten die Affen in den Wald, kehrten aber dreimal zurück, da die Musik sie anlockte, die sie auch geliebt hatten, als sie noch Menschen waren. Jedes Mal lachte Ixmucane und jedes Mal liefen die beiden weg. Seit diesem Tag lebten sie auf den Bäumen.

Aus der griechisch-römischen Mythologie kennt man vor allem die Geschichte von Arachne und die von Prokne und Philomene:

🗣 Die erste Verwandlung hat ihren Ausgangspunkt in dem übermäßigen Stolz der jungen Weberin Arachne auf die eigene Geschicklichkeit. So wagte sie es, Athene, die Göttin aller Künste, herauszufordern. Arachne stellte ein herrliches Tuch her, auf dem die olympischen Götter in sehr gewagten Liebesszenen dargestellt waren und wollte die Göttin dadurch in Verlegenheit bringen und sie zu einem Fehler verleiten. Athene, außer sich vor Wut, riss Arachnes Werk in Fetzen. Diese erhängte sich aus lauter Scham. Ihr Geist nahm die Gestalt der allerersten Spinne an, und seitdem heißen diese Tiere, die geschickte Weber sind, Arachniden.

🗣 Tereus war der Sohn von Ares (Gott des Krieges, bei den Römern mit Mars gleichgesetzt), der Thrakien, dem Lieblingsland seines Vaters, sehr zugetan war. Dieser hatte Prokne geheiratet und aus dieser Verbindung war Itys geboren. Dann aber hatte Tereus ein Auge auf Philomele, Proknes Schwester, geworfen. Um die Zustimmung des Vaters zu erlangen, auch die zweite Tochter mit sich zu nehmen, erzählte er ihm, dass Prokne gestorben sei. Philomele sollte bald erfahren, wie ihr Schwager war: Tatsächlich tötete dieser die Wächter, die der Vater ihr zum Schutz gegeben hatte und zwang sie sofort mit ihm zu schlafen, obwohl ihm eine rechtmäßige Hochzeit versprochen worden war. Da Prokne von diesen Taten erfuhr, sorgte Tereus dafür, dass man ihr die Zunge herausschnitt und sie in die Gemächer der Sklaven verbannte. In einer anderen Version des Mythos wurde Philomele die Zunge abgetrennt und nicht ihrer Schwester Prokne und auch ihr wurde der vermeintliche Tod der Schwester mitgeteilt. Auch wird erzählt, dass es der einen Schwester gelang, mit der anderen zu kommunizieren, indem sie auf den gewebten Bildern die Grausamkeit des Tereus' darstellte. Ihn erwartete eine grauenhafte Strafe vonseiten der Schwestern, die sich wiedergefunden hatten und auf Rache sannen: Der kleine Itys wurde in Stücke geschlagen, in einem großen Kessel gekocht und Tereus wurde die furchtbare Speise aufgetischt. Nachdem er erfahren hatte, dass er das Fleisch seines Sohnes verspeist hatte, wäre sein Todesbeil auch auf Prokne und Philomele niedergegangen, wenn nicht Zeus eingegriffen hätte, um dem Schrecken ein Ende zu bereiten. Er verwandelte Prokne in eine Schwalbe, Philomele in eine Nachtigall und Tereus in einen Wiedehopf oder einen Sperber.

Das Animalische in der Mythologie

▲ *Diego Velasquez,*
Die Fabel der Arachne, *ca. 1657.*

▼ *Peter Paul Rubens,* Das Mahl des Tereus, *1636. Prokne und Philomele zeigen Tereus den Kopf des von ihm verzehrten Sohnes Itys.*

Amalthea

Die Urmutter Rhea war über das Verhalten ihres Mannes Kronos aufgebracht, der regelmäßig die Kinder verschlang, die sie auf die Welt brachte. Schließlich gelang es ihr, ihn zu überlisten: Unmittelbar nachdem sie Zeus geboren hatte, ließ sie Kronos einen Stein verschlingen. Sie versteckte den zukünftigen König der Götter auf Kreta. Von den zahlreichen mythologischen Figuren, die Zeus' Kindheit auf Kreta begleiten, wird am häufigsten eine magische Ziege namens Amalthea („die Zärtliche") genannt; eines ihrer Hörner verwandelte sich in ein Füllhorn, das Zeichen des Überflusses. Somit war Amalthea nicht nur in der Tat in der Lage, ausreichend Milch zu produzieren, um einen Gott zu ernähren, sondern ihr Horn versorgte alle Kinder der Erde mit Nahrung. Nachdem Amalthea in den Himmel entschwunden war, sahen die Griechen sie weiterhin im hellsten Stern und in den drei Gestirnen des Sternbilds Auriga.

Ein ungewöhnlicher Widder

Die von Jason geleitete Suche der Argonauten nach dem Goldenen Vlies, ist eine der fruchtbarsten und poetischsten Erzählungen in der griechischen Mythologie: Der Gott des Meeres hatte sich selbst in einen Widder und Teophane, in ein Schaf verwandelt, um sich mit ihr zu vereinen. Es kam zu einer einzigartigen Hochzeit, die man auf der Insel Crumissa feierte, deren Bewohner aus diesem Anlass ebenfalls zu Schafen wurden.

Der Wolf Fenrir

Von den Söhnen, die Loki mit der Riesin Angrboda gezeugt hatte, war es anfangs nur dem Wolf Fenrir gestattet, in der Nähe der Götter zu leben. Denn schließlich erwecken alle Welpen Zärtlichkeit. Aber das Tier wurde jeden Tag größer und nur Tyr, Odins Sohn, wagte sich ihm zu nähern, um ihn zu füttern. Als die Götter sahen, welche Ausmaße er erreicht hatte und nachdem ihnen prophezeit worden war, er würde nur Unglück bringen, beschlossen sie, ihn anzuketten. Nachdem sie den Wolf an die Kette gelegt hatten, forderten sie ihn heraus, zu versuchen, sie zu zerreißen; er zerstörte sie ohne große Anstrengung. Die Götter stellten nun eine zweite Kette her, die viel stabiler war als die erste. Um das Monster zu überzeugen, sich in Ketten legen zu lassen, erzählten sie ihm vom Ruhm, den er erlangen würde, gelänge es ihm, die mit größter Sorgfalt gemachte Kette zu zerstören. Fenrir begutachtete die Kette und ließ sich schließlich fesseln. Er sprengte die Kette in 1000 Teile. Die Götter beschlossen, sich an die Zwerge und ihre magischen Kräfte zu wenden. Die dritte Kette wurde aus dem Geräusch von Katzenschritten, aus Frauenbart, Bergwurzeln, Sehnen von Bären, dem Atem von Fischen und Vogelmilch gemacht. Sie war äußerst fest, auch wenn sie fein wie ein Seidenfaden schien. Da riefen die Götter Fenrir auf eine kleine Insel und forderten ihn erneut heraus. Der Wolf fürchtete einen Hinterhalt und wollte sich nicht fesseln lassen, obwohl die Götter ihm versprachen, ihn loszubinden, falls er die Herausforderung nicht bestehen würde. Um nicht als Feigling zu gelten, willigte er schließlich unter einer Bedingung ein: Einer der Götter sollte die Hand in seinen Rachen halten, um ihm die versprochene Freiheit zu garantieren. Tyr hatte als einziger den Mut dazu und weil die dritte Kette hielt, verlor er seine Hand. Fenrir, der versucht hatte, die Götter mit den Zähnen zu packen, wurde eine Schwert in den Schlund gestoßen. Von da an heulte der auf ewig angekettete Wolf.

Das Animalische in der Mythologie

▲ *Tyr nähert sich Fenrir.* Detail eines Wikingerhelms.

▲ *Mosaik aus Pompeji,* Phrixos, Helle und der Widder des Goldenen Vlies.

▲ *Gian Lorenzo Bernini,* Die Ziege Amalthea.

Kapitel 8

Ein Mythos der Blackfoot

Das Volk der amerikanischen Blackfoot Indianer in den USA und in Kanada teilt sich in drei Hauptgruppen: Die Blackfoot aus dem Norden (oder Siksika), die Gruppe der Kaina (oder Blood) und die Piegan. Der Name Blackfoot kommt wahrscheinlich von ihrem Brauch, ihr Schuhwerk mit Asche zu färben. Die indianischen Gründer eines Verbundes, der sich im 18. Jh. von Montana bis zu den Rocky Mountains erstreckte, waren Büffeljäger: Sie lockten die Büffel auf einen Felsen. Dort wurden sie von den Indianern getötet, die sich mit deren Fleisch und Fellen versorgten. Aber plötzlich funktionierte diese Falle nicht mehr und die Blackfoot begannen Hunger zu leiden.

Eines Tages stieß ein Mädchen des Stammes auf eine Büffelherde als sie Wasser holen wollte. Sie stieg auf die Spitze des Felsens und schrie aus vollem Hals, dass sie einen der Büffel heiraten würde, wenn sie wieder zu ihrer alten Gewohnheit zurückkehren würden.

Zu ihrem großen Erstaunen sah sie, wie sich eine große Zahl von Tieren auf den Fels zubewegte und sich in den darunter liegenden Abgrund stürzten. Das Mädchen bekam Angst, musste aber dennoch dem Büffel in die Prärie folgen, der sich ihr genähert und sie an ihr Versprechen erinnert hatte.

Als die Dorfbewohner entdeckten, dass das Mädchen verschwunden war, nahm der Vater Pfeil und Bogen und brach auf, um sie zu suchen. Als er an einen Sumpf kam, an dem sich die Büffel trafen, um zu saufen, sich auszuruhen und sich im Schlamm zu wälzen, setzte er sich, um zu überlegen, wie er nun vorgehen müsse. Plötzlich erschien eine Elster, die sich an seine Seite setzte. Sie würde ihm nutzen, sagte er sich und bat sie umherzufliegen, die Tochter zu finden und ihr zu sagen, dass er in der Nähe des Sumpfes auf sie wartete. Die Elster flog sofort los, erblickte von oben eine Herde, in der sich zwischen den Bisons eine junge Frau aufhielt. Sie setzte sich nicht weit von ihr auf den Boden und überbrachte ihr die Botschaft des Vaters. „Nicht so laut!", bat das erschreckte Mädchen und blickte sich um. „Kehr zu ihm zurück und sage ihm, dass er sich nicht von dort wegbewegen soll."

Als der Büffel-Ehemann, der in der Nähe geschlafen hatte, erwachte, bat er seine Frau, Wasser zu holen. Die junge Frau nutzte die Gelegenheit und begab sich zu dem Sumpf, an dem, wie sie wusste, der Vater auf sie wartete. Sie erreichte ihn unter Todesangst und fragte ihn, warum er dorthin gekommen wäre. Sie wollte nicht mit ihm fliehen, da die Büffel sie verfolgen und sie beide sterben würden. Das einzige, was sie tun konnten, war zu warten, bis die Büffel eingeschlafen waren. Dann kehrte sie mit dem Wasser zu ihrem Mann zurück und dieser roch, nachdem er einen Schluck davon getrunken hatte, dass ein Mensch in der Nähe sein musste. Er trank noch einen Schluck, erhob sich und stieß ein furchteinflößendes Brüllen aus, auf das alle Bullen der Herde antworteten und in alle Richtungen davonstürzten. Als sie am Sumpf ankamen, fanden sie den alten Vater, nahmen ihn auf ihre Hörner und zerrissen ihn, sodass kein Teil seines Körpers ganz blieb.

Die junge Frau brach verzweifelt in Tränen aus, weil der Vater so tragisch ums Leben gekommen war. Der Büffel-Ehemann machte sie aber darauf aufmerksam, dass sie nur durch diesen brennenden Schmerz nachvollziehen könne, wie sich die Büffel fühlten, wenn sie sahen, wie ihre Artgenossen von den Felsen stürzten und von ihren Leuten umgebracht würden. Er fügte hinzu: „Trotzdem habe ich Erbarmen mit dir. Wenn du in der Lage bist, deinen Vater wieder zum Leben zu erwecken, werde ich euch erlauben, wieder zu den Euren zurückzukehren."

Da bat die Frau die Elster, zu versuchen einige Reste des Körpers ihres Vaters zu finden. Die Elster tauchte ihren spitzen Schnabel in den Schlamm, stöberte herum und zog schließlich ein Stückchen der Wirbelsäule heraus, das sie der Tochter brachte. Diese legte es auf den Boden, bedeckte es mit ihrem Mantel und stimmte ein Lied an. Als sie den Mantel wieder wegnahm, hatte sich der Körper des Vaters wieder vollkommen neugebildet, blieb aber unbelebt. Da bedeckte sie ihn von Neuem, begann wieder zu singen und als sie den Mantel schließlich wieder hob, atmete der Vater und stand kurz danach auf. Der Büffelmann gab zu bedenken: „Heute haben wir viele seltsame Dinge gesehen. Der Mann, den wir in Stücke zerrissen haben, lebt wieder. Diese Menschen verfügen über eine große heilige Kraft." Und bevor er Vater und Tochter verabschiedete, wollte er, dass sie ihm und seiner Herde den magischen Tanz beibrachten. Sie wollten den Tanz lernen, mit dem sie die toten Tiere aus reinem Selbsterhaltungstrieb wieder zum Leben erwecken konnten.

Ein atemberaubender Wettstreit

Auch die Cheyenne, verwandt mit den Blackfoot, waren Büffeljäger. Dieses Tier nahm eine zentrale Stellung in ihrer Weltanschauung ein, zusammen mit anderen „Tierbrüdern". In einem Mythos der Cheyenne wird Folgendes berichtet:

🐾 Die Bisons wollten alle beherrschen und beanspruchten das Recht, die anderen Tiere und die Menschen zu fressen. Diese waren nachvollziehbarerweise nicht einverstanden und man wollte das Problem durch ein Wettrennen lösen. Da die Büffel im Vorteil waren (sie hatten vier Beine), waren sie damit einverstanden, dass die Menschen Vögel an ihrer Stelle teilnehmen ließen. Im Wettkampf ging einer der schnellsten Läufer der Büffel an den Start und vier Vögel (Kolibri, Lerche, Falke und Elster). Die Zuschauer hatten sich sorgfältig vorbereitet und jedes Tier hatte sich geschmückt. Der Wettkampf war mitreißend und das Publikum schrie, um die Läufer anzufeuern. Am Ende gewann die Elster, die etwas langsam wirkte, aber zäh und abgehärtet war. Sie überholte die Bisonkuh genau auf der Ziellinie. Von da an wurden die Menschen mächtiger als ihre Gegner und begannen sie zu jagen, um sich mit Nahrung zu versorgen. Die Elster aber achteten sie für immer.

Der Bär

Stämmiger Körper, kurze Glieder, breite Tatzen ... Bedenkt man sein Erscheinungbild, verwundert es, dass der Bär der anmutigen Göttin Artemis zugeordnet wird. Ein Grund hierfür waren sicherlich die „Bärinnen". So nannte man die Mädchen, die mit neun Jahren und bis zu ihrer Hochzeit, in ihre Dienste eintraten. Oder es wird damit auf Kallisto verwiesen, eine Nymphe aus der Gefolgschaft der Göttin Artemis. Es gibt verschiedene Versionen dieses Mythos: Eine besagt, dass Zeus sie in Gestalt eines Bären verführt hat. Die nächste Variante berichtet, dass sie zur Strafe in einen Bären verwandelt wurde, als Artemis im Bad ihre fortgeschrittene Schwangerschaft entdeckte. Oder schließlich, dass es Zeus gewesen sein soll, der sie in dieses Tier verwandelte, um sie Heras Rache zu entziehen.

Der Bär hat vor allem in den Mythen der nordamerikanischen Ethnien eine zentrale Bedeutung. Yak Quahu von den Haida behauptete beispielsweise: „Die Alten sagen, dass die Bären vor nicht allzu langer Zeit den Menschen sehr ähnlich waren: Sie sprachen, gingen aufrecht und benutzten ihre Tatzen so geschickt wie wir unsere Hände. Wenn sie sich entschlossen zu heiraten, raubten sie gewöhnlich die Mädchen unseres Volkes."

Eine andere Geschichte erzählt, wie eines Tages ein sehr schwacher und kranker Mann in ein Dorf kam:

🐾 Er bat um Hilfe, aber alle hatten Angst, sich anzustecken. Nur eine einzige Frau hatte Mitleid mit ihm und lud ihn in ihre Hütte ein. Sie gab ihm zu essen und pflegte ihn, aber der Alte zeigte keinerlei Anzeichen der Besserung. Nach vielen Tagen, bereits dem Tode nahe, rief er die Frau und sagte ihr, dass er einen Traum gehabt habe. Der Große Geist hätte ihm ein Kraut an einer bestimmten Stelle im Wald gezeigt, das ihn heilen würde. Die Frau fand das Kraut, bereitete es so zu, wie es ihr der Alte aufgetragen hatte. Der Mann wurde gesund, aber wenige Tage später wurde er wieder krank. Erneut dem Tode nahe, rief er die Frau und erklärte ihr, welches Kraut sie für die neue Krankheit sammeln und wie sie es zubereiten müsse. Der alte Mann wurde geheilt, erkrankte aber ein weiteres Mal. So ging es über ein Jahr, bis der alte Mann das letzte Waldkraut nahm und nicht mehr krank wurde. Dann erhob er sich von seinem Lager und sagte zu der Frau, dass der Große Geist ihn in das Dorf geschickt hätte, um ihr die Kunst des Heilens beizubringen: Dies hätte er getan, seine Aufgabe sei erfüllt und er würde nun aufbrechen. Daraufhin verließ er die Hütte und schlug den Weg ein, der ihn aus dem Dorf hinausführte. Als er in die Nähe des Waldes gekommen war, sah die Frau, wie er sich in einen großen Bären verwandelte, der im Wald verschwand.

Elefanten und Wolken

In der indischen Tradition gibt es einen Mythos, der erzählt, wie die Elefanten aufhörten zu fliegen:

❦ Eines Tages setzte sich eine Herde dieser Tiere auf den Ast eines Baumes, unter dem ein Yogi seinen Schülern Unterricht gab. Der Ast zerbrach, fiel herunter und verursachte dadurch den Tod einiger dieser Schüler. Die Tiere flogen davon und wollten sich auf einen anderen Ast setzen, aber der Yogi war verständlicherweise entrüstet. Er verdammte die gesamte Rasse dazu, für immer ihre Flug- und Verwandlungsfähigkeit zu verlieren. Eigentlich sind die Elefanten nichts anderes als Wolken, die dazu verdammt sind, auf der Erde zu laufen.

In Indien werden sie immer noch als heilsame Tiere, als Überbringer der Fruchtbarkeit und des Lebens angesehen, da das Eintreffen ihrer „Cousins", der Wolken, stets pünktlich das Geschenk des Regens mitbringt.

Der Elefant Gor

Für die afrikanischen Pygmäen wird die Erhaltung der Harmonie des Weltalls von einem Elefanten garantiert, der den Himmel auf seinem Rücken trägt. Nur, dass es sich dabei nicht um ein heilbringendes Tier handelt, sondern vielmehr um einen richtigen Gott. Dieser wird Gor oder Goru genannt und kann, wenn er trinkt, Flüsse austrocknen und wenn er Hunger hat, einen kompletten Wald verschlingen. Folglich ist es für die Pygmäen schrecklich, wenn ihnen Gor im Traum erscheint. Und Zeichen, die die Geburt eines Kindes begleiten, müssen gedeutet werden: Wenn sich sein Tröten in Form eines Donners ankündigt, ist es Aufgabe des Vaters, sofort aufzubrechen, um einen Elefanten zu jagen; wenn am Himmel ein Regenbogen erscheint, kann er beruhigt sein, weil dann dem Neugeborenen ein gutes Schicksal bevorsteht. In jedem Fall muss ein pygmäischer Jäger, dem es gelingt, einen Elefanten zu erlegen, Gor eine Portion des Fettes opfern, das hinter dem Ohr des Tieres liegt. Dies wird tatsächlich als der wertvollste Teil seines Körpers angesehen. Indem der Jäger etwas davon im heimischen Feuer verbrennt, zeigt er seine Gottergebenheit.

Das Animalische in der Mythologie

▲ *Der Traum der Königin Maya, Buddhas Mutter, in der Nacht der Empfängnis: Vom höchsten Himmel steigt ein weißer und leuchtender Elefant herab und nachdem er drei Mal um ihr Bett gelaufen ist, berührt er mit dem Rüssel ihre rechte Hüfte und befruchtet sie.*

▲ *Ein Gemälde auf Leder des Stammes der Shoshone, das eine Büffeljagd darstellt.*

▲ *Baldassare Peruzzi*, Die Nymphe Callisto im Sternbild des Großen Bären, *1511. Deckenfresko aus dem Zyklus der* Costellazioni *(Sternbilder).*

Der Stier

Eine Gemeinschaft von Anhängern des Mithraskultes scheint in Rom bereits seit dem Jahr 67 v. Chr. aktiv gewesen zu sein. Aber erst nach Ende des 1. Jh. erfuhr dieser Kult eine wirkliche Verbreitung, sodass er zu einer ernsthaften Konkurrenz für das Christentum wurde. Ursprünglich war Mithras eine Gottheit der iranischen Götterwelt. Er war der Gott der Fruchtbarkeit und im Allgemeinen der Gott aller Güter, die für die Gesundheit des Körpers und der Seele wichtig waren. Als Ahura Mazdas Auge bzw. als Prinzip des Guten war er der Feind aller Sünden. Seine Anhänger mussten deshalb aufrichtig, gerecht und keusch sein, um die ewige Glückseligkeit zu verdienen. Als Gott des Lichtes (*Sol invictus*, das bedeutet „unbesiegte Sonne" für die Römer) wurde er mit Strahlen und Pfeilen dargestellt: Mit diesem Bild, das den Mut und den Krieg beschwor, identifizierten sich die römischen Legionäre. Mithras spielte auch bei der mythischen Opferung eines Stiers eine zentrale Rolle. Aus dem Blut dieses Tieres sprossen sämtliche Pflanzen, besonders die Weinreben; aus dem Mark des Stieres wuchs Getreide und aus dem Samen das tierische Leben. Abgesehen von der Wiederholung dieses Opfers in den Kulten des römischen Reiches, änderte sich die Bedeutung des Stieres: Er wurde vom Symbol der Erde, der Mutter und der fruchtbar machenden Feuchtigkeit, in der Regel zu einem Symbol des Himmels, des Vaters, also des „Männlichen".

Diese zweite symbolische Bedeutung findet sich auch in der Mythologie der alten Ägypter.

Diese verehrten den Stier Apis („der in Eile ist") als die Verkörperung von Ptah oder Nachfolger von Osiris. In der bildenden Kunst wird das heilige Tier gewöhnlich schwarz mit einem viereckigen Fleck auf der Stirn und dem Bild eines Adlers auf dem Rücken dargestellt; oft befinden sich zwischen seinen Hörnern auch eine Sonnenscheibe und eine Uräusschlange (die heilige ägyptische Kobra).

In Heliopolis schließlich zeigt sich der Gott Ra seinerseits in Gestalt des Stieres Mnevis. Als sich in Ägypten die makedonische Dynastie durchsetzte, wurde der Serapiskult eingeführt. Serapis wird dann mit Osiris-Apis gleichgesetzt, das heißt mit der göttlichen Figur, die aus dem Mythos des heiligen Stieres Apis geboren wurde und schließlich der Begleiter von Isis wurde.

Das Schwein in der ägyptischen und griechischen Mythologie

Im ägyptischen Totenbuch, das um 2000 v. Chr. verfasst wurde, wird das verhängnisvolle Treffen von Seth und Horus geschildert. Horus, der nachgeborene Sohn von Isis und Osiris, kam auf die Welt, um eine bestimmte Aufgabe zu erfüllen: Er sollte den Tod seines Vaters rächen, der von Seth verübt worden war. In dieser Version des Mythos verwandelt sich Seth, der in einen Feuerwirbel eingehüllt ist, während des Treffens in ein schwarzes Schwein, bei dessen Anblick Horus' linkes Auge verbrennt. Der Sonnengott Ra erklärt daraufhin vor allen Göttern, dass „Schweine für Horus verabscheuenswert sind". Daher verzichtete man im alten Ägypten darauf, das Fleisch dieser Tiere zu essen.

Auch bei den Griechen war das Schwein kein gewöhnliches Tier. Homers Held Odysseus beispielsweise, konnte dem Zauber der Magierin Circe entfliehen. Sie hatte alle seine Begleiter mit dem Kraut Moly, das Hermes ihr gegeben hatte, in Schweine verwandelt. Aber als er sie zwang, ihnen wieder ihre menschliche Gestalt zurückzugeben, waren sie viel jünger und schöner als vorher. Außerdem sah er zum ersten Mal seinen Sohn Telemach in der Hütte eines Schweinehirten als er nach 20 Jahren Irrfahrt endlich in das heimische Ithaka zurückkehrte.

Das Animalische in der Mythologie

▲ *Dosso Dossi*, Die Zauberin Circe.

▲ Der Gott Mithras während er den Stier tötet.

◄ Die Granitstatue von Horus mit Zügen eines Falken, die am Eingang eines Tempels steht, den man ihm in Idfu gewidmet hat. Als Beschützer der Könige wurde er manchmal auch als Gott des Himmels (die Sonne und der Mond wurden „Augen des Horus" genannt) oder sogar der Welt verehrt. So hätte er mit seinen Flügeln den Himmel, das Reich Ober- und Unterägyptens und den Pharao bedeckt. Auch der Gott Sokar, der dem Eingang zur Unterwelt vorstand, wurde manchmal mit Falkenkopf dargestellt und manchmal mit dem gesamten Körper dieses Vogels.

Das Wildschwein

Eines der bekanntesten Wildschweine der Mythologie ist das wilde Tier, dass Adonis jedes Jahr tödlich verletzte und dadurch seinen zyklischen Übergang vom Licht in die Finsternis verursacht. In der Übertragung des orientalischen Mythos in den griechischen, wurde in diesem Wildschwein Ares erkannt, der Kriegsgott. Er war eifersüchtig, weil Aphrodite, die Göttin der Liebe, ihn betrogen hatte. Sie war die Einzige, die seine kriegerischen Triebe mit leidenschaftlichem Beischlaf besänftigen konnte.

Das Wildschwein kommt auch in einem kosmogonischen Mythos des volkstümlichen Hinduismus vor, der in den *Purana* zitiert wird:

🍂 Als Brahma sich entschloss, die Erde aus den Tiefen des Wasser zum Licht emporzuheben, änderte sich sein Atemrhythmus. Aus einem seiner Nasenlöcher kam ein kleines Wildschwein heraus, das so winzig war wie ein Daumen, aber sofort anfing zu wachsen und schließlich phänomenale Ausmaße annahm. „Das Wildschwein war 50 Meilen breit und 5 000 hoch und es hatte die Farbe einer dunklen Wolke. Sein Grunzen war wie ein Donner; sein Körper der eines Berges. Seine Hauer waren weiß, spitz und furchtbar; seine Augen glühten; und es leuchtete wie die Sonne. Seine Schultern waren rund und grenzenlos; seine Schritte waren wie die eines mächtigen Löwen, seine Keulen waren voll, seine Lenden aber schlank und sein Körper glatt und schön." Das außerordentliche Tier war niemand anderes als Vishnu. Es warf sich ins Wasser und rettete die Göttin Erde, indem es sie vor dem Hinterhalt zweier Königsschlangen des kosmischen Meeres bewahrte. „Als sein Kopf wieder aus dem Meer auftauchte, reinigte das Wasser, das von seiner Stirn lief die Gelehrten, die den Himmel der Heiligen bewohnen. Durch die Abdrücke seiner Hufe ergossen sich die tosenden Wassermassen in die Unterwelt ... während er sich aufrichtete, hob er die schöne Göttin Erde auf seinen Hauern empor und das kosmische Meerwasser spritzte in alle Richtungen."

Der Hirsch

In zahlreichen Mythen, Gesängen und poetischen Kompositionen Nord- und Südamerikas geht es um den Hirsch. Dem Mythos der Huichol zufolge war der Hirsch das erste Tier auf der Erde, das sein Fleisch und sein Blut anbot, um die Götter und die Vorfahren zu nähren. Noch heute wird Hirschblut zur Segnung von Votivgaben verwendet. Es wird symbolisch auf die Erde gegossen, damit sie fruchtbar werde, bevor Mais gesät wird. Bei den Azteken leitete sich der Name des sechsten Tags ihres antiken Kalenders vom Hirsch ab (Mazatl). Aus British Columbia stammt die Legende von der Hochzeit zwischen einem jungen Mann und einer Hirschkuh; Geschichten dieser Art sind in den Mythen der Indianer sehr verbreitet: Ist ein Mann einmal verheiratet, lebt er beim Tiervolk seiner Frau und wird wie durch einen Zauber auch zum Hirsch. Aber er vergisst sein Volk nicht: Von da an besorgt er Hirschfleisch, um seinen Stamm zu ernähren.

Von den Erzählungen der abendländischen Mythologie, in denen der Hirsch zumindest als Nebenfigur auftritt, kann vor allem die „dritte Arbeit" des Herakles erwähnt werden. Darin kommt die Kerynitische Hirschkuh vor, die durch einen Zauber ein goldenes Geweih trug und immer auf der Flucht war. In jedem, der sie auch nur kurz sah, weckte sie das fatale Verlangen, ihr zu folgen in Welten, aus denen man nicht mehr zurückkehre. Bisweilen wird sie auch mit Artemis gleichgesetzt: Die widerspenstige, scheue und flüchtige Weiblichkeit dieser Göttin und ihre Macht über das Leben finden nämlich im Bild der Kerynitischen Hirschkuh eine überzeugende Darstellung. Die Göttin steht für das Jungfräuliche und „Unberührte". Deshalb ist es nicht verwunderlich, dass diese Verfolgung Herakles bis an die Grenzen des Jenseits trieb. Er kam zum Garten der Hesperiden, den Nachtgöttinnen, die den Baum mit den goldenen Äpfeln bewachten. Erst hier konnte der Held, zumindest einigen Quellen zufolge, die Hirschkuh einfangen (oder ihr gar die goldenen Hörner ausreißen).

Das Animalische in der Mythologie

▲ *Vishnu, in Gestalt eines Wildschweins, hebt die Göttin Erde hoch, während das Paar der großen Königsschlangen erschrocken innehält.*

▲ *Herakles und die Hesperiden, Fresko aus Pompeji.*

▶ *Kessel von Gundestrup, Detail, 1. Jh. v. Chr. Die zentrale Figur mit Gehörn in sitzender Position wird meist mit dem Gott Cernunnos identifiziert.*

▲ *Hector Gonzales Carrillo,* Der blaue Hirsch.

193

Pwyll und Rhiannon

Rhiannon war die schöne walisische Fee der Unterwelt. Von ihr sagte man, dass sie sich auf der Erde mit einem unglaublich schnellen Pferd fortbewegte und von Zaubervögeln begleitet wurde. Sie konnte Tote wiedererwecken und die Lebenden in einen siebenjährigen Schlaf fallen lassen.

♣ Als Pwyll Rhiannon sah, verfolgte er sie augenblicklich. Aber auch wenn er ihr mit einem sehr schnellen Pferd nachritt, so konnte er nicht mit der Schnelligkeit von Rhiannons Pferd mithalten. Dieses verlangsamte sein Tempo nie und schien keine Müdigkeit zu verspüren. So war es Rhiannon, die die Initiative ergriff, bei Pwyll zu bleiben und ihm einen Sohn zu schenken. Eines furchtbaren Tages verschwand das Kind und die Mutter wurde mit blutverschmiertem Mund und Wangen gefunden. Des Mordes angeklagt, wurde sie verurteilt, Pwyll als Wächter seines Palastes zu dienen: Sie musste die Besucher auf ihren Schultern bis zum Eingang tragen, woher auch ihre enge Verbindung zu Pferden stammt. Die Geschichte hatte jedoch ein glückliches Ende. Das Kind wurde wiedergefunden und man stellte fest, dass Rhiannon zu Unrecht von ihren Dienerinnen beschuldigt worden war. Diese erschraken zu Tode, weil sie den Kleinen nicht wiedergefunden hatten und beschmierten ihr das Gesicht mit dem Blut eines Hündchens.

Die Hunde Argos und Gelert

Der Hund war das erste Tier, das vom Menschen gezähmt wurde. Wohl deshalb finden sich in den Mythen der Welt weitreichende Spuren dieses in grauer Vorzeit entstandenen Bündnisses. Für alle, die die *Odyssee* gelesen haben, ist das Treffen des Protagonisten mit dem alten Hund Argos auf den Stufen seines Palastes in Ithaka sicherlich eine der bewegendsten Episoden:

♣ Damals hob der Hund, der dort ausgestreckt lag, seine Schnauze und seine Ohren. Es war Argos, der Hund des ausdauernden Odysseus: Dieser hatte ihn seinerzeit von eigener Hand gefüttert, bevor er zum heiligen Ilion (Troia) aufbrach. Früher hatten ihn die Jungen zur Jagd von wilden Ziegen, Hirschen und Hasen mitgenommen, aber jetzt lag er dort, ohne dass sich jemand um ihn kümmerte. Er lag in Abwesenheit des Herrn auf einem Haufen Mist, der sich vor der Schwelle türmte und mit dem die Diener die weiten Ländereien von Odysseus düngen konnten. Dort also lag Argos, voller Zecken. Aber kaum vernahm er die Gegenwart von Odysseus, bewegte er den Schwanz, senkte die Ohren, schaffte es jedoch nicht, dem Herrn entgegenzurennen. Und dieser trocknete sich eine Träne als er ihn sah … Und der Tod nahm Argos unmittelbar nachdem er Odysseus gesehen hatte, mit sich fort: 20 Jahre waren vergangen.

Als Beispiel echter Treue kann auch die Geschichte von Gelert gelten, dem Hund des keltischen Prinzen von Wales:

♣ Auf der Jagd war das Lieblingstier des Prinzen der Furchtloseste der gesamten Meute, im Hause der Anschmiegsamste und Treuste. Eines Tages erschien er nicht bei den anderen Hunden, die ungeduldig darauf warteten, an der Treibjagd teilzunehmen und sein Herr brach traurig ohne ihn auf. Als der Prinz nach Hause zurückkehrte, schlug seine Traurigkeit in Angst um, als er ihm blutüberströmt entgegenkam. Auf der Stelle eilte er in das Zimmer seines kleinen Sohnes, denn oft hatte er Gelert befohlen, diesen zu bewachen. Das Kind war nicht mehr dort und sein Bettchen war voller Blut. Da er dachte, dass Gelert ihn verschlungen hätte, durchbohrte er den Hund mit dem Schwert. Kurze Zeit darauf hörte er das Kind schreien: Es war gänzlich unverletzt und in einem sicheren Winkel versteckt. In seiner Nähe lag ein toter Wolf, der noch als Kadaver Angst einflößte. Der Prinz verstand nun, dass Gelert seinen Sohn vor dem Wolf beschützt hatte. Tief betrübt und aus Reue, dass er seinem Hund nicht vertraut hatte, befahl der Prinz, dass ihm ein prächtiges Grab errichtet werden sollte.

Das Animalische in der Mythologie

◀ Epona ist eine keltische Fruchtbarkeitsgöttin und Göttermutter sowie die römische Göttin der Pferde. Die Verehrung Eponas war zu Zeiten der Kelten und Gallo-Römer im gesamten europäisch-keltischen Raum verbreitet. Pferde spielten zudem in zahlreichen mythen der Kelten eine Rolle.

▼ Ein altsteinzeitliches Graffito (Niaux, Frankreich), das „den Vorfahr" der Wildpferde darstellt, aus denen durch künstliche Selektion die verschieden Hauspferdrassen entstanden sind. In der keltischen Mythologie gibt es zahlreiche Gottheiten, die eine enge Verbindung zu Pferden haben, von Epona bis hin zu Macha, von Etain bis hin zu eben jener Rhiannon.

◀ Odysseus mit seinem Hund Argos.

Kapitel 8

Bienen und Löwen

In den Hieroglyphen ist das Zeichen der Biene Teil königlicher Namen. Auch in einer Episode aus der Bibel wird die positive Bedeutung dieser arbeitsamen Tiere eindrucksvoll veranschaulicht.

🐝 „So ging Simson hinab mit seinem Vater und seiner Mutter nach Timna. Und als sie kamen an die Weinberge von Timna, siehe, da kam ein junger Löwe brüllend ihm entgegen. Und der Geist des Herrn geriet über ihn, und er zerriss ihn, wie man ein Böcklein zerreißt, und hatte doch gar nichts in seiner Hand. Er sagte aber seinem Vater und seiner Mutter nicht, was er getan hatte. Als er nun hinkam, redete er mit dem Mädchen, und Simson hatte Gefallen an ihr. Und nach einigen Tagen kam er wieder, um sie zu holen, und bog vom Wege ab, um nach dem Aas des Löwen zu sehen. Siehe, da war ein Bienenschwarm in dem Leibe des Löwen und Honig. Und er nahm davon in seine Hand und aß unterwegs und ging zu seinem Vater und zu seiner Mutter und gab ihnen, dass sie auch aßen. Er sagte ihnen aber nicht, dass er den Honig aus dem Leibe des Löwen genommen hatte. Und als sein Vater hinkam zu dem Mädchen, machte Simson dort ein Hochzeitsgelage, wie es die jungen Leute zu tun pflegen. Und als sie ihn sahen, gaben sie ihm 30 Gesellen, die bei ihm sein sollten. Simson aber sprach zu ihnen: Ich will euch ein Rätsel aufgeben. Wenn ihr mir das erratet und trefft in diesen sieben Tagen des Gelages, so will ich euch 30 Gewänder geben und 30 Feierkleider. Könnt ihr's aber nicht erraten, so sollt ihr mir 30 Gewänder und 30 Feierkleider geben. Und sie sprachen zu ihm: Gib dein Rätsel auf, lass uns hören! Er sprach zu ihnen: Speise ging aus vom Fresser und Süßigkeit vom Starken." (*Buch der Richter*, 14,5–14)

Interessant ist an dieser Stelle auch die Rolle des Löwen, der normalerweise als das Symbol exaltierter Männlichkeit gilt. Hier, aber auch im Fall von Herakles, der zwei Löwen bezwang, wird das Tier von der „stärkeren" Kraft der Helden besiegt.

Die beiden Schwestern

In einem Mythos der afrikanischen Bantu stehen Insekten auf äußerst originelle Art und Weise im Mittelpunkt:

🐝 Ein Mädchen wurde von seiner Mutter losgeschickt, um an einer Quelle mit einem großen Krug Wasser zu schöpfen. Versehentlich fiel er ihr aus der Hand und zerbrach in tausend Stücke. Verzweifelt klammerte sie sich an ein Seil, das plötzlich vom Himmel herabgelassen wurde und sie fand sich in einem seltsamen Dorf wieder. Sie wurde von einer alten Frau empfangen, und bekam die Anweisung, die Ameise, die ihr ins Ohr krabbeln würde, nicht zu verscheuchen: Denn nur mithilfe der Ameise würde sie erfahren, was sie denjenigen antworten müsse, die sie über kurz oder lang ansprechen würden. Als sie die Straße entlang lief, merkte sie tatsächlich, wie eine schwarze Ameise ihre Beine hochkrabbelte. Sie erinnerte sich an den Ratschlag der alten Frau und unterdrückte den Reflex sie wegzuscheuchen. Stattdessen wartete sie, bis die Ameise in ihr Ohr gekrabbelt war und sich dort eingerichtet hatte. Sie kam in die Nähe einer Hütte und blieb auf der Schwelle stehen, wie es ihr die Ameise gesagt hatte. Einige alte Männer aus dem Dorf fragten sie, warum sie bis in den Himmel hinaufgestiegen sei. „Um ein Kind zu suchen", antwortete sie. In den folgenden Stunden befahl ihr eine Frau, Maiskolben auf dem Feld zu sammeln, sie zu entkörnen und eine schmackhafte Polenta zu kochen. Das Mädchen führte die Aufgabe, die sie bekommen hatte, so gut wie möglich aus. Nachdem die Frau sie gelobt hatte, bot sie ihr eine Unterkunft für die Nacht an. Am nächsten Tag wurde sie in ein großes Haus geführt, in dem viele in weißen und roten Stoff gewickelte Kinder waren. Sie wurde aufgefordert, sich eines davon auszusuchen, dabei sollte sie immer auf die Anweisungen der Ameise hören. Sie entschied sich für ein hübsches Baby, das in schneeweiße Baumwolle gewickelt war. So konnte sie mit dem Baby und mit vielen Perlen und Stoffen, die für ihr ganzes Leben reichen sollten, nach Hause zurückkehren. Die eifersüchtige Schwester fragte das Mädchen, wo sie gewesen sei. Sie erzählte ihr alles und die Schwester beschloss, ebenfalls in Richtung Himmel aufzubrechen. Ihr Verhalten war jedoch völlig anders. Sie blieb nicht stehen, als die alte Frau sie rief; sie jagte die Ameise weg, die ihr wertvolle Hinweise gegeben hätte; sie antwortete den alten Männern unfreundlich, die sie fragten, warum sie gekommen sei und als die Frau sie bat, Maiskolben zu sammeln, verwüstete sie das Feld. Schließlich wurde sie in das Haus der Kinder geführt. Als sie sich gerade eines aussuchen wollte, das in roten Stoff gewickelt war, wurde sie von einer fürchterlichen Explosion getötet. Einer der alten Männer sammelte daraufhin ihre Gebeine ein und brachte sie zu der Hütte der Mutter. Ihre Schwester sagte: „Sie hatte ein böses Herz, deswegen hat der Himmel ihr gezürnt."

Warum Raben schwarze Federn haben

Die Indianer erzählen eine Geschichte, die zu der Zeit beginnt, als es noch keine Pferde und Gewehre gab und die Jagd ein sehr mühsames und gefährliches Unterfangen war. Um alles noch komplizierter zu machen, kamen noch die Raben (die zu diesem Zeitpunkt weiß waren) dazu, da sie mit den Bisons befreundet waren.

🐾 Wenn die Raben aus der Höhe die Jäger kommen sahen, warnten sie die Bisons. Die Menschen trafen sich, um zu beratschlagen und man beschloss, den großen weißen Raben, den Kopf des Schwarms, zu fangen. Ein junger Freiwilliger verkleidete sich als Bison und mischte sich mutig unter die Herde. In diesem Augenblick stiegen die anderen Männer von den Hügeln herab, den Bisons entgegen und die Raben begannen rechtzeitig zu krähen, um die Anwesenheit der Jäger zu melden. Alle Tiere der Herde rannten davon, bis auf den jungen verkleideten Mann. Der große weiße Rabe kam vom Himmel herab, setzte sich auf den Rücken dieses „tauben Bisons" und krächzte noch lauter. Aber der vermeintliche Bison packte ihn sofort und band ihm schnell die Füße mit einem Seil zusammen. Nachdem man ihn zum Lager gebracht hatte und gerade entschied, was man mit ihm tun wollte, packte ihn ein Jäger, der wütender als die anderen war, und schleuderte ihn ins Feuer. Das Seil, das ihm die Füße fesselte, verbrannte sofort und dem verkohlten Vogel gelang es, wegzufliegen. Aber der Schrecken, den er davontrug, ließ ihn versprechen, dass niemand aus dem Rabenstaat die Bisons jemals wieder warnen würde. Jedenfalls blieben die Federn dieser Vögel von nun an für immer schwarz.

Die „Pandora" der Pygmäen

Der Frosch verhält sich nicht in allen Mythen so leichtsinnig, wie im Mythos der Pygmäen, der an die Pandora der Griechen erinnert. Er ist normalerweise anders als die Kröte ein positives Symbol. In diesem Fall weicht die Darstellung von der Tradition ab:

🐾 Ursprünglich gab es keinen Tod auf der Erde und Menschen wie Tiere lebten ewig. Eines Tages vertraute der höchste Gott einer Kröte, ein zerbrechliches, aber schweres Gefäß an. Der Gott empfahl der Kröte besonders darauf aufzupassen, da großes Unglück über alle Bewohner der Erde kommen würde, falls es zerbrechen sollte. Die Kröte versprach achtzugeben und den Behälter unversehrt zu bewahren. Nach kurzer Zeit traf die Kröte einen Frosch und da sie keine Lust mehr hatte aufzupassen, schlug sie dem Frosch vor, dass er sich doch darum kümmern solle. Der Frosch war einverstanden und lud sich das Gefäß auf den Rücken. Er hatte nur wenige Schritte gemacht, als er vom Gewicht des Behälters umgerissen wurde und mit den Beinen in der Luft zappelte. Das Gefäß zerbrach in 1000 Stücke. Daraus kam der Tod hervor. Seitdem ist das Leben auf der Erde vergänglich.

Athenas noctuam mittere ...

... heißt „Eulen nach Athen tragen", um eine völlig nutzlose Sache zu bezeichnen, da in der Hauptstadt Attikas diese Nachtvögel im Überfluss vorhanden waren. Sie waren in unterschiedlicher Art und Weise mit Athene, der Schutzgöttin der Stadt, verbunden. In der späten griechisch-römischen Mythologie wird dem Zutun von Athene-Minerva die Verwandlung von jungen Mädchen in Eulen zugeschrieben. Es ist aber wahrscheinlich, dass ursprünglich das Tier und die Göttin als Symbol der Weisheit, der Wissenschaften und der Künste übereinstimmten.

Auch in anderen griechischen Sagen kommt die Eule vor: Es ist das Tier, in das Askalaphos, Hades' Gärtner, als Strafe von Demeter verwandelt wurde, als er ihre Freude über die wiedergefundene Tochter Persephone trübte, indem er ihr enthüllte, er habe sie einen Granatapfelkern essen sehen. Denn dies bedeutete, dass sie in die Unterwelt zurückkehren musste. In diesem Fall ist die Verbindung zwischen dem Nachtvogel und dem Tod deutlich erkennbar. In der Hieroglyphenschrift der alten Ägypter ist seine Bedeutung mehr oder weniger dieselbe.

Negativ sind auch die verschiedenen Bedeutungen, die der Eule in einem keltischen Mythos anhaften, dessen Hauptfiguren der walisische Held Llew Llaw Gyffes und das Mädchen Blodeuedd sind. Letztere hatten Zauberer, aus neun Wildblumenarten, die sie Knospe für Knospe gesammelt hatten (ihr Name bedeutet „Blumengesicht"), geschaffen. Sie war folglich sehr schön, aber ebenso heimtückisch. Nachdem sie für kurze Zeit Llew Llaws Braut gewesen war, zögerte sie nicht, ein Komplott zu schmieden, um ihn zu töten. Sie hatte nämlich eine Schar von Jägern an ihrem Fenster vorbeikommen sehen und sich in einen von ihnen verliebt. Sie brachte den Ehemann dazu, sich in die einzige Situation zu bringen, die für ihn gefährlich werden konnte (der Held war durch einen Zauber unverletzbar und es war nur möglich, ihn zu töten, wenn mehrere sehr spezielle Umstände gleichzeitig eintreten würden). Der Jäger, der ihr Liebhaber geworden war, kam aus seinem Versteck hervor und brachte Llew Llaw um. Blodeuedd wurde jedoch entdeckt und dieselben Zauberer, die sie geschaffen hatten, nahmen sie gefangen und verwandelten sie in eine Eule.

Wie die Eule so ist der Uhu ein nachtaktiver Vogel. Dies erklärt auch seinen Ruf bei den nordamerikanischen Indianern als „freundlich gesinnter Geist"; das Tier, das weise und umsichtige Ratschläge vor allem in schwierigen Situationen erteilt; der Uhu hingegen hat meist negative Bedeutung, die mit der Urangst vor der Dunkelheit in Verbindung steht. Diese im Unbewussten verankerte Furcht kommt in einem Mythos der Irokesen zum Ausdruck:

Der Schöpfer vollendete gerade die Tiere. In diesem Augenblick war er mit dem Kaninchen beschäftigt, das Läufe und lange Ohren, sowie scharfe Zähne und Krallen haben wollte. Der Uhu, der in der Nähe saß, belästigte den Schöpfer die ganze Zeit mit Fragen, die sein zukünftiges Aussehen betrafen. Der Gott befahl ihm, still zu sein und die Augen zu schließen, weil er es hasste, bei seiner Arbeit beobachtet zu werden. Aber da der Uhu nicht gehorchte, wurde er wütend. Er packte ihn und schlug ihm mit der Faust den Kopf bis auf die Schultern, zog ihn an den Ohren und versetzte ihm einen so heftigen Stoß, dass seine Augen vor Angst ganz groß wurden und wälzte ihn im Sumpf. Anschließend sagte er ihm, dass er von da ab nicht mehr den Hals ausstrecken könne; dass er große Ohren habe, damit er beunruhigende Nachrichten entschlüsseln könne; dass er gleichfalls aufgerissene Augen habe, aber nicht in der Lage sei, das zu sehen, was tagsüber passiere (sein aktives Leben würde nachts stattfinden); und schließlich, sagte er ihm, dass seine Federn grau seien (will sagen, die Farbe, die das Alter kennzeichnet, das dem Tod vorausgeht).

Nach dieser Ablenkung wollte sich der Schöpfer wieder des Kaninchens annehmen, das in der Zwischenzeit vor Schreck geflüchtet war: Und aus diesem Grund sind nur die Hinterbeine des Kaninchens lang und es ist ein so ängstliches Tier.

Das Animalische in der Mythologie

▲ Auf der Vorderseite der attischen Münzen war der Kopf der Athene eingeprägt; auf der Rückseite eine Eule. Diese Münzen wurden um 525–500 v.Chr. eingeführt, nach der Niederlage der Perser 480 v.Chr. wurde der Kopf Athenes mit einem Kranz aus Olivenblättern geschmückt.

▲ *Niklas Stör*, Eulenweisheit, *1532, Holzschnitt.*

Die „Monster" in der griechischen Mythologie

Die Mythologie der alten Griechen ist reich an Ungeheuern. Diese bilden einen Kontrast zu dem Helden, der sich ihnen entgegenstellt und sie besiegt. Möglicherweise haben die Griechen mit ihren Monstern und Ungetümen dem „Bösen im Menschen" Gestalt verliehen. Der Sieg des Helden, der zumeist Rechtschaffenheit und Tugend verkörpert, kann somit als die symbolische Überwindung des Schlechten gelten, das jeder von uns in sich trägt.

♟ Typhon war ein schreckliches Ungeheuer. Sein Körper und seine Hände endeten in einem Schlangengeflecht und wenn er die Arme ausstreckte, konnte er die ganze Welt umfassen. Sein Eselskopf reichte bis zu den Sternen (die Griechen nahmen im Schrei des wilden Esels den Geist des Schirokkos wahr, der schlechte Träume bringt und zu Gewalttaten verleitet). Die Sonne verdunkelte sich, wenn er seine riesigen Flügel öffnete; alles verbrannte, wenn seine Augen aufflammten oder er brennende Steine spuckte. Als ihn die himmlischen Götter sahen, flüchteten sie erschreckt nach Ägypten und versteckten sich dort als Tiere: Zeus wurde zum Widder, Aphrodite zum Fisch, Apollon verwandelte sich in einen Hirsch, Dionysos in eine Ziege, Hera in eine weiße Kuh, Artemides wurde zur Katze, Ares zum Wildschwein, Hermes zum Ibis. Lediglich Athene, die schon als Verkörperung der Vernunft aus dem Kopf von Zeus geboren wurde, fand dieses Verhalten unschicklich. Sie brachte den Vater dazu, wieder sein eigentliches Aussehen und seine Eigenschaften anzunehmen, damit er dem Ungeheuer angemessen entgegentreten konnte. Er bewaffnete sich mit seinen Blitzen, nahm die Stahlsichel, mit der Uranos entmannt wurde und verfolgte das Monster durch Thrakien bis nach Sizilien, wo er es unter dem Ätna begrub.

♟ Von den drei Gorgonen war nur Medusa sterblich. Sie hatte aber die fürchterliche Macht, jeden in Stein zu verwandeln, der ihr ins Gesicht blickte. Einst war sie ein wunderschönes Mädchen und weckte die große Leidenschaft des Meeresgottes Poseidon. Als die beiden ein Liebespaar wurden, hatten sie die unglückselige Idee, sich für das Liebesspiel in den Tempel der Jungfrau Athene zurückzuziehen. Aus Strafe verwandelte Athene Medusa. So schön und anmutig sie war, so hässlich und abstoßend wurde sie nun: flammende Augen, lange Hauer, heraushängende Zunge und ein Schlangennest als Haare. Der junge Perseus hatte dem Onkel, bei dem er lebte, unvorsichtigerweise versprochen, ihm das Haupt der Medusa zu bringen. Mit Athenes Hilfe bewältigte er diese Aufgabe erfolgreich. Sie hatte ihm den Rat gegeben, niemals dem Monster ins Gesicht zu schauen und hatte ihn mit einem leuchtenden Schild ausgestattet. Wenn er es wie einen Spiegel verwendete, würde er damit während des Kampfes die Bewegungen des Monsters überblicken können. Hermes gab ihm eine sehr scharfe Sichel. Perseus benötigte allerdings auch noch der Helm von Hades, dem Gott der Unterwelt, der unsichtbar machte, einen magischen Sack, in dem er den Kopf der Medusa aufbewahren konnte und ein Paar geflügelte Sandalen. Der Held wusste, dass die stygischen Nymphen diese Gegenstände bewachten. Außer den Graien wusste aber niemand, wo sie lebten. So kam ein weiteres Dreigestirn von Ungeheuern ins Spiel. Die Graien, die von Geburt an Greisinnen waren, besaßen nur ein gemeinsames Auge und einen Zahn. Beides tauschten sie untereinander aus. Perseus nutzte diese furchtbare Einschränkung und erhielt dadurch die Information, die ihm helfen würde: Als die Graien ihren Zahn und ihr Auge tauschen und an die nächste weitergeben wollten, gelang es ihm, beides an sich zu reißen. Zahn und Auge sollten ihm als Pfand dienen. Nachdem ihm die Nymphen die drei Wunderdinge geben hatten, flog Perseus mit den geflügelten Sandalen in das Land der Hyperboreer. In einer düsteren Gegend, in der Statuen von Menschen und Tieren standen, die Medusa zu Stein verwandelt hatte, lagen schlafend die Gorgonen. Athene führte die Hand des Helden während des Kampfes und schließlich trennte Perseus den Kopf der Medusa sauber ab.

Das Animalische in der Mythologie

◄ *Gian Lorenzo Bernini*, Das Haupt der Medusa, *1630.*

► *Caravaggio*, Das Haupt der Medusa, *Tondo (Detail) 1595/96.*

Auch den Kampf gegen Keto gewann Perseus:

🝔 Die Göttinnen des Meeres, die Nereiden, waren wunderschöne Mädchen, die auf dem Rücken von Fabeltieren über die Wellen ritten. Die Königin Kassiopeia hatte gewagt zu behaupten, dass sie und ihre Tochter Andromeda schöner als die Nereiden seien. Ihr Hochmut und ihre Eitelkeit sollten nun exemplarisch bestraft werden. Einem Orakelspruch zufolge würde Andromeda ihr Volk vor dem Zorn der Meeresgötter nur retten können, wenn sie sich nackt an einen Felsen ketten ließe und Keto zum Fraß vorgesetzt werden würde. So geschah es. Sie fand sich wehrlos auf dem Felsen wieder und war entsetzt über das Schicksal, das sie nun erwartete. Als Perseus, der von der Tötung der Medusa mit den Flügelsandalen der stygischen Nymphen heimflog, hielt er sie von oben für eine Statue: so unbewegt und angespannt sahen die Muskeln ihres schönen Körpers aus. Aber als er die langen vom Wind zerzausten Haare und die Tränen auf ihrem Gesicht bemerkte, erkannte er, dass es ein Mädchen aus Fleisch und Blut war. Er flog herbei, um ihr zu helfen. Als sich der Held dem Felsen näherte, war er hingerissen von der außergewöhnlichen Schönheit des Mädchens. Er fragte sie, warum sie in dieser seltsamen Situation sei. Nach kurzem Zögern erzählte ihm Andromeda, was geschehen war. Währenddessen hatte sich Keto seiner Beute genähert. Perseus griff Keto an und tötete ihn. Einer anderen Version des Mythos nach, verwandelte Perseus das Seeungeheuer zu Stein, indem er ihm das Haupt der Medusa zeigte, das er an seinem Gürtel trug. Jedenfalls rettete er Andromeda, die seine Frau wurde und ihm sechs Kinder schenkte.

Bellerophon, ein anderer Held, besiegte die Chimäre:

🝔 Die Chimäre war ein seltsam zusammengesetztes Ungeheuer, das Feuer spuckte. Sie hatte einen Löwenkopf, einen Ziegenkörper und den Schwanz einer Schlange. Hesiod spricht von drei Köpfen: von dem eines Löwen, einer Ziege und eines Drachens. Bellerophon hatte vom König von Lykien den Auftrag erhalten, das Ungeheuer zu besiegen. Der Held nahm das geflügelte Pferd Pegasus zu Hilfe, das er auf der Akropolis von Athen einfing: Manche sagen, dass Athene es ihm bereits aufgezäumt übergab. Andere behaupten, dass er es von Poseidon erhielt, der sein Vater war und gleichzeitig auch der Vater von Pegasus. Mit dem Zauberpferd griff Bellerophon das Ungeheuer aus der Höhe an und ließ einen Pfeilhagel auf es niedergehen. Der Plan aber, den er sich ausgedacht hatte, um das Tier zu töten, war sehr erfinderisch: Dem Helden gelang es, der Chimäre mit der Lanzenspitze ein Stück Blei in den Rachen zu stoßen; das Metall schmolz, als es mit dem feurigen Atem in Berührung kam, lief in die Eingeweide der Chimäre und tötete sie.

Die Erinnyen verfolgten mit ihren Bronzestacheln alle, die das Verbrechen begangen hatten, das Blut ihrer Verwandten, besonders das der Mutter zu vergießen. In der klassischen Mythologie trugen sie die Namen Alekto, Megaira und Tisiphone. Sie waren von Gaia, der Göttin der Erde gezeugt worden, die von Uranos' Blut befruchtet worden war, als er von seinem Sohn Kronos mit einer Metallsichel entmannte wurde. Gaia hatte Kronos eben jene Sichel gegeben. Die Erinnyen sahen Furcht einflößend aus, hatten dunkle Haut, Schlangen anstelle von Haaren, blutunterlaufene Augen und trugen hässliche graue Gewänder. Sie liefen bellend und kläffend wie Hunde umher, und ihnen wurde später die Aufgabe zugewiesen, jeden zu bestrafen, der das friedliche bürgerliche Zusammenleben bedrohte. Hierbei war es unerheblich, ob Jugendliche Alte schmähten, Kinder ihre Eltern oder Gäste ihre Gastgeber. Der Respekt und die Angst, die sie einflößten, wurde auch deutlich in dem Verbot, sie beim Namen zu nennen: Wenn man von ihnen sprach, nannte man sie deshalb Eumeniden, „die Gütigen". Diesen Titel trägt auch die letzte Tragödie der einzigen überlieferten Trilogie von Aischylos, die von Agamemnon und den Choephoren handelt. Als Agamemnon aus dem Trojanischen Krieg zurückkehrte, dem er als Oberhaupt des griechischen Feldzuges angehörte, wurde er von

Das Animalische in der Mythologie

▲ *Pietro di Cosimo,* Perseus und Andromeda.

▶ *Chimäre, etruskische Bronzefigur.*

Klytaimnestra umgebracht. Sie hatte die Tat mit ihrem Geliebten Aigisthos geplant. Agamemnons Sohn Orest rächte den Tod seines Vaters, indem er Aigisthos und seine Mutter tötete. Deshalb wurde er danach von den Erinnyen verfolgt. In dieser Tragödie wurden die Erinnyen am Ende tatsächlich „gütig" und beteten für den Frieden und das Glück des Volkes von Athen. Denn das Gericht von Athen sprach Orest durch seinen Urteilsspruch frei (es stimmte zwar, dass er seine Mutter umgebracht hatte, aber er hatte diese Tat begangen, um den Tod seines Vater zu rächen) und die Göttin Athene tritt am Ende des Stücks als Schlichterin auf, damit das Volk von Athen die Rache der Erinnyen nicht mehr zu befürchten hatte (die Göttin versprach, einen Tempel in der Stadt zu errichten und heilige Zeremonien zu Ehren der Erinnyen auszurichten). „Diese Schlussszene des Dramas soll den Areopag, das große Gericht von Athen würdigen, und verherrlichen. Solange Blut neues Blut hervorruft und Straftaten mit neuen Straftagen vergolten werden, reißt die Kette der Schuld nicht ab und das Gesetz der Vergeltung zerstört die Familien und entvölkert die Stadt. Und daher muss das Recht zu urteilen und zu bestrafen dem Staat überlassen werden. Genauer gesagt, muss ein Gericht diese Aufgabe übernehmen, dessen Autorität alle anerkennen und dessen Erlasse alle respektieren: Dieses ist die Lehre, die durch Sokrates' Tod wieder bestätigt wurde und in Zukunft erhalten bleiben wird" (M. Valgimigli).

Die Harpyien hießen Aello, Podarse und Ocypetes. Dies waren drei geflügelte Jungfrauen, die schneller waren als Vögel und als der Wind. In Griechenland hieß es, sie lebten in einer Grotte auf der Insel Kreta. Der römische Dichter Vergil siedelte sie auf den Strofades an, „zwei kleinen Inseln mitten im Ionischen Meer". In seinem Werk, der *Aeneis*, zeichnete er – anders als in der griechischen Mythologie – ein schauderhaftes Bild von den Harpyien. Demnach hatten sie zwar ein schönes bleiches Gesicht, aber den Körper eines Geiers, die Ohren eines Bären und spitze Krallen. Vergil beschreibt sie als „Vögel mit Frauengesicht", die „ständig Exkremente absondern"; „die Hände enden in hakenförmigen Krallen und dem Gesicht ist immer die Blässe des Hungers eingeschrieben." Der Dichter lässt seinen Helden Äneas von seiner unangenehmen Begegnung mit diesen Monstern berichten. Dieser erzählt, dass er und die anderen, die aus Troja geflüchtet waren, die soeben genannten Inseln erreichten:

🗣 Dort angekommen, gingen wir an Land und sahen auf der Ebene prächtige Ochsenherden und dichte Herden von Schafen und Ziegen, die dort ohne Hirten weideten. Wir ergriffen sie und opferten den Göttern, bei Jupiter angefangen, einen Teil der Beute; danach legten wir Grasschollen auf den Strand und bereiteten mit dem Fleisch ein üppiges Mahl zu. Aber schnell waren die Harpyien über uns, die Furcht einflößend von den Bergen herabflogen und laut kreischend mit den Flügeln schlugen: Sie packten die Speisen und besudelten alles mit ihren stinkenden Exkrementen, während ihre schrecklichen Schreie ertönten.

Man spricht von „Skylla und Charybdis", wenn man eine ausweglose Situation meint, in der man nur die Wahl zwischen zwei Übeln hat. Die Redewendung geht auf die beiden Ungeheuer zurück, die von Homer in der *Odyssee* beschrieben werden:

🗣 „Auf der einen Seite war Skylla, auf der anderen Seite schlürfte die göttliche Charybdis auf bedrohliche Art das Salzwasser des Meeres; dann spuckte sie es gurgelnd wieder aus. Der Schaum regnetet von oben herab und bedeckte beide Felsen, wie kochendes Wasser, das man aus einem Kessel, der auf dem Feuer stand, ausgießt. Der Strudel schien alles im Inneren zu vermengen. Es erhob sich ein fürchterliches Dröhnen vom Felsen und in der Tiefe öffnete sich die Erde, die dunkel war vor Sand". Die naturalistische Beschreibung bereitet die Atmosphäre für die Tragödie vor: Skylla streckt eine Kralle aus und packt sechs der Begleiter von Odysseus, die das Ungeheuer zappelnd anflehen, und dann in seinem Rachen verschwinden.

Das Animalische in der Mythologie

◄ *Johann Heinrich Füssli*, Odysseus vor Scylla und Charybdis, *1794–1796*.

▲ *Darstellung einer Harpyie aus dem 17. Jh.*

► *Für die Römer sind die Erinnyen und die Furien identisch. Die Abbildung zeigt die Furie Tisiphone, die für die Menschen Leid und Tod bedeutete, Metallstich, 1502.*

Man sagt, dass Skylla einst so schön war, dass sie die Eifersucht der Meereskönigin Amphitrites weckte. Denn diese konnte nicht ertragen, dass sich ihr Mann Poseidon für Skylla interessierte. Also vergiftete sie die Quelle, in der sie immer badete. Als Skylla aus dem Bad kam, hatte sie zwölf Füße und sechs Hundeköpfe; jeder davon hatte sechs Münder und jeder Mund drei Zahnreihen. Eine andere Erzählung bleibt bei dem ursprünglichen Bild eines hübschen Mädchens, in das sich der Meeresgott Glaukos verliebte. Da Skylla seine Liebe nicht erwiderte, bat er die Magierin Circe ihm zu helfen, sich zu rächen. Durch Circes Zauber wuchs aus Skyllas Unterleib eine Meute von Hunden, während sich das Mädchen ins Meer stürzte.

Über Charybdis gibt es wenig Überliefertes. Vielleicht war sie die Tochter von Gaia, der Erde, und Poseidon. Vielleicht lebte sie einst auf dem Festland. Ohne Unterlass sog sie das Wasser ein und stieß es wieder aus, nachdem Zeus sie ins Wasser geworfen hatte. Wahrscheinlich verkörperte sie die gefährlichen Meeresstrudel.

Die Sirenen lebten auf einer Insel, die in der Nähe der Gegend war, in der Skylla und Charybdis auf der Lauer lagen. Jeder Seemann, der ihren Gesang hörte, war davon so verzaubert, dass er nicht mehr nach Hause zurückkehrte, sondern unbedingt auf der Insel der Sirenen an Land gehen wollte. Dies war allerdings sein sicherer Tod:

🕮 „Fliehe! Stopfe deinen Begleitern mit Honigwachs die Ohren zu, damit niemand mehr die Sirenen hören kann; wenn es dir gefallen sollte, ihnen zu zuhören, lass dich schnell mit Händen und Füßen an das Schiff binden. Lass dich stehend an den Mast binden, lass dich von Seilen sichern, sodass du mit Vergnügen, die Stimmen der Sirenen hören kannst. Falls du deine Kameraden bitten solltest, dich loszumachen, auch wenn du es ihnen befehlen solltest, sollen sie die Seile noch fester schnüren, noch festere Knoten machen."

Dies ist einer der Ratschläge, die die Zauberin Circe Odysseus gegeben hatte, bevor er aufbrach und versuchte nach Ithaka zurückzukehren. Aber auch außerhalb der *Odyssee* tauchen die Sirenen in der griechischen Mythologie auf. Sie waren mit Persephone, der Königin der Unterwelt verbunden: Vielleicht hatten sie die Aufgabe, mit der Musik die Reise in den Tod zu versüßen. Ursprünglich wurden sie als wunderschöne Mädchen beschrieben, aber als sie von den Göttern Flügel bekamen, um ihrer Freundin Persephone zu folgen, als sie von Hades entführt wurde, verzichteten sie auf ihre Schönheit. Es kann aber auch Demeter gewesen sein, die sie zur Strafe hässlich werden ließ, weil sie die Entführung ihrer Tochter Persephone nicht verhindert hatten. Jedenfalls verwandelten sich die Schönheiten in wahre Monster: Sie hatten einen menschlichen Kopf und die Brüste und Arme einer Frau. Was aber den Rest betraf, glichen sie gerupften Unglücksvögeln mit Krallen.

Die Kentauren waren ein Volk von Ungeheuern. Sie waren halb Mensch, halb Pferd und lebten ursprünglich in Thessalien. Sie verbrachten ihre Tage damit, auf Jagd zu gehen und tranken gerne viel Wein. Durch die zahlreichen Trinkgelage wurden sie noch wilder und erwarben sich einen äußerst schlechten Ruf. Die einzige Ausnahme war ihr Oberhaupt Cheiron. Als Sohn von Kronos und Philyra, der Tochter des Okeanos, gehörte er dem Göttergeschlecht an. Kronos hatte sich in Pferdegestalt mit Philyra gepaart, um ihn zu zeugen. Dies ist der Grund für sein Aussehen. Da er von Natur aus großzügig und weise war, hatte er bekannte Schüler. Unter ihnen war Achill, dem er den Gebrauch der Waffen beibrachte, der ihm später ermöglichen sollte, der stärkste griechische Held in Troja zu werden. Weitere Schüler waren Jason, der den Feldzug der Argonauten anführte und schließlich Asklepios, der Gott der Medizin, der bei den Römern Äskulap genannt wurde. Trotz dieser positiven Eigenschaften ereilte Cheiron ein furchtbares Schicksal. Er wurde versehentlich von Herakles mit einem vergifteten Pfeil getroffen. Normalerweise wäre diese

Das Animalische in der Mythologie

▶ *Bartholomeus Spranger,* Glaukos und Skylla, *ca. 1580.*

◀ *Odysseus, an den Mast seines Schiffes gebunden, hört dem verführerischen Gesang der Sirenen zu.*

Verletzung tödlich, aber da Cheiron unsterblich ist, erleidet er nicht enden wollende Schmerzen. Schließlich beschließt der Kentaur seine Unsterblichkeit an Prometheus abzutreten, der in der Unterwelt für seine Verfehlungen büßen muss (weil Prometheus den Göttern das Feuer gestohlen hat, wird seine sich ständig erneuernde Leber von einem Adler gefressen). Cheiron beendet seine ewigen Schmerzen und steigt an Prometheus statt in die Unterwelt hinab.

Am Ende dieses Exkurses zu den Ungeheuern der griechischen Mythologie sei erneut Herakles erwähnt, da er alleine gegen mehr Monster gekämpft und mehr Ungeheuer geschlagen hat, als alle anderen Helden zusammen. Bereits als Kleinkind hat er diesbezüglich Erfahrungen gesammelt und sie im Laufe der „zwölf Arbeiten" perfektioniert.

In der zweiten Arbeit stieß er auf die Schlange Hydra, die im Sumpf von Lerna ihr Dasein fristete. Athene assistierte ihm dabei und riet ihm, das Monster aus seiner Höhle zu locken. Dann sollte er es mit brennenden Pfeilen übersäen und mit angehaltener Luft angreifen, da sein Atem tödlich war. Anfangs verlief der Kampf dramatisch: Jedes Mal, wenn Herakles einen von Hydras Köpfen abschnitt, wuchsen zwei oder drei neue. Herakles erhielt unerwartete Hilfe: Sein Neffe Iolaos beschützte Herakles mit brennenden Ästen, während dieser fortfuhr, Hydras Köpfe abzuschlagen. Als nur noch der unsterbliche Kopf übrig geblieben war, schlug Herakles auch diesen ab und begrub ihn unter einem riesigen Felsblock. Zuvor tauchte er noch die Spitze seiner Pfeile in das Blut und in die Galle des Monsters, damit er von nun an immer mit tödlichen Giftpfeilen versorgt war.

Ares, der Gott des Krieges, erscheint drohend im Hintergrund der sechsten und der achten Arbeit. Denn ihm waren alle Vögel mit Schnäbeln, Krallen und bronzenen Flügeln heilig, die in der Nähe des Sees Stymphalos umherschwirrten. Zugleich war er der Vater von Diomedes, der vier menschenfressende Pferde besaß. Es ist überflüssig zu erwähnen, dass Herakles ihn besiegte.

In der zehnten Arbeit tritt der Held auch in Italien in Erscheinung. Sie handelt von der Rinderherde Geryons, ein Riese mit drei Köpfen oder drei Körpern. Er muss sich einem weiteren Ungeheuer stellen: Cacus, der Herakles dort angriff, wo später Rom gegründet werden würde. Als er von dieser Anstrengung zurückkam, rastete Herakles am Ufer des Tibers und ließ auch das Vieh, das er gestohlen hatte, ausruhen. Cacus wollte ihm so viele Rinder wie möglich rauben. Ihm gelang es, einige Kühe und Ochsen zu entwenden und sie in seiner Höhle zu verstecken. Um Herakles zu täuschen, zog Cacus die Tiere am Schwanz und zwang sie, rückwärts zu gehen. Sie sollten so den Eindruck erwecken, aus der Höhle herauszukommen. Herakles entdeckte jedoch den Betrug und griff das Ungeheuer an.

Die zwölfte Arbeit war die aufsehenerregendste und gefährlichste: Sie bestand darin, den Hund Kerberos zu fangen und ihn in das Reich der Lebenden zu bringen. Kerberos wachte unbeugsam darüber, dass niemand unbefugt das Reich der Toten betrat oder es verließ.

Das Monster hatte mindestens drei Köpfe (manche sprechen von 50 oder 100), eine Schlange als Schwanz und sein Rücken war von einer Vielzahl von Schlangenköpfen übersät. Damit er auf die Entweihung des heiligen Ortes vorbereitet war, musste sich Herakles von Demeter, Persephones Mutter nach einem festgelegten Ritus in die Mysterien von Eleusis einweihen lassen. Kerberos war vor dem Eingang zum Hades angekettet und erschreckte die Seelen, wenn sie von der Welt der Lebenden ins Jenseits kamen. Nur wenn Herakles den Monsterhund ohne Waffengewalt besiegte, würde ihm Hades, der Gott der Unterwelt und Bruder von Zeus, gestatten den Hund in das Reich der Lebenden mitzunehmen. Und tatsächlich kämpfte Herakles mit bloßen Händen gegen Kerberos und gewann den Kampf. Herakles brachte den Hund daraufhin zu Eurystheus, der ihm die Arbeiten „aufgetragen" hatte. Dieser erschreckte sich derart vor Kerberos, dass er dem Sohn von Zeus befahl, ihn wieder dorthin zu bringen, von wo er gekommen war.

Das Animalische in der Mythologie

▲ *Der Kentaur Cheiron mit seinem Zögling Achill (aus Herkulaneum).*

▲ *Antonio del Pollaiuolo,* Herkules und Hydra.

◄ *Hades (Pluto) und Persephone (Proserpina) mit Kerberos, Miniatur aus dem 15. Jh.*

Omnia vincit amor

Verliebte Götter und Menschen

Mutter der Äneaden, du Wonne der Menschen und Götter, / Lebensspendende Venus: du waltest im Sternengeflimmer / über das fruchtbare Land und die schiffedurchwimmelte Meerflut, / du befruchtest die Keime zu jedem beseelten Geschöpfe, / Dass es zum Lichte sich ringt und geboren der Sonne sich freuet. / Wenn du nahest, o Göttin, dann fliehen die Winde, vom Himmel / Flieht das Gewölk, dir breitet die liebliche Bildnerin Erde / duftende Blumen zum Teppich, dir lächelt entgegen die Meerluft, / Und ein friedlicher Schimmer verbreitet sich über den Himmel.

De rerum natura von Lukrez, eines der bedeutendsten lyrischen Werke der lateinischen Dichtkunst, beginnt mit dieser Hommage an Venus (bei den Griechen Aphrodite). Von der Göttin wird erzählt, sie sei die Mutter des Äneas, der dem Massaker der Griechen nach ihrem Sieg bei der zehnjährigen Belagerung von Troja entkam und nach Latium gelangte, wo er die Grundsteine zur fortschreitenden Befestigung Roms legte. Aber mehr noch als die mythologischen Bezüge, wird in diesen Versen die leidenschaftliche Bewunderung des Dichters für die Kraft des Lebens deutlich, die sich in der Natur entfaltet und die von den Menschen als unverwechselbares Gefühl wahrgenommen wird: die Liebe.

Die Verlobten des *Hohelieds*

„Die Hügel stehen in voller Blüte, die Lämmer springen und spielen zwischen den Mandelbäumen, kleine Füchse laufen durch die Weinreben. Die Quelle flüstert eine Melodie, und die Ödnis beginnt zu grünen. Es ist Frühling, die gesegnete Zeit der Erneuerung, der Liebe, der Freude am Leben.

Ein Junge und ein Mädchen treffen sich, verlieben sich und lächeln einander zu, und es ist einer der seltenen Momente, in denen die Liebe ihre Taubenfüße auf die Erde setzt und dem Dasein der Welt einen Sinn gibt…

Das Mädchen weiß nicht, ob es in die Seele oder in den Körper ihres Auserwählten verliebt ist. Ihr Sehnen nach Liebe ist ein göttliches Sehnen; im Glücksrausch unterscheidet sie nicht zwischen Gott und den fleischlichen Freuden; sie weiß, dass Gott die Freude mehr schätzt als die Tränen, die Trauer und die Demütigung.

Sie springt wie ein Lämmlein und lädt ihre Gefährtinnen zu einem Bankett ein. Gemeinsam mit ihrem Geliebten umarmt sie die Hügel, den Frühling und die Granatapfelbäume in Blüte, sie umarmt die Füchslein, die Quellen, die Tauben…

Sie ist die ganze Welt, die auf der offenen Hand Gottes tanzt. Sie ist die Flöte, der Gesang und der Flötenspieler; sie ist die ewige Verliebte, die Geliebte, die Liebe. Doch nun ist es besser zu schweigen, denn wenn wir nur einen Bruchteil dessen kennen würden, was wir Liebe nennen, wären wir nicht mehr auf dieser Erde …"

Kommentar zum *Hohelied* von J. Kelen, aus seinem Buch *Die Frauen der Bibel*.

Omnia vincit amor

▲ *Sandro Botticelli*, Die Geburt der Venus, *1485*.

▲ *Sandro Botticelli*, Venus und Mars, *um 1483*.

▲ *Illustration zum biblischen* Hohelied.

Die Liebe siegt über ein göttliches Gesetz

Der göttliche Herrscher der Inka durfte sein Blut nicht mit dem einfacher Sterblicher mischen, und auch seinen Nachkommen war es nicht erlaubt, Personen anderer Herkunft zu heiraten. Pachacutec, der neunte Herrscher, hatte eine Tochter mit dem Namen Cusi Coyllur, was „Stern" bedeutet. In sie verliebte sich, von ihr erwidert, Ollontay, der würdige und weise Führer des Heers, der jedoch einfacher Sterblicher war. Die beiden begaben sich daher zum obersten Priester, um ihm ihr Problem anzuvertrauen; dieser ermahnte sie streng zum absoluten Gehorsam gegenüber dem göttlichen Gesetz. Cusi Coyllur versuchte einzuwenden: „Die Liebe, die uns verbindet, kann nicht schlecht sein, auch wenn die alten Gesetze eine legitime Verbindung nicht zulassen." Der oberste Priester aber ließ sich nicht umstimmen, und daher heirateten die beiden Liebenden im Geheimen. Einige Zeit danach machte die junge Frau, die ihren Vater nicht länger täuschen wollte und auf sein Verständnis hoffte, Ollantay den Vorschlag, wenigstens den Versuch zu unternehmen, mit Pachacutec über ihre Liebe zu sprechen. Doch die Reaktion war nicht die erhoffte: Ollantay erhielt den Befehl, zu seinem Quartier zurückzukehren und Cusi Coyllur wurde zur Priesterin im Sonnentempel bestimmt. Dort brachte sie einige Monate später mit der Hilfe der anderen Priesterinnen ein Mädchen zur Welt, das sie Ima Sumac, die „Schöne", nannte und das sofort in einem unzugänglichen Winkel des Tempels versteckt wurde. Währenddessen war Ollantay verzweifelt und konnte sich nicht mit der Trennung von seiner Geliebten abfinden. Er kam zu dem Schluss, dass die alten Gesetze ungerecht waren und bekämpft werden mussten. Er bewaffnete seine getreuen Krieger und eroberte die Festung, die das Stadttor zu Cuzco beschützte. Doch dann wurde er durch den Verrat eines Generals, der Pachacutec treu geblieben war, geschlagen, gefangen genommen und nach Cuzco gebracht, um von Pachacutec zur Strafe für seine Rebellion zum Tode verurteilt zu werden. Aber auf dem Weg dorthin wurde der lange Zug von einem entgegenkommenden Boten erreicht, der den Tod Pachacutecs und dessen legitime Nachfolge durch seinen Sohn Tupac Yupanqui verkündete. Ollantay erhoffte sich von diesen Ereignissen eigentlich keine Veränderung seines Schicksals. Und in der Tat erhielt er, als er vor den neuen Herrscher geführt wurde, sofort das Urteil: „Du bist lange Zeit ein treuer Diener meines Vaters auf dem Schlachtfeld gewesen, du hast dich mit einer Untat ohnegleichen befleckt und verdienst, ohne jeden Prozess zu sterben." „Es ist wahr", antwortete Ollantay „ich habe meinen Herrscher verraten, aber ich würde jede meiner Handlungen wiederholen, denn die alten Gesetze, die eine Vereinigung der Tochter des Herrschers mit einem einfachen Sterblichen verbieten, sind ungerecht und müssen abgeschafft werden. Ich habe nicht aus Gemeinheit oder Hass gehandelt, sondern nur aus Liebe." Tupac Yupanqui erwiderte: „Die Macht des Reichs der Inka gründet sich auf die alten Gesetze, und niemand kann sie ändern; auch du hast sie lange Zeit verteidigt, als du meinem Vater treu ergeben warst. Ollantay ließ sich durch diese Worte, die er schon oft hatte anhören müssen, nicht beugen: „Ungerechte Gesetze können einem Reich keine Stärke verleihen, das habe ich begriffen. Man kann nicht zwei Menschen trennen, die sich lieben, und denken, das sei gut. Um einem Reich Größe und Stärke zu geben, muss man der wahren Gerechtigkeit folgen." Nachdem er das gehört hatte, erhob sich Tupac Yupanqui, umarmte Ollantay und sagte zu ihm: „Deine Worte sind immer tief im Innern meines Herzen gewesen, doch ich habe gewartet, bis jemand sie ausspricht, um sie als wahr zu erkennen. Du bist kein Gefangener mehr; du wirst frei zurückkehren und wieder Führer des Heeres sein." Dann wandte er sich an die Wächter: „Geht zum Tempel der Sonne, befreit meine Schwester Cusi Coyllur und bringt sie mit ihrer Tochter hierher, damit sie endlich mit ihrem Mann zusammenleben kann."

Omnia vincit amor

Ende gut, alles gut

Die Aleuten, die auf dem gleichnamigen Archipel leben, erzählen von einem Berg, der einst Chuginadak gewesen sei, eine Frau mit hohen Ansprüchen:

🕮 Chuginadak wies jeden aus ihrem Stamm ab, der um ihre Hand anhielt, weil sie in ihrem Herzen das Bild eines idealen Gefährten nährte, eines Mannes, den sie einmal flüchtig gesehen hatte, als er Buchfinken jagte. Nachdem sie die Missbilligung des gesamten Dorfes auf sich gezogen hatte, brach sie auf, um den Mann ihrer Träume wiederzufinden. Indem sie sich häufig der Magie bediente, konnte sie von einer Insel des Archipels zur anderen gelangen, bis sie schließlich in einem Dorf ankam, in dem gerade ein Fest gefeiert wurde. Dort fand sie endlich den Mann, nach dem sie auf der Suche war. Sie rief ihn und er sah sie. Sie umarmten sich und fielen im Fieber der Liebe zu Boden. Als Chuginadak sich erhob, lag der Mann tot zu ihren Füßen. Darauf zog sie sich verzweifelt in eine Höhle zurück und hörte nicht auf, um den toten Gefährten weinen. Es verging jedoch nicht viel Zeit bis der Vater des jungen Mannes, der Dorfvorsteher war, die Leiche seines Sohnes fand. Außer sich vor Wut, gelang es ihm, mit der Hilfe einiger alter Frauen herauszufinden, wer für den Tod verantwortlich war. Er stellte eine Gefolgschaft aus bewaffneten Männern und magischen Geistern gegen Chuginadak zusammen. Doch niemand konnte sie finden, bis der Geist eines Fuchses sie überredete, zum Dorf ihres Geliebten zurückzukehren, um zu erklären, wie sich alles zugetragen hatte. Die Frau befolgte den Rat. Nachdem er sie angehört hatte, begriff der Dorfvorsteher, dass sie seinen Sohn wirklich geliebt hatte. Er befahl allen anderen, sich zu entfernen, und als er allein zu Hause geblieben war, tanzte und sang er bis der Körper des Sohnes sich wieder belebte und die geliebte Frau von Neuem umarmen konnte. Daraufhin übertrug der Vater, der schon alt und müde war, ihm die Macht und die Führung des Volkes. Chuginadak wurde zur Freude aller seine Braut.

Hypermestra und Lynkeus

🕮 Die Zwillinge Aigyptos und Danaos hatten außerordentlich viele Nachkommen: 50 Jungen der eine und 50 Mädchen der andere, die aus mehreren Beziehungen zu verschiedenen Frauen hervorgegangen waren. Als es zwischen ihnen zu einem Streit über die zukünftige Regelung der Herrschaft kam, schlug Aigyptos vor, das Problem durch die Verheiratung der 100 Cousins und Cousinen zu lösen. Danaos vermutete eine Falle und beschloss, aus Libyen, dem Schauplatz des Konflikts mit seinem Bruder, nach Griechenland auszuwandern, wo er zum König von Argos wurde. Dorthin kamen später die Söhne des Aigyptos in scheinbar friedlicher Absicht und baten noch einmal um die Hochzeit mit ihren Cousinen, möglicherweise jedoch mit dem Ziel, sie in der Hochzeitsnacht alle zu töten. Weil Danaos zum zweiten Mal den Vorschlag ablehnte, belagerten Aigyptos' Söhne die Stadt, in der der Wassermangel bald zu großen Problemen führte. Deshalb täuschte Danaos seine Zustimmung vor, und es wurde ein Tag für die Eheschließung der 50 Paare festgelegt. Im Durcheinander der Hochzeitsfeier gab er seinen Töchtern lange Nadeln, die sie in ihrem aufgesteckten Haar verstecken sollten, mit der Anweisung, sie zu gebrauchen, sobald sie sich in der Nacht mit ihrem Bräutigam in vertraulicher Situation befänden. Und genau so geschah es, außer im Fall von Hypermestra, die ihre Hand nicht gegen Lynkeus erhob, vielleicht weil dieser ihre Bitte respektiert hatte, ihr vorerst die Jungfräulichkeit zu lassen. Das Ende war eine glückliche Ehe, die durch die Geburt eines schönen Kindes beschenkt wurde.

Gráinne und Diarmuid

Obwohl über Gráinne, deren Name „hassenswerte Göttin" bedeutet, keine Quellen existieren, die es ermöglichen, ihre Rolle in der keltischen Mythologie zu rekonstruieren, muss man sie sich als Frau mit starkem Willen und großer Zielstrebigkeit vorstellen, die entschlossen die Eroberung des von ihr geliebten Mannes verfolgte und bereit war, dafür jedes Opfer zu bringen.

Sie war die Prinzessin von Ulster, und ihr Vater hatte sie dem Helden Finn versprochen. Doch während der Hochzeitsfeier wehte ein Windstoß dem Diarmuid die Haare zur Seite und entblößte seine Stirn. So konnte Gráinne das magische Liebeszeichen sehen, das dort eingeprägt war, und verliebte sich unsterblich in ihn (dieses Zeichen übt eine solche Wirkung auf jede Frau aus, die es erblickt). Unter den verschiedenen Versionen, in denen die Geschichte weiter erzählt wird, berichtet eine von der anfänglichen Zurückweisung durch Diarmuid, außer wenn es Gráinne gelänge, sich ihm weder nackt noch bekleidet, weder zu Fuß noch zu Pferde, weder tags noch nachts zu zeigen. Aber die Frau verlor nicht den Mut: Sie ging zu einer Zauberin und ließ sich von ihr eine Nebeldecke aus dem Gebirge geben. Dann begab sie sich genau bei Sonnenuntergang auf dem Rücken einer Ziege zu Diarmuid. In einer anderen Version sorgte sie, nachdem sie das magische Zeichen auf Diarmuids Stirn gesehen hatte, dafür, dass alle Hochzeitsgäste fest einschliefen, indem sie in ihre Getränke ein Schlafmittel mischte. Nur den Mann, von dem sie sich unwiderstehlich angezogen fühlte, versetzte sie nicht in Schlaf. Als sie ihm den Vorschlag machte, mit ihr zu fliehen, zögerte Diarmuid, da er den Zorn Finns voraussah, aber Gráinne setzte sich schließlich durch. Und sie setzte sich auch durch, als sie ihren Gefährten nach zwei in getrennten Zelten verbrachten Nächten verpflichtete, zu ihr ins Zelt zu kommen, da ein Ungeheuer sie angegriffen hatte. Nach weiteren Abenteuern (die Verfolgung durch Finn und seine Leute inbegriffen) waren sie des langen Herumziehens müde und suchten unter einem magischen Speierling-Baum Zuflucht. Auf Gráinnes Drängen hin tötete Diarmuid den Riesen, der dort Wache hielt. Die Schreie des sterbenden Riesen wiesen Finn, der das Paar noch immer verfolgte, den Weg zu dem Ort, an dem es sich befand. Gráinne und Diarmuid kletterten schnell auf den magischen Baum. Finn ahnte, dass sie sich dort versteckten und so setzte er sich in seinen Schatten, um mit dem Barden Ossian eine Partie Schach zu spielen. Diarmuid war ein äußerst erfahrener Schachspieler und konnte es nicht unterlassen, dreimal hintereinander Ossian den richtigen Zug zu zeigen, indem er die Beeren des Baumes auf das entsprechende Feld des Schachbretts fallen ließ. Finns Ahnung wurde also zur Gewissheit und so rief er Diarmuid beim Namen und dieser fühlte sich als echter irischer Held zur Antwort verpflichtet. Gráinne flüchtete mithilfe eines unsichtbar machenden Mantels, den ihr der Geliebte geschenkt hatte, während Diarmuid Finn durch einen riesigen Sprung entkam. Die Verfolgung begann von Neuem, bis Aengus, der Schutzgott der Dichter, sie beendete, indem er Finn erschien und leidenschaftlich für die beiden Liebenden Partei ergriff. Finn war daraufhin gerührt und ließ zu, dass Gráinne und Diarmuid wieder innerhalb der Volksgemeinschaft leben durften. Auf diese Weise verwirklichte Gráinne schließlich ihren Wunsch: vor aller Augen mit dem Mann, den sie auserwählt hatte, das Leben zu teilen.

Omnia vincit amor

▲ Keltische Bronzefigur eines Ebers, ca. 2. Jh. v.Chr. In der Legende von Gráinne und Diarmuid spielt das Tier eine schicksalsmächtige Rolle: So lebte das Paar glücklich zusammen, bis Diarmuid eines Tages schwer von einem Eber verletzt wurde. Einer Prophezeiung zufolge konnte er nur gerettet werden, wenn er aus der heilenden Hand Finns Wasser zu trinken bekäme. Der Held kommt tatsächlich mit dem Wasser zu ihm, doch im entscheidenden Moment wird Finn von der alten Eifersucht wegen Gráinne überwältigt und lässt das Wasser durch seine Finger rinnen und Diarmuid stirbt.

◄ Statue eines keltischen Kriegers mit einem Eber. Dieses Tier war in der keltischen Mythen- und Symbolwelt von zentraler Bedeutung.

Svipdagr und Menglödh

Ein nordischer Mythos erzählt, wie der Junge Svipdagr mit seinem Vater und der Stiefmutter zusammenlebte, da seine Mutter, eine große Zauberin, starb, als er noch klein war:

🙥 Mit der Absicht, Svipdagr endgültig loszuwerden, da sie ihn nicht liebte, nutzte die Stiefmutter die Abwesenheit seines Vaters, um Svipdagr zu befehlen, zum Wohnsitz von Menglödh vorzudringen: ein Vorhaben, das keinem Mann je gelungen war. Svipdagr war sich der enormen Schwierigkeiten bewusst, die ihn erwarteten, und begab sich deshalb zum Grab seiner Mutter, um sie um Hilfe zu bitten. Dort lauschte er dem Gemurmel von neun Zaubersprüchen: Den ersten erhielt er, um sich nie im Weg zu irren; den zweiten, um immer Mut zu haben; den dritten, um die Flüsse zu unterwerfen, die er unterwegs antreffen würde; den vierten, damit jeder Feind ihm sofort zum Freund würde; den fünften, um nie gefesselt oder eingesperrt zu werden; den sechsten, damit die See ruhig sei und die Naturkräfte auf seiner Seite; den siebten, um ihm vor der Kälte der Berge Zuflucht zu bieten; den achten, um ihn vor den Geistern der Nacht zu schützen; den neunten, um ihm Redegewandtheit und Weisheit zu verleihen.

Svipdagr brach mit den Gesängen seiner Mutter im Herzen auf und gelangte mit dem Schutz der Zaubersprüche bis zum Hof von Menglödh. Aber es war nicht einfach, dort Zutritt zu erhalten. Es gab ein Bollwerk aus Feuer, zwei wilde Hunde und einen Riesen als Wächter, der wissen wollte, weshalb er sich bis hierher gewagt hatte und nicht einfach dahin zurückkehrte, woher er gekommen sei? Doch dank des neunten Zauberspruchs, der ihn redegewandt und weise machte (vielleicht war der vierte, der ihm Feinde zu Freunden machte, noch entscheidender), gelang es Svipdagr, ruhig mit dem Riesen zu sprechen und er fragte ihn, wer in diesem wunderschönen Palast wohne. „Menglödh", antwortete dieser, erstaunt über sich selbst und die Einfachheit, mit der ihm die Worte über die Lippen kamen. Dann berichtete er dem jungen Mann von dem Tor, das von einer äußerst festen, von Zwergen geschmiedeten Kette verschlossen war, von dem Zaun, den er selbst errichtet hatte und von den zwei Hunden, die abwechselnd zu schlafen pflegten, sodass einer immer Wache halten konnte. An dieser Stelle erkundigte sich der Junge, ob es nicht möglich wäre, sie abzulenken, um ins Innere zu gelangen. „Nur wenn man ihnen zwei gebratene Flügel des Hahns gibt, den du dort unten siehst." Da fragte Svipdagr, wie man den Hahn töten könne. „Mit dem Zauberstab, der von einer Riesin in einer Schatztruhe mit neun Schlössern behütet wird." Und der Junge daraufhin: „Was kann man der Riesin im Tausch für den Zauberstab geben?" „Man muss ihr die goldene Sichel bringen, die im Hahn versteckt ist." Dann redete der Riese, von Svipdagrs Fragen bedrängt, weiter und beschrieb den glanzvollen Saal innerhalb des Bollwerks, den Zauberberg, auf dem der Palast lag, die Namen der Mägde von Menglödh. Die letzte Frage lautete: „Gibt es jemanden, der in Menglödhs Armen schlafen dürfte?" Und der Riese antwortete mit dem Namen unseres Helden. Da enthüllte Svipdagr seine Identität und sagte: „Die Festung hat keine Geheimnisse mehr vor mir und ich könnte ohne Weiteres eintreten. Doch gehe lieber zu deiner Herrin und berichte ihr, dass ich hier bin." Das Mädchen wartete schon lange Zeit auf seine Ankunft und empfing ihn sogleich mit einem langen Kuss. Und von diesem Moment an lebten sie für immer zusammen.

Omnia vincit amor

▲ Der Codex Regius, *Island, 13. Jh. In diesem ältesten und bedeutendsten Manuskript der älteren* Edda *wird u.a. die Geschichte von Svipdagr und Menglödh erzählt.*

Kapitel 9

Eine unmögliche Liebe

♣ Ein Inka, der die besten Kartoffeln im ganzen Reich anbaute, beschloss nach einem Diebstahl der schönsten Knollen, seinen Sohn als Nachtwächter auf das Feld zu schicken, um den Dieb zu fassen. Der Junge traute kaum seinen Augen, als er eine geordnete Reihe wunderschöner, in Silber gekleideter Mädchen erblickte, die dabei waren, die Kartoffeln zu ernten, um sie den Göttern darzubringen. Er wollte die Mädchen aufhalten und verfolgte sie, als sie ihn bemerkten und flohen. Es gelang ihm, nur eine von ihnen zu ergreifen. „Jetzt weiß ich, wer die Kartoffeln meines Vaters gestohlen hat…", begann der Junge, aber er hielt inne, so sehr war er von der jungen Frau verzaubert, die ihn erschrocken anschaute. „Willst du meine Braut werden", fragte er sie inbrünstig. „Ich bitte dich, lass mich, ich muss zu meinen himmlischen Schwestern; wenn du mich gehen lässt, werden wir dir alle deine Knollen zurückgeben; ich kann nicht hier auf der Erde bleiben, denn ich würde sterben", flehte das immer verängstigtere Mädchen im silbernen Kleid. Der Junge hörte nicht auf sie und nahm sie mit sich. Auch seine Eltern waren von ihr, als sie sie sahen, bezaubert. Seine Mutter zog ihr die silbernen Kleider aus, um zu verhindern, dass sie flöhe. Es vergingen mehrere Tage und das Mädchen wurde immer trauriger. Eines Morgens, als die Männer auf dem Feld waren, wandte sie sich flehend an die Frau des Hauses: „Ich bitte dich, lass mich nur für einen Augenblick meine Silberkleider anziehen!" Die Frau konnte ihrem Bitten nicht widerstehen und gab ihr die Kleider. Sobald sie sie angezogen hatte, kehrte ein so strahlendes Lächeln auf ihr Gesicht zurück, dass die Frau sie verzaubert mit offenem Mund bewunderte. Die junge Frau nutzte diesen Moment, öffnete die Haustür und verschwand.

Als der Sohn vom Feld zurückkehrte und erfuhr, was geschehen war, ergriff ihn die Verzweiflung und er floh in die Berge auf der Suche nach seiner Geliebten. Die Reise zu ihr in den Himmel dauerte länger als ein Jahr. Ein großer Kondor war ihm dabei behilflich, dem er zuletzt sogar sein eigenes Fleisch zu fressen gab. Schließlich kamen sie an, doch sie waren müde und gealtert, als wären Jahrzehnte vergangen. Aber nachdem sie sich mit dem Wasser eines klaren Sees benetzt hatten, erlangten sie ihre Jugend zurück. Auf Rat des Kondors begab der junge Mann sich zum Tempel der Sonne und des Mondes am anderen Ufer des Sees, wohin die himmlischen Mädchen jeden Tag gingen, um das Lob der Götter zu singen, wie der große Vogel ihm berichtete. Das geliebte Mädchen würde ihn am Arm streifen, um sich erkennen zu geben. So geschah es. Die beiden begaben sich, sobald sie sich wieder gefunden hatten, sogleich zum Hause des Mädchens. Da der junge Mann fror und hungrig war, wurde er mit einer warmen Mahlzeit gestärkt, und so wurde er jeden Tag umsorgt, unter der Bedingung, dass er nie aus dem Haus gehen dürfe, weil die Götter, wenn sie ihn entdeckten, ihn auf böse Weise verjagen würden. Aber nach einem Jahr sagte das Silbermädchen zu ihm: „Die Erde ist deine wahre Heimat, du musst dorthin zurückkehren", und verschwand.

Der junge Mann begab sich traurig zum Ufer des Sees, in dem er ein Jahr zuvor gebadet hatte und fand dort den großen Kondor wieder, der sich von Neuem bereit zeigte, ihn auf die Erde zurückzubegleiten. Beide nahmen ein Bad im See, um die notwendige Energie für den langen Weg zu erhalten, der wie die Hinreise mehr als ein Jahr dauern würde. Als der Junge endlich nach Hause kam, fand er den Vater und die Mutter stark gealtert vor, da sie glaubten, ihren einzigen Sohn verloren zu haben. Bei seinem Anblick kehrte das Lächeln auf ihre Gesichter zurück, aber nicht auf das des Sohnes, der in seinem Herzen den Schmerz einer für immer verlorenen Liebe trug.

Omnia vincit amor

▲ *Idole der Inka aus einem Grab, 13.–16. Jh., in Cuzco, Peru.*

▶ *Figurine einer Mamacona (Konkubine der Inkas).*

Leanan Sidhe, Quelle des Lebens und des Todes

Kehren wir zur keltischen Mythologie zurück, die wir bei Gráinne verlassen haben, die am Ende mit Diarmuid glücklich zusammenleben konnte. Während Gráinne ursprünglich als „hassenswerte Göttin" im keltischen Pantheon in Verruf geriet, trug Leanan Sidhe („schöne Verliebte") die Züge einer gütigen Göttin; sie verkörperte den Lebensgeist und war vor allem die Quelle der dichterischen Inspiration. Eine ihrer Erscheinungsformen war daher auch die der Dichterin Eodain, die ihre menschlichen Geliebten mit ihren Kompositionen von unvergleichlicher Schönheit eroberte.

🗣 Einer ihrerer Geliebten war ein König von Munster, dem Eodain versprach, dass er unter ihrem Schutz in Kriegszeiten unbesiegbar wäre und in Zeiten des Friedens stets mit großem Reichtum rechnen könne. Obwohl dieser König an nichts anderes dachte, als alle seine Güter in Spanien zu verschwenden und bei seiner Rückkehr nach Munster ein inzwischen ruiniertes Reich vorfand, hielt Eodain ihr Versprechen: Sie verhalf ihm nicht nur von Neuem auf den Thron, sondern stütze von nun an seine Macht, indem sie darüber wachte, dass er sich keiner Form der Zügellosigkeit mehr hingab.

Dennoch konnte Leanan Sidhe sich auch als unheilvoll für die Menschen erweisen: jeder, der auch nur ein einziges Mal ihre himmlische Schönheit bewundert hatte, war dazu verdammt, den Rest seines Lebens als grau und sinnlos zu empfinden, und schließlich, ohne dass Leanan Sidhe wirklich daran Schuld trug, an Depressionen zugrunde zu gehen und zu sterben.

Wenn ein böser Geist sich einmischt

Irischen Ursprungs ist auch die Geschichte von Aillin, der Prinzessin von Leinster im Südosten der Insel, und Baile, einem Prinzen aus dem nördlichen Irland.

🗣 Die beiden hatten vereinbart, sich auf halber Strecke zwischen ihren Reichen zu treffen, um eine Liebesnacht miteinander zu verbringen. Doch ein böser Geist kam Aillin am Treffpunkt zuvor und verkündete Baile den Tod seiner Geliebten. Dieser wurde vom Schmerz derart überwältigt, dass er starb. Daraufhin begab sich derselbe Geist zu Aillin und teilte ihr mit (diesmal wahrheitsgemäß), dass Baile gestorben wäre; der Schmerz über den Verlust nahm auch Aillin das Leben. Die Volksstämme der beiden begruben Aillin und Baile in nebeneinander liegenden Gräbern. Bald keimten dort zwei magische Bäume, ein Apfelbaum auf dem Grab Aillins und eine Eibe auf dem Bailes. Sobald sie gewachsen waren, verschlangen sie ihre Äste miteinander. Einige Jahrhunderte später fällten die Iren die beiden Bäume, die inzwischen zu einem einzigen zusammengewachsen waren, und stellten daraus Holztafeln her, auf denen sie Runen einprägten, die von den traurigsten Liebesgeschichten ihres Landes erzählten.

Omnia vincit amor

▶ Tristan trinkt den Liebestrank, *Buchmalerei, französisch, 1470. Aus dem* Livre de Messire Lancelot du Lac *von Gautier de Moap.*

◀ *Buchmalerei, französisch, um 1275. Tristan und Yseult (Isolde) nebeneinander sitzend / König Marc (Marke) überrascht Tristan und Yseult im Wald.*

Tristan und Isolde ist das wohl berühmteste mythologische Paar des keltisch-germanischen Kulturkreises. (Siehe auch S. 232) Verhext durch einen Liebestrank waren ihre Herzen auf ewig aneinandergebunden. Als Tristan starb konnte auch Isolde nicht mehr leben. Beide wurden nebeneinanderbestattet. Aus Tristans Leib wuchs ein Rebstock aus Isoldes Leib ein Rosenstock. Beider Wurzeln waren für alle Zeiten ineienander verschlungen.

Die Tragödie des Orpheus

Orpheus war der Sänger, der mit seiner Musik in der Lage war, wilde Tiere zu zähmen, Steine zu rühren und die Strömung der Flüsse anzuhalten.

🗣 Orpheus verliebte sich in Eurydike, doch das Glück hielt nicht lange an. Denn die Braut trat auf der Flucht vor dem sie begehrenden Aristeus in hohes Gras, wurde von einer giftigen Schlange tödlich gebissen. Untröstlich beschloss Orpheus, sich in die Unterwelt zu wagen und sie zurückzuholen; er verließ sich dabei auf die Verführungsmacht seiner Musik. Und wirklich wusste er die richtigen Worte und Rhythmen zu finden, um die Gottheiten des Schattenreichs zu rühren: „Ihr Götter in der Welt der Tiefe, wo wir alle versinken, die sterblich auf Erden geboren sind! … Meiner Gemahlin gilt mein Gang: Eine Viper, auf die sie trat, vergiftete sie und nahm ihr die Jahre der Jugend. Tragen wollt ich das Leid und hab' es versucht, ich gesteh' es: Amor war stärker. Der Gott ist bekannt in den himmlischen Sphären. Ob auch hier bezweifle ich; und doch, ich glaube, man kennt ihn: Wenn sie nicht lügt, die Sage vom einstigen Raube: auch euch hat Amor verbunden." Dann fuhr er fort, indem er anerkannte, dass alle Geschöpfe einmal sterben müssen, und er bat für Eurydike nur einen Aufschub dieses Schicksals: „Wehrt das Geschick für die Frau die Gnade, so kehr' ich enschlossen nimmer zurück; ihr mögt euch am Tod von beiden erfreuen!" Die Schatten weinten alle, die Strafen der Verdammten wurden unterbrochen, zum ersten Mal benerzten sich die Wangen der Erinnyen mit Tränen … Die Herrscher der Unterwelt konnten nicht Nein sagen, aber nur unter der Bedingung, dass Orpheus sich nicht umwenden würde, um seine Braut anzusehen, bevor er wieder zur oberirdischen Welt aufgestiegen wäre. Doch leider gelang es ihm nicht zu widerstehen: „Und sie breitet die Arme: Sie will ihn halten, sich halten lassen und greift, die Unselige, nichts als entweichende Lüfte. Mag sie sterben zum zweiten Mal: Sie hat für den Gatten keinerlei Tadel; was soll sie denn tadeln, als dass er sie liebe? Nur ein letztes ‚Lebewohl', das kaum seine Ohren vernehmen, spricht sie, dann trägt es sie wieder davon nach dem nämlichen Orte."

Layla und die Taube

Eine präislamische arabische Erzählung berichtet, wie sich eine Dichterin namens Layla in Taiwba verliebt, der ihrem Stamm angehört.

🗣 Ihre Familien verboten ihnen zu heiraten. Die beiden Liebenden widersetzten sich vergeblich den Gesetzen der Väter, und gaben schließlich auf. Um sich und seine Geliebte zu trösten, schrieb Taiwba daraufhin ein Gedicht, in dem er seinen baldigen Tod voraussagte und beschrieb, wie Layla, während sie an seinem Grab um ihn weinte, von seiner Seele in Gestalt eines Vogels aufgesucht werden würde. Etwas später erkrankte Taiwba und starb; Layla ihrerseits heiratete einen Bewerber, der von ihrer Familie gutgeheißen wurde. Der neue Ehemann hatte aber von der früheren Leidenschaft seiner Frau erfahren, folgte ihr überall hin und versuchte, in jeder ihrer Handlungen eine Spur der alten Liebe zu finden. Nach einiger Zeit kam das Paar während einer Reise in die Nähe des Grabes von Taiwba, und wie um das Schicksal herauszufordern, bot der Ehemann selbst Layla an, die Ruhestätte zu besuchen; er wusste von dem Gedicht und der Vorhersage und war entschlossen, die Gelegenheit zu nutzen, seiner Frau zu beweisen, wie falsch die Versprechen ihres ehemaligen Geliebten waren. Layla zögerte. Ihre Seele war aufgewühlt: Die Achtung vor ihrem Mann war unvereinbar mit ihrer geheimen Liebe zu Taiwba. Doch da der Ehemann insistierte, gehorchte sie ihm schließlich. Als sie am Grab angelangt war, kniete sie auf einem Stein nieder und flehte um Frieden für sich und Taiwba. Sie hatte das Gebet gerade zu Ende gesprochen, als eine Taube zu ihr geflogen kam. Da beugte sich Layla nach vorne und begann mit den Händen in der Erde zu graben, um den Mann zu erreichen, den sie über den Tod hinaus liebte. Ihr Ehemann fand sie wenig später tot am Grab liegen.

Omnia vincit amor

▲ Antonio Canova, Eurydike, 1775/76.

▲ Orpheus bezaubert die wilden Tiere mit seinem Gesang, römisches Mosaik, 3. Jh.

◀ Orpheus und Eurydike in einer französischen Buchmalerei um 1411/12. Im Hintergrund ist deutlich der Eingang zur Unterwelt zu sehen.

Der Preis des Hochmuts

Die mächtigsten Eheleute des Olymp, Hera und Zeus, waren, abgesehen von den Affären des Gottes und der Eifersucht seiner Gattin, ein unzertrennliches Paar. Diese Eintracht bekamen Alkyone und Keyx am eigenen Leib zu spüren. Alkyone war die Tochter von Äolus, dem König der Winde. Ihre Ehe mit Keyx erwies sich als so heiter und glücklich, dass die Frau ihrem Mann vorschlug, ihre Namen in die des höchsten olympischen Paares zu ändern. Im Einverständnis mit Hera bestrafte Zeus diese Gotteslästerung, indem er das Schiff, mit dem Keyx sich auf der Reise zu einem Orakel befand, mit einem Blitz traf und so den Frevler ertrinken ließ. Alkyone, die im Traum von dieser Tragödie erfuhr, ertrug den Schmerz nicht und stürzte sich ins Meer. Die Geschichte endet, wie so viele andere, mit einer Verwandlung: Die beiden Liebenden, die der göttliche Zorn traf, wurden zu Eisvögeln, auch Alkyonen genannt. Diesen wurde von den Griechen die Macht zugeschrieben, Stürme zu zähmen und vor Blitzen zu schützen.

In einer anderen Erzählung wird berichtet, dass Alkyone, nachdem sie den ans Ufer geschwemmten Leichnam ihres Gatten erkannt hatte, die Qual nicht aushielt und sich in einen Eisvogel verwandelte. Und auch Keyx, der auf magische Weise wieder auferstand, nahm diese Gestalt an. Das „neue" Paar wurde von den Göttern gesegnet und die sogenannten Eisvogeltage haben nach der Überlieferung den Zweck, dem Weibchen eine ungestörte Lege- und Brutzeit zu ermöglichen.

Hero und Leander

Zur griechischen Mythologie (bzw. ihrer Fortführung durch den lateinischen Dichter Ovid) gehört auch die tragische Liebesgeschichte, deren Protagonisten Hero, eine Priesterin der Aphrodite, und Leander sind.

Obwohl sie auf den entgegengesetzten Ufern des Hellesponts wohnten, die eine in Sesto und der andere in Abido, verliebten die beiden sich hoffnungslos. So überquerte Leander jede Nacht schwimmend die Meeresenge, um die schöne Hero zu treffen, und schwamm bei Sonnenaufgang wieder nach Abido zurück. Auf dem Hinweg führte ihn ein von Hero angezündetes Licht zur richtigen Stelle. Doch nachdem eines Nachts ein Sturm die Fackel gelöscht hatte, wurde Leander von den Wogen verschlungen und ertrank. Als die Wellen am darauffolgenden Tag seinen Leichnam an den Strand spülten, fand Hero ihn und brachte sich vor Verzweiflung um.

Omnia vincit amor

▲ *Jan van den Hoecke,* Hero beweint den toten Leander, *1635.*

▲ *Domenico Fetti* Hero und Leander, *Anfang 1620er. Leander ertrinkt, als er zu seiner Geliebten durch das Meer schwimmt; Hero stürzt daraufhin von den Klippen ins Meer.*

225

Eine Geschichte, die in den Himmel führt …

Bei den Chinesen heißt die Milchstraße „Himmlischer Fluss". Wenn man sie in einer Nacht ohne Mondlicht aufmerksam betrachtet, kann man an ihrem östlichen Rand eine Gruppe von fünf Sternen erkennen. Der größte unter ihnen ist Zinhu, die Weberin. Genau gegenüber zeigt sich ein weiterer Stern ähnlicher Größe: Das ist Niulang, der Viehhüter. Eine Geschichte, die sich die Chinesen noch heute erzählen, erklärt, weshalb die beiden Himmelskörper sich seit Jahrtausenden unbeweglich gegenüber stehen.

 Zinhu war die Tochter von Tian Di, dem „Himmlischen Herrscher". Des bequemen, aber monotonen Lebens, das sie führte, überdrüssig, hatte sie ihren Vater um die Erlaubnis gebeten, auf die Erde hinab zu steigen, um sich unter die einfachen Menschen zu mischen. Über diesen merkwürdigen Wunsch war der Vater vor Wut außer sich geraten. Er hätte eher die Himmel zum Einstürzen gebracht und die Erde in einem Feuermeer versinken lassen, als die Tochter als Sklavin der Mühsal und der materiellen Bedürfnisse sehen zu müssen. Aber Zinhus Entscheidung stand unumstößlich fest, und eines Tages verließ sie klammheimlich den Sitz der Götter. Als sie auf der Erde angekommen war, fühlte die junge Frau sich sofort wohl und wurde bald eine gefragte Weberin. An einem Sommertag saß Zinhu gerade beim Weben im Garten, als Niulang, der geschickteste Viehhüter der Gegend, dort vorbeikam. Sobald er das Mädchen erblickte, verliebte er sich in sie und ohne zwei Mal zu überlegen, bat er sie, ihn zu heiraten. Der junge Mann war schön, ehrlich, und fleißig, und Zinhu war sehr zufrieden, seine Frau zu werden. Für einige Zeit lebten die beiden glücklich: Er hütete seine Kühe und sie webte auf ihrem Webstuhl. Doch als Tian Di die Flucht seiner Tochter bemerkte, befahl er seinen himmlischen Wachen zornig, zur Erde hinabzusteigen und ihm Zinhu wieder zu bringen. Der Befehl wurde umgehend ausgeführt, und die junge Frau von ihrem Haus und ihrem Gatten fortgerissen. Dieser versuchte vergebens, mit seinem magischen Ochsen, der fliegen konnte, dem Wagen zu folgen, mit dem seine Geliebte zum Himmel fuhr. Am Himmlischen Fluss angelangt, weigerte sich das Tier, weiterzulaufen, während der Wagen der Wächter sich in einen Kahn verwandelte und zum anderen Ufer übersetzen konnte. So blieb Niulang diesseits des Flusses und wartete untröstlich auf Zinhu. Auch diese hörte, nachdem sie in den väterlichen Palast zurückgebracht worden war, nicht einen Augenblick auf zu weinen. Eines Tages aber kam die Königliche Mutter des Westens und sah Zinhu, die blass und abgezehrt wie eine Blume, die zu lange ohne Wasser hatte leben müssen, melancholisch aus dem Fenster schaute. Sie näherte sich der jungen Frau und fragte sie, was sie so traurig mache. Da erzählte das Mädchen ihr die traurige Geschichte. Die Königin war so gerührt, dass sie beschloss, sich für Zinhu bei ihrem Vater einzusetzen. Es war nicht einfach, den Himmlischen Herrscher zu überzeugen, aber schließlich taten die weisen Worte der Königin ihre Wirkung. Tian Di gab seiner Tochter und dem Viehhüter die Erlaubnis, sich zu treffen … wenn auch nur ein einziges Mal im Jahr. Daher sagt man, dass am siebten Tag des siebten Monats des chinesischen Kalenders sich Tausende Elstern mit kleinen Zweigen im Schnabel erheben und zum Himmlischen Fluss fliegen, um dort eine Brücke zu bauen. Niulang und Zinhu treffen sich in deren Mitte, um miteinander die süßesten und leidenschaftlichsten Liebesschwüre zu wechseln.

… und eine Geschichte, die im Ozean endet

Unmittelbar nach der Schöpfung, so erzählen sich die südamerikanischen Volksstämme der Karibik, waren die Frauen wunderschön und die Männer hässlich. Eine Ausnahme war Maconaura, der mit seiner Mutter glücklich im Urwald lebte.

👄 Eines Tages entdeckte Maconaura, dass jemand sich nicht nur seiner Fischernetze bediente, sondern sie auch zerrissen hatte. Er bat daher einen Specht, die Netze zu bewachen und hörte wenig später den Signalruf des Vogels. Er lief schnell zum Teich und traf dort ein Wasserungetüm, das er sofort tötete. Erst nachdem er es beseitigt hatte, bemerkte er eine junge Frau, fast noch ein Mädchen, am Ufer des Teiches. Er nahm sie mit sich und brachte sie nach Hause, wo er sie der Fürsorge seiner Mutter anvertraute. Als Anuanaitu (das war der Name des Mädchens) alt genug war, wählte Maconaura sie heiraten.

Zunächst zögerte sie, den Heiratsantrag anzunehmen, da ihr die Zustimmung ihrer Eltern fehlte, aber andererseits weigerte sie sich, ihre Identität offen zu legen. Am Ende überwogen die Gefühle und Anuanaitu heiratete Maconaura. Das frisch vermählte Paar beschloss, dass es sich dennoch gehöre, zum Dorf der Frau zu gehen, um den Segen ihrer Eltern zu erhalten. Die Mutter war sofort einverstanden, doch der Vater wollte den neuen Schwiegersohn verschiedenen Mut- und Geschicklichkeitsproben an der Grenze des Möglichen unterziehen, die Maconaura trotz allem erfolgreich bestand. Er durfte daher in Anuanaitus Dorf als ihr Gatte bleiben. Eines Tages aber beschloss er, einen Besuch bei seiner Mutter zu machen, und als er zurückkehrte, traf ihn sein Schwiegervater mit einem Pfeil. Zwischen den Angehörigen der beiden Ehegatten brach Krieg aus, bei dem die Seite Anuanaitus mithilfe magischer Künste vernichtet wurde. Die einzige, die überlebte war eben Anuanaitu, von der jedoch die Geister der toten VerwandtnBesitz ergriffen. So entschied sie, in Gestalt einer Klapperschlange zu Maconauras Dorf zurückzukehren und ihn zu töten, um ihre Familie zu rächen. Anfangs zögerte sie noch. Doch sie widerstand ihrer inneren Bewegung und setzte zum tödlichen Angriff an. Dabei enthüllte sie, dass das Wasserungetüm, das Maconaura umgebracht hatte, ihr Bruder gewesen war und sie selbst zu der Rasse dieser Kreaturen gehörte. Aber dennoch war ihr Herz berührt worden, auch wenn schließlich das Gefühl, ihren Bruder und ihre Angehörigen rächen zu müssen gesiegt hatte. So durchquerte sie die Welt, die sich, wo immer sie vorbeizog, mit Schatten bedeckte, und gelangte zum Ozean. An der Stelle, an der sie ertrank, befindet sich noch heute ein gefährlicher Strudel.

Die gutgläubige Deianeira

Eng mit der Liebe verbunden ist die Eifersucht; sie brachte Deianeira, die letzte Braut des Herakles, dazu, dessen Tod zu verursachen, gerade als sie seine einzige Frau sein und bleiben wollte. In der Geschichte wird von der nachträglichen Rache des Kentauren Nessos berichtet, der von Herakles mit einem seiner tödlichen Pfeile getroffen wurde. Denn als er Deianeira auf dem Rücken trug, um ihr die Überquerung des Flusses Evenos zu ermöglichen, wurde er von Herakles verdächtigt, sich in sie verliebt zu haben und sie entführen zu wollen. Sophokles lässt in seinen *Trachinierinnen* Deianeira die Szene in Erinnerung rufen:

❧ „So trug er mich ... berührte mich auf halbem Weg / mit frecher Hand, ich schrie, der Sohn des Zeus / kehrt und schickt ihm den beschwingten Pfeil / in Brust und Lunge, wo er schwirrend blieb. / Da sprach das Tier noch: Alten Oineus' Kind! / Es kann dir diese letzte Fahrt mit mir / noch einmal nützen, wenn du mir gehorchst. / Nimmst du von meiner Wunde rings das Blut / da, wo die Lernaschlange diesen Pfeil / mit schwarzer Galle färbte, ist es dir / ein Zauber für den Sinn des Herakles, / dass keine Frau, die jemals er erblickt, / er stärker lieben kann als wie dich selbst." Deianeira schenkte naiv den Worten des Nessos Glauben (wie konnte dieser das Glück desjenigen wollen, der ihn soeben tödlich verletzt hatte) und als sie von der Rückkehr ihres Mannes aus einem siegreichen Feldzug mit der blutjungen Iole, der Tochter des Königs von Oichalia, erfuhr, tränkte sie ein Hemd mit dem Blut des Kentauren und schickte es Herakles als Geschenk. Sobald er es angezogen hatte, blieb das verfluchte Kleidungsstück am Körper haften und brannte wie Feuer, wobei es einen so unerträglichen Schmerz verursachte, dass der Helden bat, einen Scheiterhaufen zu errichten, auf dem er sterben könne. Bevor er starb, schenkte er seine Waffen dem Philoktet, dem einzigen, der den Mut aufbrachte, das Holz in Brand zu stecken.

Pyramus und Thisbe

Pyramus und Thisbe sind die Protagonisten einer leidenschaftlichen Liebesgeschichte, die in erster Linie durch die *Metamorphosen* Ovids bekannt geworden ist:

❧ Die beiden wohnen in Babylonien und es hatte genügt, dass sie sich ein einziges Mal sahen, um unwiderstehlich von einander angezogen zu sein. Da ihre Familien diese Liebe nicht gutheißen wollten, waren Pyramus und Thisbe gezwungen, durch einen Riss in der Mauer, die ihre Grundstücke trennte, miteinander zu sprechen. Eines Tages gelang es ihnen, ein Treffen in der Nähe einer Quelle und eines Maulbeerbaums auszumachen. Hier floh Thisbe, die als erste ankam, vor Schrecken beim Anblick einer Löwin, die gerade ihren Durst stillte, und ließ dabei ihren Schleier fallen. Das Tier fasste den Schleier, befleckte es mit Spuren vom Blut seiner letzten Beute und ließ ihn dort liegen. Als Pyramus ankam, fand er den Schleier voller Blut und glaubte, Thisbe sei tot. Er ertrug den Schmerz des Verlustes nicht und brachte sich um. Thisbe, die kehrtgemacht hatte, um das Treffen nicht zu verpassen, fand den Leichnam ihres Geliebten und tötete sich daraufhin auch. Mit dem Blut der beiden färbten sich die Früchte des Maulbeerbaums und auch seine Wurzeln nahmen es aus dem Boden auf. Seither haben die Beeren des Baums eine dunkle Farbe, wenn sie reifen, als ständiges Zeichen der Trauer um das tragische Ende der beiden Liebenden.

Omnia vincit amor

▲ *Gustave Moreau,* Der Kentauer Nessos und Deianeira, *um 1880.*

▲ *Guido Reni,* Raub der Deianeira, *1620/21.*

◀ *Hans Baldung Grien,* Pyramus und Thisbe, *ca. 1530.*

Ehebruch

„Man darf nicht über die Trojaner und Achäer spotten, weil sie so lange Zeit für diese Frau leiden: Sie ähnelt auf außergewöhnliche Weise den unsterblichen Göttinnen." So wird über die Verehrung der Trojaner für Helena gesprochen, die „die schönste Frau der Welt" war. Helenas Gegenwart in Troja ist das Resultat einer Reihe komplizierter Verwicklungen, die hier nicht weiter ausgeführt werden können. Jedenfalls hat sie, als sie mit dem trojanischen Königssohn Paris floh und in Sparta ihren Mann Menelaos zurückließ, nicht nur den Trojanischen Krieg herausgefordert, sondern sich auch des Ehebruchs schuldig gemacht. Aber wird der Ehebruch in der griechischen Mythologie wirklich als Schuld verurteilt? Um diese Frage zu beantworten, betrachten wir nun von Helena ausgehend, wie die kollektive Wahrnehmung des Betrugs zwischen Ehegatten sich im Laufe der Jahrhunderte verändert hat.

Die Königin Hekabe, die Frau des Priamos, hatte kurz vor der Geburt des Paris von einem Haufen wimmelnder Schlangen geträumt, und ein Orakel hatte vorhergesagt, dass ihr Sohn die Zerstörung Trojas herbeiführen würde. Da Priamos nicht den Mut hatte, ihn zu töten, gab er ihn einem Hirten, der ihn auf dem Berg Ida aussetzte, wo er von einer Bärin gesäugt wurde. Paris, der außerordentlich schön, stark und intelligent wurde, führte ein Hirtenleben fern vom Hofe, bis er an einem schicksalhaften Tag zwischen Aphrodite, Athene und Hera wählen musste, wer von ihnen die Schönste sei. Für das Versprechen Aphrodites, dass er die anmutigste und attraktivste Frau der Welt besitzen würde, verzichtete Paris darauf, der weiseste und ehrwürdigste aller Menschen oder der mächtigste Herrscher Asiens zu werden, wie die anderen beiden Göttinnen es ihm in Aussicht stellten, um von ihm erwählt zu werden. Wenig später begab er sich nach Troja und der Hirte, dem er anvertraut worden war, enthüllte Priamos seine wahre Identität. Angesichts dieser Vorgeschichte erscheint Paris eher als derjenige, von dem die Initiative ausgeht und Helena als diejenige, die verführt wurde. Von Interesse ist in diesem Zusammenhang auch, dass in der antiken aristokratischen Gesellschaft, in der Helenas Mythos geprägt wurde, nicht etwa eheliche Treue als „höchste weibliche Tugend" angesehen wurde, sondern Schönheit: Insofern die Frau von „mythischer" Schönheit ist, „bleibt sie immer sich selbst gleich … Sie hat kein Ideal, keinen Wunsch, an den sie sich halten kann, da sie ohne Schuld ist" (F. Codino). Und die Geschichte Helenas bestätigt das: Nach dem dramatischen Ende des Trojanischen Kriegs kehrt sie zurück, um mit Menelaos die sichere Ruhe des häuslichen Friedens zu teilen.

Es ist ein gewagter Sprung vom Trojanischen Krieg zur höfischen Gesellschaft des Mittelalters. Aber abgesehen von der Tatsache, dass der Ursprung dieser Geschichten nach Meinung einiger Forscher wie z.B. von Gaston Paris (1839–1903) in der keltischen Mythologie liegt, wurde im Mittelalter die außereheliche Liebe als Schuld bewertet, die mit dem Tod gesühnt werden musste.

Eine sagenumwobene Gestalt, die mit Helena in Verbindung gebracht werden kann, ist Ginevra, die Frau Artus', des legendären Königs Britanniens. Er bemerkt lange Zeit die Leidenschaft nicht, die sich zwischen seiner Frau und dem stolzen Ritter Lancelot entwickelt hat. Als er das Unglück entdeckt, richtet er sein Verhalten nach einem ziemlich abstrakten Verständnis höherer Gerechtigkeit aus, das von einem ebenso abstrakten Sinn menschlichen Mitleids gemildert wird. Was Lancelot betrifft, so erlebt dieser seine Liebe zu Ginevra nicht als Verrat an Artus, und empfindet sie auch nicht mit qualvoller Reue; bei Lancelot dominiert vor allem das Bewusstsein der Pflicht, seine Liebe so geheim wie möglich zu halten. Doch kehren wir zu Ginevra zurück. Sie fühlt sich Artus gegenüber schuldig, aber im Rahmen des beruhigenden Verhaltenskodex weltlicher Galanterie, der den Verrat in der Ehe duldet, solange er sich an die vorgeschriebenen Regeln hält.

Omnia vincit amor

▲ *Benozzo Gozzoli*, Der Raub der Helena, *um 1460.*

▶ *Lucas Cranach d. Ä.*, Urteil des Paris, *1527.*

▲ *Paul Cézanne*, Urteil des Paris, *1862–1864.*

Kapitel 9

Nach ihrer „Bekehrung" zum Christentum, beschließt Ginevra nicht nur auf ihren Geliebten zu verzichten, um sich zu reinigen, sondern zieht sich in ein Kloster zurück, nachdem sie knapp dem Scheiterhaufen entkommen ist.

Auch Isolde, Ginevras Schwester, ist die Protagonistin einer dramatischen Liebesgeschichte. Verheiratet mit Marke, dem König von Cornwall, verliebt sie sich in seinen Neffen Tristan.

❦ Tristan lebte am Hof seines Onkels und nach einer Reihe von Ereignissen, die ihn nach Irland führten, wo er Isolde kennenlernte, die ihn mit magischen Kräutern von einer Verletzung durch einen vergifteten Pfeil heilte, kehrte er dorthin zurück. Eines Tages kam eine Schwalbe zum Hof des Königs Marke geflogen und ließ ein blondes Haar Isoldes fallen. Der König wurde sofort von dem unwiderstehlichen Wunsch ergriffen, jene Frau kennenzulernen und beauftragte Tristan damit, sie zu suchen und ihm als Braut zuzuführen. Die Suche nach der Besitzerin des Haars brachte Tristan erneut nach Irland, wo er Isolde wiederfand und ihr von dem Vorgefallenen berichtete. Bevor das Mädchen das Schiff nach Cornwall bestieg, erhielt es von seiner Mutter einen Zaubertrank, den sie mit ihrem Bräutigam trinken sollte, damit dem Paar ewige Liebe sicher sei. Doch während der Reise geschah es aufgrund des Fehlers einer Bediensteten, dass Isolde und Tristan die magische Essenz tranken, die ihre vorgesehene Wirkung auf die beiden ausübte. Die Hochzeit mit König Marke wurde trotzdem gefeiert; dennoch war Isolde nicht in der Lage, die brennende Leidenschaft für Tristan in ihrem Herzen zu unterdrücken. Als der König entdeckte, dass er von seiner Frau mit seinem Neffen betrogen wurde, verjagte er beide. Isolde wurde zu den Aussätzigen verbannt. Tristan befreite sie aus der Gesellschaft Lepra-Kranker, um mit ihr im Wald zu leben. Eines Tages überraschte Marke sie im Schlaf, aber zwischen ihnen lag ein Schwert als Zeichen von Unschuld und Enthaltsamkeit. So nahm er Isolde zu sich zurück, während Tristan nach Armorica verbannt wurde und dort Isolde Weißhand heiratete, die Tochter des Herzogs, deren Namen und Aussehen ihn an seine ferne Geliebte erinnerte. Als er eines Tages schwer verletzt wurde, schickte er nach jener, die ihn einst geheilt hatte und die zu lieben er nie aufgehört hatte. Ihr Eintreffen sollte durch die Farbe der Segel des Schiffes angekündigt werden, das sie zu ihm bringen sollte: weiße, wenn sie seiner Einladung gefolgt wäre, schwarze, wenn sie nicht die Möglichkeit dazu gehabt hätte. Tristans Frau, die das Meer beobachtete, sah am Horizont ein Schiff mit gehissten weißen Segeln erscheinen, doch von Eifersucht ergriffen log sie und behauptete, die Segel wären schwarz. So erlosch die letzte Hoffnung, die Tristan am Leben gehalten hatte: Als Isolde an Land ging, fand sie ihn tot vor und legte sich neben ihn, um an seiner Seite zu sterben.

Omnia vincit amor

▲ Tristan und Isolde auf einem Frühlingsfest am Hof von König Marke, *Buchmalerei von Meister Hesse.*

▲ Tristan und Isolde vor König Marke, *Miniatur, 15. Jh.*

▲ *William Morris,* Königin Ginevra, *1858.*

Wenn das Schicksal allmächtig ist

Die Parzen und andere Vollstrecker des göttlichen Wortes

„Als nun alle die Glieder geschmiegt in die Elfenbeinsessel, / wurden die Tische reichlich mit Speisen bedeckt und gerüstet, / währenddessen begannen die Parzen, die schwankenden Glieder / regend, wahrheitskündende Schicksalslieder zu singen. / Ihren zitternden Leib umhüllten weiße Gewänder, / deren purpurner Saum bis über die Knöchel herabfiel, / rosafarbene Binden umwanden den schneeweißen Scheitel, / und die Hände vollzogen den Brauch ihres ewigen Tagwerks. / Hielt die Linke den Rocken, mit weicher Wolle umgeben, / zog die Rechte den Faden rasch aus und formte mit spitzen / Fingern den Zwirn, um dann mit dem schrägen, schnellenden Daumen / Um den gedrechselten Wirtel die Spindel sich drehen zu lassen."

Diese Verse sind den *Carmina* des römischen Dichters Catull entnommen. Die Parzen waren Gottheiten der Geburt und des Schicksals, das die Römer Fatum nannten, was so viel wie „göttliches Wort" heißt. Sie hatten die Aufgabe, die rätselhaften Pläne zur Ausführung zu bringen, die eine starke und mächtige, aber unpersönliche Schicksalsmacht für die Menschen ersann. Aber neben den Parzen nahm im römischen Pantheon auch Fortuna eine bedeutende Rolle ein, die Göttin des Zufalls, des schicksalhaften Ereignisses, die gleichermaßen Quelle des Guten und des Glücks wie einer endlosen Reihe von Unglücksfällen sein konnte. Die Etymologie des Namens (von *vortumna*, d. h. „jene, die das Jahr sich wenden lässt") bringt sie mit der Zeit und vor allem mit den Jahreszeiten der Natur in Verbindung, die für ein ursprünglich bäuerliches Volk von fundmentaler Bedeutung sind.

Tyche, die Moiren und die Keres

Auch die Griechen hatten ein unbestimmtes Bild von der Göttin des Zufalls: Sie nannten sie Tyche („das, was geschieht"), zählten sie zu den Okeaniden und stellten sie stets dar, wie sie mit den Augen das Springen eines Balls verfolgt, dessen Bewegungen unvorhersehbar wie das Schicksal der Menschen sind. Jede Stadt verehrte zur Beschwörung gegen unerwünschte Schicksalswendungen eine eigene Tyche, deren Figur mit einer turmähnlichen Krone und Glückssymbolen in der Hand ausgestattet war.

Die Moiren dagegen, die als Töchter von Nyx und Erebos oder von Zeus und Themis galten, waren wichtigere Gottheiten als die Parzen in Rom. Ihr Name, der in der Einzahl „Anteil" bedeutet, steht möglicherweise mit dem Kult des Mondes in Verbindung. Bei Homer wird meistens von einer einzigen Moira gesprochen, „hart zu ertragen" und „zerstörerisch". Nicht einmal die Götter konnten das unaufhörliche Treiben der Moiren beeinflussen, die Geburt an Geburt spannen (Klotho, „die Spinnerin"), Ereignis an Ereignis reihten, Ehe nach Ehe stifteten (Lachesis, „die Zuteilerin"), und Tod auf Tod folgen ließen (Atropos, „die Unabwendbare"). Bloß Zeus konnte sich ihnen entgegenstellen, indem er auf der Goldwaage die Zeit abwog, die einem Helden auf dem Schlachtfeld noch zum Leben blieb. In einem außerordentlichen Fall war es Apollon gelungen, das Leben seines Freundes Admetos gegen das eines anderen Menschen auszutauschen, nachdem er die drei unbeugsamen Schwestern betrunken gemacht hatte. Hermes dagegen half ihnen, das Alphabet zu bilden, und es ist sicherlich kein Zufall, dass es viele Jahrhunderte lang noch weiterhin Brauch war, den Geburts- und den Todestag jedes Menschen auf der Grabstätte mit dem ersten und letzten Buchstaben des griechischen Alphabets, Alpha und Omega, zu bezeichnen.

Doch eine noch ältere Darstellung des Schicksals verbirgt sich unter dem Namen Ker (oder Kar), der Göttin des gewaltsamen Todes, ebenfalls Tochter

Wenn das Schicksal allmächtig ist

▶ *Sodoma*, Die drei Parzen, *um 1525*

▲ Der Kauz gilt seit jeher als Todesbote und ist daher in der griechischen Mythologie zum Attribut der Moiren geworden, insbesondere von Atopos, die den „Faden der menschlichen Existenz durchtrennt", auf den Begräbnisurnen, *3. Jt. v. Chr.*

◀ *Hans Baldung Grien*, Die Parzen, *1513.*

235

von Nyx. Ursprünglich war Ker nicht nur Ausdruck des Bewusstseins der Gefahren und Schrecken des Krieges. Das Wort Ker, das im Alltagsgebrauch „verhängnisvolles Schicksal", „Unglück", „tödliche Epidemie" bedeutete und im Plural „unsichtbare Krankheiten", besaß denselben etymologischen Stamm wie Begriffe, die im Zusammenhang mit der Bienenzucht gebräuchlich waren. Das führt uns ins minoische Zeitalter auf die Insel Kreta zurück, wo die Göttin des Lebens und des Todes, die auf eine nur der Gottheit bekannte Weise ineinander verschlungen sind, in der Gestalt einer Bienen-Göttin dargestellt wurde.

Die Nornen

Es war bereits von den Nornen die Rede. Nach ihnen hatten sich die Götter zu richten und konnten nicht in die Pläne dieser mächtigen Frauen eingreifen, die das Schicksal der Menschheit im Ganzen oder das eines Einzelnen betrafen. Die drei berühmtesten Nornen, die für den Yggdrasil zuständig waren, hießen Urd, Verdandi und Skuld, aber es existierten unzählige andere, eine für jeden Menschen auf der Welt. Außerdem konnten sie sowohl gut als böse sein. Der irische Schriftsteller Snorri Sturluson (1178–1241), dem wir eine Abhandlung über die nordische Mythologie verdanken *(Snorra-Edda)*, schreibt dazu: „Die guten Nornen und die, die von guter Herkunft sind, schaffen Glück, und geraten einige Menschen ins Unglück, so sind die bösen Nornen schuld."

Vom Schicksal verflucht

Im mythologischen Erbe der Kelten Irlands sticht die Geschichte einer Heldin durch besondere Grausamkeit hervor:

🐝 Bei Deirdres Geburt wurde prophezeit, dass sie die schönste Frau der Welt werden und dass eben diese Schönheit ihren Tod und den ihrer Liebsten nach sich ziehen würde. Die irischen Krieger plädierten für eine radikale Lösung und forderten ihre sofortige Tötung. Dennoch überwog das Mitleid im Herzen von Conchobar, dem König von Ulster; so wurde sie in den hintersten Winkel Irlands verbannt. Sie wuchs zu einer wunderschönen Frau heran, ganz wie es vorhergesagt worden war, und führte trotz des Exils ein glückliches Leben. Doch eines Tages sah sie Blut im Schnee und daneben einen Raben. Sogleich dachte sie an einen häufig wiederkehrenden Traum: Ihr erschien ein junger Mann mit rabenschwarzem Haar, schneeweißer Haut und blutroten Lippen. Nachdem sie ihrer Amme Lavercam den Grund ihrer Traurigkeit, die sie ergriffen hatte, anvertraut hatte, sprach diese mit Naoise darüber, der fern von dort mit seinen Brüdern Ardan und Ainle lebte. Dann vereinbarte Lavercam ein geheimes Treffen, und als Deirdre feststellte, dass Naoise genau der Mann war, der ihr in ihren Träumen begegnete, bat sie ihn, sie aus dem Exil zu befreien. So flüchteten sie mit Naoises Brüdern nach Schottland und kamen bei Adligen unter. Doch es hatte fatale Folgen, dass Deirdre die Aufmerksamkeit des Königs auf sich zog, der einen Plan ersann, um sie von Naoise wegzubringen. Aus dieser Situation flohen die vier von Neuem, dieses Mal an die Küste, wo sie ein schwieriges, aber glückliches Leben führten. Eines Tages erreichte sie die Botschaft, dass Conchobar bereit sei, sie in Irland aufzunehmen. Leider handelte es sich dabei um eine List Conchobars, der Deidre wieder haben wollte. Da das Mädchen sich dachte, dass sie den Zorn des Königs auf sich gezogen hatte, wollte sie nicht abreisen, doch Naoise war seinem König treu ergeben und mutig, und so überzeugte er sie. Während der Fahrt nach Irland sah Deirdre unheilvolle Vorzeichen, aber die drei Brüder wollten ihr keine Beachtung schenken. So wurden Naoise, Ardan und Aine in einem Hinterhalt von Conchobars Soldaten getötet und Deirdre gefangen genommen. Nun blieb ihr nichts mehr, als selbst zu sterben: Während sie zum König gebracht wurde, konnte sie sich kurz befreien und schlug mit aller Gewalt ihren Kopf gegen einen Baum, sodass sich ihr Blut und ihr Gehirn überall verteilten.

Wenn das Schicksal allmächtig ist

▶ Die drei Nornen, die das Schicksals von Göttern und Menschen am Fuße des Weltenbaumes weben.

▲ Die kretische Göttin des Lebens und des Todes in Gestalt einer Biene mit den Hörnern eines Stieres und zwei geflügelten Hunden an den Seiten, auf Kreta gefundenes Siegel aus dem 15. Jh. v.Chr.

▶ Detailansicht einer wikingischen Stele, auf der dargestellt wird wie Odin, nachdem er neun Tage und neun Nächte am Weltenbaum gehangen hatte, die Fähigkeit, „weit zu sehen" gewann. Dies Vermögen wird von dem Adler symbolisiert, der, in der Mitte des unteren Bildstreifens auf dem Pferd erscheinend, einen in der Schlacht gefallenen Krieger darstellt.

237

Kapitel 10

Die Götterdämmerung

Für die nordische Mythologie ist der Gedanke vom „Ende der Welt" charakteristisch. Man könnte auch von „Götterdämmerung" sprechen. Das ist der geheimnisvolle Titel, den Richard Wagner (1813–83) dem abschließenden Werk seiner Tetralogie *Der Ring des Nibelungen* gegeben hat. Dort erscheinen die Nornen am Beginn, um das Schicksal zu spinnen und abwechselnd von der Vergangenheit und der Zukunft der Menschen und Götter zu berichten:

Es wird der Tag kommen, an dem sich das Schicksal der Götter erfüllt, und es wird das Ende der Welt sein: Es beginnt mit einem eisigen Winter, der drei Jahre dauert, in dem der Schnee und der Wind herrschen und die Sonne sich nicht mehr zeigt. Es folgen drei weitere Winter und in der Welt brechen Kriege aus. Im Himmel verschlingt der Wolf Skoll die Sonne und der andere Wolf Hati den Mond. Die Sterne leuchten nicht mehr. Die Erde zittert, die Berge stürzen ein, die Bäume werden weggefegt.

Dann zerreißen die Fesseln, die die Feinde der Götter unter Kontrolle hielten. Der Wolf Fenrir reißt sein Maul auf: Der Oberkiefer berührt den Himmel, der Unterkiefer die Erde. Sein Bruder, die Schlange Midgard, kommt aus dem Ozean und überschwemmt die Erde mit Wasser und Gift.

Am Horizont erscheint der Riese Surtr und hinter ihm stehen alle Riesen des Feuers. Und bei ihnen sind der Wolf Fenrir, die Schlange Midgard, Hel und seine Leute, Loki, Ymir und alle Riesen des Eises. Sie ziehen über die Brücke des Regenbogens und bringen sie zum Einsturz. Sie versammeln sich in der großen Ebene, die sich im Asgard ausbreitet, dessen Wächtergott das Horn zur letzten Schlacht bläst.

Der Weltenbaum, der Yggdrasil, wird bis in seine mächtigen Wurzeln erschüttert, und es gibt keine Rettung. Alle nehmen an der Schlacht teil: Die Götter und die Helden des Palastes Walhalla. Odin ergreift seine Lanze und trägt seinen goldenen Helm. Er kämpft gegen den Wolf Fenrir, der ihn verschlingt. Darauf tritt Odins Sohn Vidharr hervor, der mit seinen magischen Schuhen den Unterkiefer des Monsters zerquetscht und mit der Hand seinen Oberkiefer ergreift und zerdrückt; danach sticht er ihm sein Schwert ins Herz und so stirbt Fenrir.

Thor kann endlich gegen die Schlange Midgard kämpfen und sie töten, doch auch er stirbt am Gift des Ungetüms. Freyr, beginnt ohne das Schwert, das er aus Liebe verschenkt hat, einen langen Kampf gegen Surtr und kommt am Ende ums Leben. Dasselbe Schicksal widerfährt Tyr, der zuvor den Höllenhund Garmr getötet hat. Heimdallr kämpft gegen Loki und beide sterben.

Dann steckt der Riese Surtr alles in Brand und die ganze Erde geht in Flammen auf. Und wenn das Feuer erloschen ist, nachdem es alles zerstört hat, beginnt ein neuer Zyklus. Dann fängt die Erde vom Meer her wieder zu blühen an, sie ist schön und grün, es wachsen neue Pflanzen und es reift nie gesätes Getreide. Die überlebenden Götter versammeln sich im Himmel, wo vorher Asgard war, und aus dem Reich von Hel kehren Balder und Hödhr zurück.

Von zwei Menschen, die dem Feuer entkommen sind, wird das neue Menschengeschlecht gezeugt. Und auch die Sonne zeigt sich wieder: Es wird nämlich berichtet, dass die Göttin Sonne ein Mädchen zur Welt gebracht hat, bevor sie vom Wolf verschlungen wurde. Die Tochter durchläuft dieselbe Bahn wie ihre Mutter und bringt Wärme und Licht auf die Erde zurück.

Wenn das Schicksal allmächtig ist

▲ *Szene aus Wagners* Götterdämmerung, *Bayreuther Festspiele 1954. Wagner zeigt als Vertreter der Romantik eine tiefe Verbundenheit mit den mythologischen Traditionen und greift in seinen Opern das Schicksalsverständnis der germanischen Sagenwelt auf.*

▶ *Brosche in Form der Weltenschlange Midgard.*

▼ *Heimdallr mit der linken Hand am Horn, mit dem er die Götter weckt.*

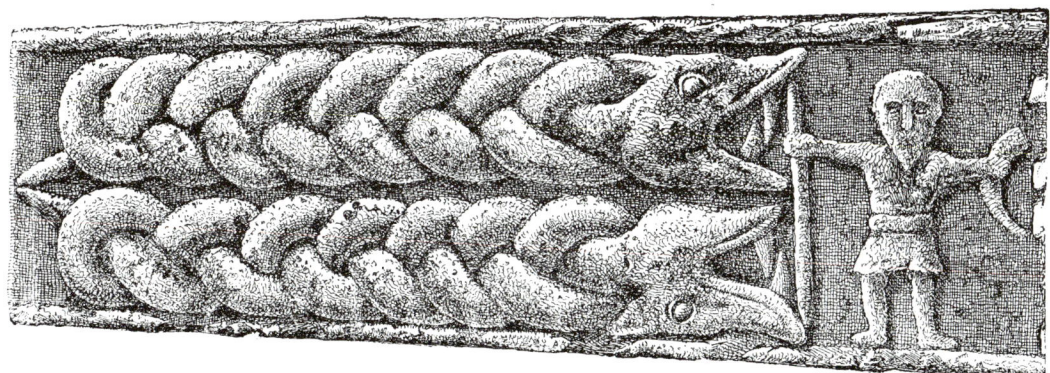

Die Unausweichlichkeit des göttlichen Wortes

Ein Mythos der Bantu erzählt, wie nachts in einer Hütte ein schönes Mädchen das Licht der Welt erblickte:

In der Nacht der Geburt waren in der Hütte der Gott Immanaa und ein Dieb anwesend. Der Gott sagte Folgendes voraus: „Ich bin Immana und ich sehe, dass dieses Mädchen im ersten Jahr seiner Ehe umgebracht werden wird, sobald sie schwanger ist. Die Hörner eines Büffels werden sie tödlich treffen." Der Dieb setzte sich in den Kopf, die schrecklichen Worte des Gottes zu widerlegen, und in der darauffolgenden Nacht, als alle schliefen, kehrte er zur Hütte zurück und schnitt das Mädchen entzwei: In der Tat hätte sich die Prophezeiung des Gottes so nicht erfüllt. Die Eltern weinten so sehr, dass sie das Mitleid der Götter erweckten. Diese setzten die Neugeborene wieder zusammen und gestatteten ihr heranzuwachsen. Die Jahre vergingen und das Kind war zur jungen Frau geworden. Eines Tages kam der Dieb, den jedoch niemand wieder erkannte; er konnte eine gute Mitgift anbieten, und so hatte die Familie nichts gegen eine Hochzeit einzuwenden. Die neue Hütte der beiden wurde nach dem Willen des Mannes mit einem doppelten Zaun umgeben, und er befahl seiner Frau, diese Schranke nie zu überschreiten, da der Medizinmann des Dorfes es so beschlossen hätte. Nach einer Weile wurde die Frau schwanger und bekam immer größere Lust, die engen Grenzen ihrer Behausung zu verlassen. So widersetzte sie sich eines Tages, während der Mann weit weg auf der Jagd war, dem Verbot und wagte sich in die Gassen des Dorfes. Das Schicksal wollte es, dass sie dort von den Hörnern eines Büffels erfasst wurde, die ihr den Bauch aufschlitzten und daran starb sie. Als ihr Mann von dem Vorfall erfuhr, fragte er, auf welche Weise seine Frau gestorben wäre. Ihm wurde geantwortet: „Die Hörner eines Büffels haben sie getötet." Der Dieb rief aus: „So stand es schon vom Augenblick ihrer Geburt an fest; ich werde nie wieder versuchen, das Wort Gottes zu widerlegen!"

Bara, „das Schicksal"

Die im Norden Afrikas beheimateten Kuschiter sind nach biblischer Überlieferung Nachkommen Hams, eines der drei Söhne Noahs. Obwohl sie mittlerweile islamischen Glaubens sind, überleben in ihrem mythologischen Erbe Spuren der ursprünglichen Religion, wie in der folgenden Geschichte:

Ein Mann und eine Frau bekamen einen Sohn und nannten ihn Bara, was in der kuschitischen Sprache „Schicksal" bedeutet. Als dem König das Gerücht zu Ohren kam, dass in seinem Reich ein Junge lebte, der die Zukunft voraussagen konnte, schickte er nach ihm. Auf dem Weg zum Königspalast weinte Bara und war verzweifelt: Er wusste, dass die einfache Tatsache, dass er „Schicksal" hieß, ihm keinerlei prophetische Kraft verliehen hatte, aber er wollte den König nicht enttäuschen. Unterwegs erschien ihm ein Teufel, der sich anbot, ihm zu helfen. Unter der Bedingung, dass der Junge mit ihm die Geschenke des Herrschers teilte, würde er ihm sagen, was dieser dem König vorhersagen sollte. Beim König angelangt, machte Bara die Prophezeiungen, zu denen der Teufel ihm geraten hatte: dass das kommende Jahr herrlich sein würde durch den Reichtum an Getreide und an Tier. Auf dem Rückweg trat der Teufel hervor, um wie verabredet seinen Teil zu bekommen, doch Bara weigerte sich mit ihm zu teilen. Nach einem Jahr kam es zur gleichen Situation und wieder bekam der verzweifelte Bara Unterstützung vom Teufel. Im Königspalast angekommen, sagte er dem Herrscher vorher, dass er nichts Gutes vom neuen Jahr zu erwarten habe. Diesmal teilte Bara seinen Lohn mit dem Teufel. Da sagte der Teufel: „Letztes Jahr hat das Schicksal mich um mein Geld gebracht, dieses Jahr hat es mir reichlich gespendet, aber der König wird sterben und deine Dienste nicht mehr brauchen." Das heißt, dass das Schicksal, und nur das Schicksal, über alles siegt.

Wenn das Schicksal allmächtig ist

▶ *Büffelmaske aus Kamerun.*

▼ *Bantu-Frauen vor den Hütten ihres Dorfes um 1915.*

Achill: Dem Schicksal genügt eine Ferse

Auf der Hochzeitsfeier des sterblichen Peleus und der göttlichen Thetis warf die Göttin der Zwietracht den verfluchten goldenen Apfel auf die Festtafel, der Ursache des Trojanischen Krieges war. In Troja sollte Achill, der Sohn von Peleus und Thetis, ums Leben kommen. Achills Mutter versuchte vergeblich alles nur Mögliche, um das Schicksal abzuwenden. Vor Achill hatte das berühmte Paar sechs Söhne gezeugt. Alle wurden auf den Olymp zu ihrer Mutter geschickt, die ihnen in einem nur den Göttern erlaubten Ritus die sterblichen Teile verbrannte. Sie wollte den gleichen magischen Ritus mit ihrem Letztgeborenen vollziehen, als Peleus (vielleicht vor Schrecken oder, weil er den Wunsch nach menschlichen Nachkommen hatte) ihn ihr aus den Händen riss. Der Körper des Kindes, den sie mit Feuer behandelt und mit Ambrosia gesalbt hatte, war bereits unsterblich geworden, aber seine Ferse, an der Thetis ihn hielt, hatte die Wirkung des Zaubers noch nicht aufgenommen. Thetis wusste also, dass Achill dem Kampf um Troja fern bleiben musste, da eine Situation, in der es galt seine Heldenhaftigkeit unter Beweis zu stellen, für ihn fatal sein würde. Daher brachte sie ihn dazu, sich als Frau zu verkleiden, und vertraute ihn dem Schutz des Königs Skyros an, damit dieser ihn unter seinen Töchtern versteckte. Doch einer Prophezeiung zufolge war der Erfolg der Griechen in Troja von der Anwesenheit des Achill abhängig, und Odysseus übernahm zusammen mit Nestor und Aiax den Auftrag, sich auf die Suche nach ihm zu machen. Bei Skyros angekommen, gelang es Odysseus, Achill ausfindig zu machen. Er häufte im Empfangssaal eine Menge von Dingen an, die Frauen gefallen: Juwelen, bestickte Kleider, kostbare Gürtel ... Dann forderte er die Prinzessinnen auf, auszuwählen, was ihnen am meisten gefiele. Währenddessen hatte er heimlich befohlen, dass man die Posaunen blasen lasse und das Geräusch von Waffen vortäuschte. Der Trick hatte die gewünschte Wirkung: Auf diese Signale hin entblößte sich ein „Mädchen" die Brust und ergriff entschieden ein Schwert und eine Lanze, die Odysseus flüchtig unter die reizenden Geschenke für die Prinzessinnen gemischt hatte. Und Achill, der sich so zu erkennen gegeben hatte, versprach, seine Mirmidonen in den Trojanischen Krieg zu führen.

Der junge Held brach zum Krieg mit den Waffen auf, die sein Vater als Hochzeitsgeschenk von den Göttern erhalten hatte und die vom göttlichen Schmied Hephaistos angefertigt waren. Schließlich erlaubte er, am Ende einer fast zehnjährigen Belagerungszeit, seinem Freund Patroklos, diese Waffen zu tragen, als es schlecht um die Griechen stand, weil Achill selbst aus Zorn auf Agamemnon, dem Führer des griechischen Heers, sich des Kampfes enthielt. Doch Patroklos wurde von Hektor getötet. Achills Schicksal hatte sich nur verzögert, denn der Wunsch, seinen Freund zu rächen, brachte ihn dazu, wieder zu den Waffen zu greifen. Seine Mutter selbst beschaffte ihm neue, die sie von Hephaistos eigens für ihren Sohn hatte anfertigen lassen. Mit diesen Waffen griff Achill Hektor an und tötete ihn. Aber dieselben Waffen waren ein nutzloser Schutz, als Paris ihn mit der Hilfe Apollons, der den Lauf des Pfeils lenkte, an der rechten Ferse traf, dem einzig verletzbaren Punkt seines Körpers.

Wenn das Schicksal allmächtig ist

▶ *Krug in Form eines Kelchs, der die Hochzeit von Peleus und Thetis darstellt; attische Keramik, Mitte des 5. Jh. v. Chr.*

▼ *Mauro Conconi,* Achill erhält durch seine Mutter Thetis die Waffen, *1840.*

Ödipus

In Hinblick auf die rätselhaften Wege des Schicksals ist die Geschichte von Ödipus vielleicht ein noch besseres Beispiel als die des Achill. Sie beginnt, als Laios, der König von Theben, die Adlige Jokaste heiratet:

✊ Die Zeit vergeht, doch Jokaste wird nicht schwanger. Daher fragt Laios das Orakel Apollons um Rat, ohne ihr etwas davon zu sagen. Die Antwort ist eine andere als erwartet: Es sei besser, wenn er ohne Nachkommen bliebe, denn sollte er einen Sohn bekommen, würde dieser die Ursache seines Todes sein. So weist Laios, wieder in Theben, die Königin zurück, ohne ihr dafür eine Erklärung zu geben. Jokaste fühlt sich erniedrigt und findet einen Weg, in Laios das Begehren nach ihrem Körper wieder zu erwecken, nachdem sie ihn betrunken gemacht hat. In dieser Umarmung wird Ödipus gezeugt, der dann in der Hoffnung, die Prophezeiung des Orakels zu vereiteln, auf dem Berg Kithairon ausgesetzt wird.

Nachdem Hirten ihn gefunden und bei sich aufgenommen haben, wird Ödipus nach Korinth gebracht, wo ihn die Herrscher adoptieren und wie einen Prinzen aufziehen. Doch in einem Wortgefecht mit einem Altersgenossen, als Ödipus bereits ein mutiger, aber jähzorniger junger Mann ist, wird seine Zugehörigkeit zur Königsfamilie infrage gestellt. Die böswillige Unterstellung veranlasst ihn zu einer Reise nach Delphi, um die Apollon-Priesterin zu befragen. Diese jagt ihn schimpfend davon, da er der Schändliche sei, der die Ursache des Todes seines Vaters sein und seine Mutter heiraten würde. Da er die Herrscher von Korinth sehr liebte, beschloss Ödipus, nicht mehr zum Königspalast zurückzukehren. Während er verbittert die Straße von Delphi zurück läuft, stößt er mit einer Kutsche zusammen, die mit voller Geschwindigkeit aus der entgegengesetzten Richtung gefahren kommt. In der Kutsche, man braucht es kaum zu sagen, reist Laios. Der König von Theben fordert den jungen Mann verächtlich auf, Platz zu machen, um einen Höherstehenden passieren zu lassen. Darauf antwortet Ödipus ihm, dass nur die Götter und seine Eltern über ihm stünden. Als der Kutscher anfährt, streift ein Wagenrad ihn an den Füßen und seine Wut wird unkontrollierbar: Er tötet den Kutscher mit der Lanze und zieht Laios gewaltsam von der Kutsche herunter. Als er sieht, dass dieser sich in den Zügeln verfangen hat, peitscht er die Pferde an und betrachtet mit Lust, wie der König von Theben bis zum Tode hinter den Pferden hergeschleift wird.

Um nach Theben zu gelangen, muss Ödipus es mit der Sphinx aufnehmen. Das Monster (eine geflügelte Löwin oder eine Hündin mit Mädchenkopf) belagert die Stadt, indem es den Reisenden und Einwohnern, die gezwungen sind, an ihr vorbeizugehen, schwierige Rätsel vorlegt. Wem es nicht gelingt, sie zu lösen (und das ist in der Regel der Fall), wird verschlungen oder vom Felsen, auf dem das Monstrum ruht, hinab geschleudert. Auch Ödipus muss sich der makabren Prüfung unterziehen: „Es gibt ein Lebewesen auf der Erde, dass vier, zwei oder drei Beine haben kann, aber immer den gleichen Namen trägt. Es ist das einzige Geschöpf auf der Erde, im Himmel und im Meer, das die Natur verändert. Je höher die Zahl seiner Füße ist, desto langsamer bewegt es sich." Das zweite Rätsel lautet: „Es gibt zwei Schwestern, von denen die eine die andere hervorbringt, und von denen die zweite ihrerseits von der ersten hervorgebracht ist." Ödipus findet die richtigen Antworten. Hinter der scheinbaren Absurdität des ersten Rätsels erkennt er das Bild des Menschent: Als kleines Kind läuft er auf allen Vieren, das heißt auf vier „Beinen"; als Erwachsener geht er aufrecht; im Alter stützt er sich schließlich auf einen Stock. Die Lösung des zweiten Rätsels lautet: „Tag und Nacht" (im Griechischen ist das Wort für Tag weiblichen Geschlechts, also „Schwester" der Nacht).

Von Ödipus geschlagen, verliert die Sphinx ihre Existenzberechtigung, und stürzt sich daher vom Felsen in den Tod (auch hier gibt es verschiedene Überlieferungen, da in einer anderen Schlussversion Ödipus die Spinx vom Felsen stößt).

Wenn das Schicksal allmächtig ist

▶ *Jean-Auguste-Dominique Ingres,* Ödipus und die Sphinx, *1808.*

◀ *Ödipus und Jokaste, mittelalterliche Miniatur aus einer Handschriftensammlung, die in der Biblioteca Marciana in Venedig aufbewahrt wird.*

Ödipus betritt die Stadt unter dem Jubel aller Thebaner, die endlich von dem Monstrum befreit sind. Sie wollen, dass er ihr König wird und ihre Königin heiratet, die zunächst nicht ahnt, dass Ödipus sie zur Witwe gemacht hat.

Der Hochzeit von Jokaste und Ödipus folgt zunächst eine glückliche Zeit für das Königreich Theben. Doch nach einigen Jahren bricht eine Pest-Epidemie aus, und das Orakel von Delphi verkündet, der Mörder des Laios müsse gefunden werden, um das Volk von der Seuche zu befreien. Der blinde Teiresias enthüllt, von Ödipus dazu gedrängt, diesen als den Möder des Laios. Ödipus prüft diese Behauptung und muss schließlich einsehen, dass er seinen Vater getötet und seine Mutter geheiratet hat.

Jokaste erhängt sich daraufhin aus Scham im Königspalast und Ödipus bestraft sich selbst, indem er sich mit einer Hutnadel, die er zwischen den Kleidern der Mutter-Gattin gefunden hat, die Augen aussticht. Er wird aus der Stadt verbannt und fristet von diesem Moment an ein entbehrungsreiches Dasein im Exil, bei dem ihn seine liebevolle Tochter Antigone begleitet. Alt und müde, gelangt Ödipus zur attischen Gemeinde Kolonos, nicht weit von Athen, wo Theseus regiert. Dieser bietet ihm seinen Schutz an und der blinde Alte findet im heiligen Kreis der Eumeniden schließlich den Frieden des Todes.

„Und nahm ein göttlich sanft Geschick ihn weg?" lässt der Dichter Sophokles einen Zeugen aus Athen fragen. Die Antwort lautet: „Welches Geschick ihn aber hingerafft, / weiß keiner von den Menschen außer Theseus./ Denn weder hat ihn Gottes Feuerträger, / der Blitz, hinweggelöscht, noch macht' vom Meer / Windsbraut sich auf in jenem Augenblick. Ein Götterbote kam, der Unterwelt / Glanzlose Schwelle tat sich gnädig auf. / Ganz ohne Schmerzen, unversehrt von Krankheit / Berief's ihn ab. Nein, niemals schied ein Mensch / So wunderbar."

▲ *Francisco de Goya y Lucientes, Tagebuch-Album:* Welche Dummheit! Ihr Schicksal schon in der Kindheit festzulegen, *1803–1824*

Namensverzeichnis

Achill 158f., 206, 209, 242ff.
Adad 48
Adam 9, 29, 32f., 57, 72, 74 76
Aditi 26
Admeto 114, 124
Adonis 64f., 192
Aello 204
Aengus 214
Äolus 224
Agamemnon 202, 242
Agdistis 62
Agni 88f., 108, 166
Ah Mun 45
Ahura Mazda 10f., 33, 120, 190
Aiax 242
Aigisthos 204
Aigyptos 213
Aillin 220
Aine 102
Ainle 236 Ai Tojon 60
Aktaion 98
Akycha (Seqinek) 88
Alkmene 130
Alkyone 224
Allah 30, 68
Al Lat 172
Al Uzza 172
Amalthea 184f.
Amaterasu 100f.
Amaunet 30
Amazonen 129, 157f.
Ameta 96
Amphitrites 206
Amphitryon 130
Amun 30, 114
Anat 144ff.
Andromeda 202f.
Andvari 136
Angrboda 105, 107 184
Anog-Ite 36
Angra Mainyu (Ahriman) 10, 32f., 120
Antigone 246
Anu 18

Anuanaitu 227
Aoite 176
Aphrodite (Venus) 64, 146, 148, 193, 200, 210, 224, 230
Apis 190f.
Apollon 56, 80, 95, 114, 122ff., 176, 200, 234, 242, 244
Apophis 105
Apsu 18
Ara 46
Arachne 182f.
Ardan 236
Ares (Mars) 182, 192, 200
Argos 194f.
Argonauten 184, 206
Aristeus 222
Artemides 200
Artemis (Diana) 78, 97f., 148ff., 158f., 187, 192
Artus 230
Aruna 88
Aruru 128
Askalaphos 198
Asklepios (Äskulap) 124, 206
Ashera 146
Askr 42
Asmodis 120f.
Atanua 81
Atea 81
Athene (Minerva) 73, 146, 148, 150f., 183, 198ff., 202, 204, 230
Atlantis 54
Atlas 54f.
Atman 26
Aton 84f.
Atropos 234
Attis 62
Audhumla 16
Auriga 184

Baal 144
Baba Jaga 156
Bacchus 122

Baile 220
Balder 116, 160ff., 238
Balkis 154
Banba 172
Bara 240
Bastet 178
Baugi 116
Bellerophon 202
Bergelmir 16
Bestla 16, 58
Blodeuedd 198
Borr 16, 58
Brahma 166ff., 192
Briareo 148
Brigit 175
Brunhild 136
Buddha 68, 70f., 142f., 187
Buri 16

Cacus 208
Cakulha Hurakan 24
Callisto 189
Ceres (Demeter) 164f., 198, 206, 208
Cernunnos 193
Cerridwen 174f.
Chang'e 82
Charon 107
Charybdis 204, 206
Cheiron 206ff.
Chepri 107
Chimäre 202f.
Chipi Cakulha 24
Chuginadak 213
Circe 190f., 206
Conchobar 236
Coyolxauhqui 87
Cú Chulainn 132, 134f.
Cuchumaquic 64f.
Cusi Coyllur 212

Danaos 213
Daruka 170
Dechtere 132, 135

Deianeira 228f.
Deirdre 236
Demne 134
Deukalion 54f.
Devi 140
Diarmuid 214f.
Diomedes 208
Dionysos (Bacchus) 62, 122f., 158, 200
Dumuzi 144f.
Durga 140, 169
Dyaus Pita 112

Ea 18, 42, 48
Embla 42
Empusen 105
Endymion 97f.
Enkidu 75, 128, 144f.
Enlil 18, 98, 128
Eodain 220
Eos (Aurora) 78ff., 97
Eros (Amor) 9, 63, 79, 210, 222
Epimetheus 38f., 54
Epona 156, 195
Erebos 106, 234
Ereshkigal 106f., 144
Erinnyen 202, 204
Eriu 171
Eros 63
Erra 48
Estsanatlehi 142
Etain 102
Eumeniden 246
Eurydike 222f.
Eurynome 16
Eurystheus 130, 208
Eva 9, 29, 32f., 57, 72ff.

Fenrir 107, 184f., 238
Finn 102, 134f., 214f.
Fionnuala 176
Fortuna 234
Freyja 126, 160ff.
Freyr 110, 238

Frigg 116, 160f.
Fuamnach 102
Furie 130, 205
Fu Xi 41, 50

Gabriel 76
Gaia 22, 38, 43, 54, 97, 148, 202, 206
Galvanus 175
Gamab 118f.
Ganesha 171
Ganga 168
Ganymed 124f.
Garamant 38
Garmr 238
Gaya Maretan 32
Gbaso 44
Geb 12f.
Gelert 194
Gerdhr 110
Geryon 208
Gestinanna 144
Gilgamesch 48, 74f., 128f.
Gilou 156
Ginevra 230, 232f.
Glaukos 206f.
Gor 188
Gorgonen 200
Graien 200
Gráinne 214f., 220
Grian 102
Gula 144
Gwion 174

Hades (Pluto) 106, 164f., 198, 200, 206, 208f.
Hainuwele 96
Ham 240
Hanuman 166
Hanwi 90
Harpyien 204f.
Hatchawa 35
Hati 102, 238
Hathor 146, 190

Hebat 100
Heh 30
Hehet 30
Heimdallr 238
Hekabe 230
Hekate 105f., 164
Heket 81
Hektor 242f.
Hel 58, 105, 107, 160, 238
Helena 230f.
Helios 94f., 97, 122, 164
Helle 185
Hephaistos 150, 242
Hera (Juno) 72, 124, 130, 148f., 158, 162, 187, 200, 224, 230
Herakles 72, 128ff., 192f., 206, 208, 228
Hero 224f.
Hermes (Merkur) 114ff., 164, 190, 200, 234
Hesperiden 148, 192f.
Hestia 148
Hina 81, 146f.
Hina Titama 81
Hödhr 238
Horus 190f.
Hou Yi 82, 84
Huang Di 82
Huitzilopochtli 87, 118
Hunahpu 64, 66f., 92, 181
Hun Batz 181
Hun Chouen 181
Hurakan 24, 46, 52
Hydra 208f.
Hyperion 94, 97
Hypermestra 213

Iktomi 36
Ilmarinen 138
Ima Sumac 212
Immanaa 240
Indra 112f.
Inti 94

Iolaos 208
Iole 228
Iphikles 130
Irik 46
Iruva 104
Ischtar (Inanna) 19, 64f., 74, 99, 107, 144f.
Isis 13, 60, 62, 146f., 190, 194, 198
Isolde 221, 232f.
Israfil 68
Itciai 35
Ite 90
Itys 182f.
Ixbakiyalo 181
Ixbalanque 92, 181
Ixmucane 181
Ixquic 64ff., 92, 181
Izanagi 14
Izanami 14

Jason 72f., 184, 206
Jokaste 244ff.
Julunggul 174

Kali 140, 168, 170f.
Kama 68, 108
Kashyapa 26
Kentaur 206, 208f., 228
Kek 30
Keket 30
Kephalos 78, 80
Ker (Kar) 234
Kerberos 208f.
Keres 234
Keto 202
Keyx 224
Khumbaba 128
Kiberoh 35
Kingu 42
Kishimogin 156
Klotho 234
Klymene 94
Klytaimnestra 204

Klytia 94
Krishna 166, 168
Kronion 96
Kronos (Saturn) 43, 124, 184, 202, 206
Kubai Khotum 60
Kuma 35
Kumara (Skanda) 108f.
Kybele (Rhea) 62f., 124, 184

Lachesis 234
Ladon 72
Laios 244, 246
Lakshmi 27, 140, 169
Lamasthu 156
Lamia 156
Lanzelot 230, 233
Lavercam 236
Layla 222
Leanan Sidhe 220
Leander 224f.
Leukothea 94
Lilith 156
Lir 176f.
Llew Llaw Gyffes 198
Loki 105, 107, 118, 120, 126, 160, 162, 184, 238
Lug 132f., 135
Luonnotar 30
Lynkeus 213

Macha 132, 134
Maconaura 227
Mahisha 169
Maia 114
Maitumbé 73
Manat 172
Manu 50, 52, 166
Mara 70
Marduk 18f., 42
Marke 232f.
Mashya 32
Mashyai 32
Mater Matuta 80

Matres (Matronae) 156
Maya 68, 142, 187
Medb 134
Medea 72
Medusa 200f.
Men Chiang 180
Menelaos 230
Menglödh 216f.
Meti 150
Midgard 58, 107, 238f.
Midir 102
Miluchrach 102
Minos 78, 130
Minotauros 130, 133
Mithras 190f.
Mi Xi 41, 50, 152
Mnevis 190
Moiren 234
Mundilfari 102

Nabu 18
Nainuema
Naiterogob 73
Nammu 18
Nana 62
Nanahuatzin 86
Nandi 167f.
Nanna 98f.
Naoise 236
Nas-Caki-Yel 42
Naunet 30
Neaira 94
Nemesis 162, 164
Nenaumii 73
Neith 146f.
Nemed 132
Nemesis 162, 164
Nergal 48, 106
Nessos 228
Nestor 242
Ngai 52
Nibelungen 238
Nike 63
Ninlil 98

Ninurta 48
Niulang 226
Noah 48, 51, 240
Nornen 58, 236f.
Ntaum 40
Nü Gua 40f.
Nut 12f.
Nyx 22, 234f.

Ocypetes 204
Odin 16, 42, 58, 110, 116f., 120, 134, 160ff., 184f., 237
Odudua 18
Odysseus 94, 190, 194f., 206f., 242
Ödipus 244ff.
Okeaniden 105, 234
Okeanos 22, 38, 105, 206
Okun 18
Ollantay 212
Olorun 18
Ophion 16
Orest 204
Orpheus 222
Orion 80
Osiris 13, 60ff., 190
Ossian 214

Pachacamac 94
Pachacutec 212
Pan 98
Pandeia 96
Pandora 39, 54, 197
Pangu 14, 40
Paris 230
Parzen 234
Parvati 140, 170, 171
Pasiphae 130
Patroklos 242
Pegasus 202
Pelasgos 38
Peleus 242f.
Penthesilea 158f.
Perse 94

Perseus 200, 202f.
Persephone 164f., 198, 206, 208f.
Phaeton 94f.
Phanes 22
Philomele 182f.
Philoktet 228
Philyra 206
Phrixos 185
Podarse 204
Poseidon (Neptun) 63, 72, 130, 200, 202, 206
Potnia
Priamos 230
Prokne 182f.
Prokris 78, 80
Prometheus 38f., 54f., 208
Proserpina 209
Protogonos 22f.
Prthivi 112
Ptah 30f., 179, 190
Puaná 35
Purusha 26f.
Pwyll 194
Pyramus 228f.
Pyrrha 54f.

Quetzalcoatl 24, 86, 122f.
Quilla 94

Ra 12, 105, 147, 178, 190
Radha 166, 168
Rae 40
Rahu 98f.
Rama 166f.
Rana Hatou 52
Ravana 166
Raxa Cakulha 24
Reginn 134, 137
Rhiannon 194
Rindr 116
Rudra 168
Rostam 138f.

Saba, Königin von 154f.
Sachmet 178f.
Salomon 154f.
Sara 120f.
Sarasvati 168
Satyr 122
Selene 96ff.
Serapis 190
Seth 13, 60, 62, 192
Simson 195f.
Shakti 140f.
Shamash 82f., 99
Shiva 108f., 122, 140, 166ff., 170f.
Schu 12f.
Sidesi (Siduri) 74
Siegfried (Sigurd) 134, 136f.
Sirene 206f.
Simùrgh 138
Sin 98
Sita 166
Skan 90
Skirnir 110
Skoll 102, 238
Skuld 236
Skylla 204ff.
Skyros 242
Sleipnir 117
Smyrna (Myrrha) 64
Sokar 191
Sphinx 244f.
Styx 105
Surya 88f.
Surtr 238
Susanoo 100f.
Suttungr 116
Svipdagr 216f.

Taaora 22
Taiwba 222
Taliesin 174f.
Tammuz 64, 144
Tane Mahuta 12
Tangaloa 10f.

Tecciztecatl 84, 86
Teiresias 246
Tefnut 12
Telemach 190
Teophane 72, 184
Tepeu Gukumatz 24, 47, 52
Tereus 182f.
Teschub 101
Tezcatlipoca 24f., 85, 118f., 122
Theia 97
Themis 54, 162ff., 234
Theseus 130, 132f., 158, 246
Thetis 125, 242f.
Thetys 22, 38, 105, 125
Thisbe 228f.
Thitonos 78
Thor 126f., 161, 238
Thot 114f.
Thrymir 126
Tiamat 18, 42
Tian Di 82, 84, 226
Titlaucan 118
Tokane 36
Tonatiuh 87
Triptolemos 165
Tristan 221, 232f.
Tumbainot 52, 54
Tupac Yupanqui 212
Tyche 234
Typhon 200
Tyr 184, 238

Unelanuhi 90
Unkulunkulu 36
Uranos 22, 38, 43, 54, 97, 200, 202
Urd 236
Ushas 80
Utnapischtim 48, 74
Utu 82

Vajra 112
Vani

Vasu 88
Ve 16, 42
Verdandi 236
Vidharr 238
Vili 16, 42
Viracocha 32, 94f.
Vishnu 27, 52f., 140, 166ff., 192f.

Wakanaka 36
Walküre 117, 134, 136, 158f.
Wan 180
Wawalag 174
Waziya 36
Wi 90
Wu Gang 68
Wurusemu 101

Xi He 82
Xi Wang Mu 181

Yao 82, 84
Yggdrasil 58, 236, 238
Ymir 16, 58, 238

Zerberus 107
Zervan 10
Zeus 54, 56, 62, 78, 94, 96, 112, 114, 124ff., 128, 130, 148ff., 164, 184, 200, 206, 208, 224, 234
Zinhu 226

Bildnachweis

AKG: S. 19 oben links und unten, S. 39 beide, S. 43 unten, S. 47 beide, S. 49 beide, S. 51 oben, S. 61 oben, S. 63 beide, S. 67 unten, S. 89 unten, S. 91 oben, S. 109 unten, S. 121 oben, S. 147 links, S. 155 rechts und unten, S. 163 beide, S. 165 unten, S. 171 oben, S. 177 oben rechts, S. 179, S. 183 unten, S. 189 unten, S. 191 oben rechts, S. 195 unten links, S. 217, S. 219 beide, S. 221 beide, S. 223 rechts oben und unten, S. 225 beide, S. 235 unten links, S. 239 oben und Mitte, S. 241 unten, S. 243 unten

Archivio Sedigraf/Giunti: S. 11 rechts, S. 13 oben, S. 15 oben und Mitte, S. 17 alle, S. 21 beide, S. 23 beide, S. 27 unten, S. 29 alle, S. 31 alle, S. 33 alle, S. 37 oben links und rechts, S. 41 oben links, S. 43 oben, S. 45 oben, S. 49 unten, S. 51 Mitte und unten, S. 53 oben und unten links, S. 55 beide, S. 57 beide, S. 59 beide, S. 61 unten, S. 65 unten, S. 67 oben, S. 69 alle, S. 71 alle, S. 73 beide, S. 75 alle, S. 77 beide, S. 79, S. 83 alle, S. 85 beide, S. 87 oben, S. 89 oben rechts, S. 91 unten, S. 93 oben, S. 95 oben und Mitte, S. 97 unten, S. 99 oben, S. 101 beide, S. 103 alle, S. 107 alle, S. 109 oben, S. 111 alle, S. 115 beide, S. 117 oben, S. 119 beide, S. 121 unten, S. 123 alle, S. 125 beide, S. 127 beide, S. 129 beide, S. 131 beide, S. 133 alle, S. 135 beide, S. 137 beide, S. 139, S. 141 beide, S. 143 beide, S. 145 beide, S. 147 rechts, S. 149 alle, S. 151 beide, S. 153 alle, S. 155 oben links, S. 157, S. 159 oben und unten, S. 161 alle, S. 165 oben, S. 167 links und unten rechts, S. 169 beide, S. 171 unten, S. 173 beide, S. 175 beide, S. 177 oben links und unten, S. 185 alle, S. 189 oben links und rechts, S. 191 alle, S. 193 alle, S. 195 oben und rechts, S. 199 oben, S. 201 oben, S. 203 beide, S. 205 unten links und rechts, S. 207 beide, S. 209 alle, S. 211 unten, S. 215 unten, S. 223 links oben, S. 229 oben rechts, S. 231 beide, S. 233 unten links, S. 235 unten rechts, S. 237 oben links und unten, S. 241 oben, S. 243 oben, S. 245 beide, S. 247

Corbis: S. 37 unten, S. 93 unten, S. 113 unten, S. 117 unten

Duncan Baird Publishers: S. 41 oben rechts

E.T. Archive: S. 25 oben, S. 45 unten

Forman, Werner. S. 25 Mitte, S. 87 unten beide, S. 215 oben

Image Select/Giraudon; S. 19 oben, S. 99 unten

Holford, Michael: S. 13 unten, S. 15 unten, S. 65 oben

Pepin Press: S. 25 unten, S. 53 Mitte rechts, S. 89 oben links, S. 99 Mitte rechts, S. 113 oben links und rechts, S. 167 oben rechts, S. 237 oben rechts, S. 239 unten

South American Pictures: S. 95 unten

VAL/Edimedia: S. 11 links, S. 27 oben

Virtuelle Galerie: S. 97 oben, S. 159 Mitte, S. 183 oben, S. 199 unten, S. 201 unten, S. 205 oben, S. 211 oben und Mitte, S. 229 links oben und unten, S. 231 alle, S. 233 oben und unten rechts, S. 235 oben, S. 247

Man sieht nur, was man weiß – Bildbände bei Parthas

ISBN 978-3-86601-695-8 | € 34,00/sFr 60,00

ISBN 978-3-86601-902-7 | € 34,00/sFr 60,00

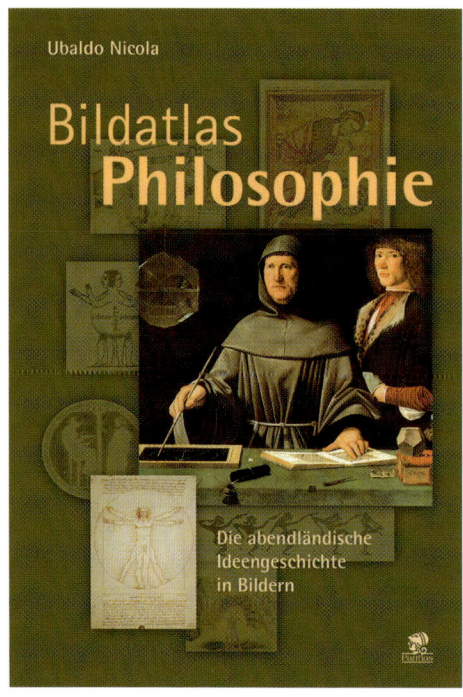

ISBN 978-3-86601-560-9 | € 38,00/sFr 66,00

ISBN 978-3-86601-740-5 | € 34,00/sFr 60,00

Bildnachweis

AKG: S. 19 oben links und unten, S. 39 beide, S. 43 unten, S. 47 beide, S. 49 beide, S. 51 oben, S. 61 oben, S. 63 beide, S. 67 unten, S. 89 unten, S. 91 oben, S. 109 unten, S. 121 oben, S. 147 links, S. 155 rechts und unten, S. 163 beide, S. 165 unten, S. 171 oben, S. 177 oben rechts, S. 179, S. 183 unten, S. 189 unten, S. 191 oben rechts, S. 195 unten links, S. 217, S. 219 beide, S. 221 beide, S. 223 rechts oben und unten, S. 225 beide, S. 235 unten links, S. 239 oben und Mitte, S. 241 unten, S. 243 unten

Archivio Sedigraf/Giunti: S. 11 rechts, S. 13 oben, S. 15 oben und Mitte, S. 17 alle, S. 21 beide, S. 23 beide, S. 27 unten, S. 29 alle, S. 31 alle, S. 33 alle, S. 37 oben links und rechts, S. 41 oben links, S. 43 oben, S. 45 oben, S. 49 unten, S. 51 Mitte und unten, S. 53 oben und unten links, S. 55 beide, S. 57 beide, S. 59 beide, S. 61 unten, S. 65 unten, S. 67 oben, S. 69 alle, S. 71 alle, S. 73 beide, S. 75 alle, S. 77 beide, S. 79, S. 83 alle, S. 85 beide, S. 87 oben, S. 89 oben rechts, S. 91 unten, S. 93 oben, S. 95 oben und Mitte, S. 97 unten, S. 99 oben, S. 101 beide, S. 103 alle, S. 107 alle, S. 109 oben, S. 111 alle, S. 115 beide, S. 117 oben, S. 119 beide, S. 121 unten, S. 123 alle, S. 125 beide, S. 127 beide, S. 129 beide, S. 131 beide, S. 133 alle, S. 135 beide, S. 137 beide, S. 139, S. 141 beide, S. 143 beide, S. 145 beide, S. 147 rechts, S. 149 alle, S. 151 beide, S. 153 alle, S. 155 oben links, S. 157, S. 159 oben und unten, S. 161 alle, S. 165 oben, S. 167 links und unten rechts, S. 169 beide, S. 171 unten, S. 173 beide, S. 175 beide, S. 177 oben links und unten, S. 185 alle, S. 189 oben links und rechts, S. 191 alle, S. 193 alle, S. 195 oben und rechts, S. 199 oben, S. 201 oben, S. 203 beide, S. 205 unten links und rechts, S. 207 beide, S. 209 alle, S. 211 unten, S. 215 unten, S. 223 links oben, S. 229 oben rechts, S. 231 beide, S. 233 unten links, S. 235 unten rechts, S. 237 oben links und unten, S. 241 oben, S. 243 oben, S. 245 beide, S. 247

Corbis: S. 37 unten, S. 93 unten, S. 113 unten, S. 117 unten
Duncan Baird Publishers: S. 41 oben rechts
E.T. Archive: S. 25 oben, S. 45 unten
Forman, Werner. S. 25 Mitte, S. 87 unten beide, S. 215 oben
Image Select/Giraudon; S. 19 oben, S. 99 unten
Holford, Michael: S. 13 unten, S. 15 unten, S. 65 oben
Pepin Press: S. 25 unten, S. 53 Mitte rechts, S. 89 oben links, S. 99 Mitte rechts, S. 113 oben links und rechts, S. 167 oben rechts, S. 237 oben rechts, S. 239 unten
South American Pictures: S. 95 unten
VAL/Edimedia: S. 11 links, S. 27 oben
Virtuelle Galerie: S. 97 oben, S. 159 Mitte, S. 183 oben, S. 199 unten, S. 201 unten, S. 205 oben, S. 211 oben und Mitte, S. 229 links oben und unten, S. 231 alle, S. 233 oben und unten rechts, S. 235 oben, S. 247

Man sieht nur, was man weiß – Bildbände bei Parthas

ISBN 978-3-86601-695-8 | € 34,00/sFr 60,00

ISBN 978-3-86601-902-7 | € 34,00/sFr 60,00

ISBN 978-3-86601-560-9 | € 38,00/sFr 66,00

ISBN 978-3-86601-740-5 | € 34,00/sFr 60,00

Bildlexikon der Völker und Kulturen

ISBN 978-3-936324-71-6 | € 24,80/sFr 44,40

ISBN 978-3-936324-72-3 | € 24,80/sFr 44,40

ISBN 978-3-936324-73-0 | € 24,80/sFr 44,40

ISBN 978-3-936324-74-7 | € 24,80/sFr 44,40